よくわかる！
保育士エクササイズ

10

子ども家庭支援の心理学
演習ブック

松本峰雄 監修

池田りな/小林 玄/土屋 由/宮本桃英/渡辺千歳 著

ミネルヴァ書房

はじめに

　保育を取り巻く社会情勢が変化するなか、児童福祉の理念を明確化するなどのため、2016（平成28）年6月3日に「児童福祉法」が改正され、それに伴い、「保育所保育指針」、「幼稚園教育要領」、「幼保連携型認定こども園教育・保育要領」も改定（訂）され、それぞれの関係省庁から2017（平成29）年3月31日に告示されました。

　改定（訂）を踏まえ、より実践力のある保育士の養成に向けて、指定保育士養成施設の修業教科目（保育士養成課程）の改正告示が行われ、2019（平成31）年4月1日より適用されることになりました。「子ども家庭支援の心理学」は、新規科目として設置されましたが、旧科目の「保育の心理学Ⅰ」、「家庭支援論」、「子どもの保健Ⅰ」の内容の一部が統一された教科内容となります。

　「子ども家庭支援の心理学」の目標は、以下の通りです。

1．生涯発達に関する心理学の基礎的な知識を習得し、初期経験の重要性、発達課題等について理解する。
2．家族・家庭の意義や機能を理解するとともに、親子関係や家族関係等について発達的な観点から理解し、子どもとその家庭を包括的に捉える視点を習得する。
3．子育て家庭をめぐる現代の社会的状況と課題について理解する。
4．子どもの精神保健とその課題について理解する。

　現在、家庭をめぐる課題は山積し、その課題を保育者として理解することは、保護者支援の側からも当然のことといえます。

　本書の内容は、保育士養成課程の目標、内容に準拠しています。また、本科目を初めて学ぶ学生にとっても理解できるよう平易な文章表現とし、難しい専門用語には解説を加え、さらに理解が進むように図表や事例を掲載し、それぞれのコマの最後に演習課題を設け、すべての内容を理解できるように編集しました。

　ぜひこの機会に本書で学び、すばらしい保育者を目指してください。

2022年7月

松本峰雄

CONTENTS

第**3**章

子育て家庭に関する現状と課題

本テキストは「指定保育士養成施設の指定及び運営の基準について」（平成15年12月9日付雇児発第1209001号、最新改正子発0427第3号）に準拠し、「子ども家庭支援の心理学」に対応する形で目次を構成している。

本書の使い方

❶まず、「今日のポイント」でこのコマで学ぶことの要点を確認しましょう。

❷本文横には書き込みやすいよう罫線が引いてあります。授業中気になったことなどを書きましょう。

❸重要語句やプラスワンは必ずチェックしましょう。

❹授業のポイントになることや、表、グラフをみて理解してほしいことなどについて、先生のキャラクターがセリフでサポートしています。チェックしましょう。

❺おさらいテストで、このコマで学んだことを復習しましょう。おさらいテストの解答は、最初のページの「今日のポイント」で確認できます。

❻演習課題は、授業のペースにしたがって進めていきましょう。一部の課題については巻末に答えがついていますが、あくまで解答の一例です。自分で考える際の参考にしましょう。

第1章

||||||||||||||||||||||||||||||||||||||||||||||||||||||||||||||||||

生涯発達

この章では、生まれてから老年期に達するまでの人の発達を見ていきます。
人は、生涯を通じて発達するといわれています。
そのなかには、乳児期のように心身の発達が目覚ましい時期もありますし、
青年期のように自己を確立していくような時期もあります。
それぞれの時期の発達の特徴をつかみ、発達の道筋を理解していきましょう。

乳幼児期の発達

今日のポイント

1. 乳幼児期は一生のなかで最も発達のスピードが速い。
2. 周囲の環境に合わせて対人コミュニケーションを獲得する。
3. 幼児期らしいものの見方や考え方を経験することで、小学校での生活や学習の準備ができる。

1 乳児期の発達

1 人間の発達の生物的基礎

　人間の赤ちゃんは在胎期間約40週を経て、標準的には身長約50cm、体重約3000gで誕生します。生まれてから1歳の誕生日を迎えるまでの1年間は、人間の一生のなかで最も発達のスピードが速い時期です。満1歳の頃には、身長は約1.5倍の75cm、体重は約3倍の9kgにも成長します。

　しかし、人間の発達とは、風船に空気を入れてふくらませるような単調な増加をするわけではありません。たとえば、成人になり、身長が伸びなくなってから毎日必要以上にエネルギーを摂取すると体重は増加しますが、これは脂肪細胞が大きくなっているだけで、身体的に発達していることにはなりません。発達においてはサイズが大きくなるのと同時に、できることが増えていくことが重要です。

　スイスの動物学者ポルトマン*は、人間の赤ちゃんを二次的就巣性*と分類し、その理由を生理的早産*と考えました。人間は本来ならチンパンジーなどサルの仲間と同様に、誕生後すぐに自力で動ける離巣性の哺乳類であるはずでした。しかし直立二足歩行と大脳の巨大化により、母胎で十分に成長して生まれてくるわけにはいかなくなりました。そこで人間は就巣性の哺乳類のような未熟な姿で早期に出産するという方略をとらざるをえなくなったという仮説です。したがって、人間の赤ちゃんが生まれてからの1年間は、本来は胎児として成長すべき期間と考え、子宮外胎児期と名づけました。

　母親の胎内にいれば自然と栄養を摂取して体温や水分が保たれ、危険が迫れば母親が逃げればよく、比較的安全に発育することができます。この安全性よりも、高度に発達する頭脳を優先したことで、人間は世界中で暮らすことができる適応力を手に入れました。

📝 プラスワン

日本人の平均出生体重

厚生労働省「令和3年度出生に関する統計」によると、単胎で生まれた赤ちゃんの平均体重は、1975年には3.20kgあったが年々減少し、2019年には3.02kgと0.18kg減少している。

ポルトマン
(Portmann, A.)
1897～1982年
スイスの動物学者。動物を新生児の状態で離巣性と就巣性(留巣性ともいう)に分類した際、人間は早産の状態で出生する(生理的早産)二次的就巣性という特徴をもつとの仮説を発表し、発達心理学に影響を与えた。

重要語句

二次的就巣性

→もう1年胎児期があれば生物的には自然だが、生理的早産のため0歳の1年間は親の手厚い養育を受けなければならないことを表した用語。

人間のもつ適応力は、ほかの動物とは異なります。ほかの動物は住んでいる環境に適した状態に変化していきますが、人間は、自分を変えるのではなく、環境のほうを自分が住みやすいように変化させます。すなわち、道具をつくったり工夫したりするような頭脳を使うことで、さまざまな環境に適応できるようになったのです。

種によって新生児の能力はずいぶん違う

2　出生から1歳頃

① 姿勢・運動の発達

生まれたばかりの赤ちゃんは、見る・聞く・触るなどの感覚はありますが、自分で思いどおりに動かせる身体の部分は限られていて、受容的な存在です。

はじめのうちは原始反射＊もあり、随意運動＊ができるようになるまでには時間がかかります。多くの赤ちゃんは、抱き上げられたときに首がグラグラしないですわるのが生後3〜4か月頃、あおむけに寝かされた状態からねがえりができるようになるのが生後5〜6か月頃、一人で座るこ

首がすわる

ねがえり

一人座り

つかまり立ち

重要語句

生理的早産

→子宮外胎児期ともいう。人間の胎児期は本来もう1年あって、母胎内で十分に成長して誕生すれば離巣性であるといえる。すなわち人間の新生児は皆早産で生まれてくるようなものであるというポルトマンの仮説。

人間の適応力は環境に働きかける力なんですね。

重要語句

原始反射

→新生児反射とも呼ばれる。大脳皮質の神経が髄鞘化される（伝達速度が高まる）ことによって消失する。モロー反射、吸啜反射、バビンスキー反射、歩行反射などがある。

随意運動

→脊椎動物が主体的な意思によって起こしている運動のこと。「動作を行う」という意思決定が脳内でなされ、どのような形でその動作を行うかが決められ、骨格筋を動かす。目覚めているとき、意識的に行うほとんどの運動が随意運動である。

とができるようになるのが生後6～8か月頃、つかまり立ちは生後8～11か月頃、そして一人で立って2、3歩けるようになる一人歩きは生後12～14か月頃です。個人差があるので標準よりも早くできるようになる赤ちゃんもいれば、少し遅れてできるようになる赤ちゃんもいます。

　こうして1年ほどの時間をかけ骨や筋肉が強くなり、体も大きくなり身体を支えたりバランスをとったりすることができるようになり、一人で歩けるようになります。

　手や指を使う細かい運動も徐々に発達していきます。はじめのうちは腕全体の大きな動きしかできませんが、だんだんひじから先、手首から先、指先へと末端に向けて細かい動きが可能になっていきます。ものをつかむことは、はじめは目の前にあっても手が命中しないのですが、だんだんものに手が触れるようになり、それを繰り返していくうちにしっかりつかめるようになります。最初はおもちゃを手のひらで包むようにつかむので、すぐに落としてしまいますが、繰り返すうちに指も使って手全体で握れるようになり、やがて手の指が1本ずつ動かせるようになります。

　こうして生後10～11か月頃には、人さし指と親指の指先で小さなものをつまむ「ピンチ状把握（ピンセットつまみ）」ができるようになります。小さなものに関心をもってそれをつまんでまじまじと見て口に入れる、つまんで引っ張ると次々と紙が出てくるティッシュペーパーがおもしろいといった、大人から見ればいたずらのような遊びも増えていきます。

② 認知・言語の発達

　妊娠24週頃になると胎児は音に反応し始めるといわれています。早くから母親や父親の声を聞いている一方で、見る働きは誕生と同時に一気にさまざまなものを見ることで発達し、自分の周囲の世界を認識していきます。近くのものや遠くのもの、光るもの、動くものなどを見ることで、視覚は発達します。大人が近寄ってあやしたり抱き上げて部屋のなかや外を歩いたりすることで、赤ちゃんはさまざまな形、色、重なりなどを見て区別する力をつけていきます。

　赤ちゃんに接するとき、人は意識しないで言葉をかけています。赤ちゃんが言葉を理解するかどうかは関係なく、「大きなワンワンがいるね」とか、「風がそよそよと気持ちいいね」など、赤ちゃんが思ったり感じたりしているであろうことを言葉に表しているものです。この何気ない行為が、言葉という音声と見たり感じたりしているものを結びつけています。

　大人は、知らず知らずのうちに赤ちゃんに言葉を教えているわけです。こうして赤ちゃんは、自分が育つ環境で話されている言語を身につけます。一般的にはこの言語がその子にとっての「母語」となり、考えるための基本的な道具となります。

　言葉の獲得には、言葉を聞いてそれが何を表しているかがわかること、すなわち「言語理解」と、知っている言葉を口腔や咽頭などを動かして正しく発する「発語」という2つの機能が必要です。視覚や聴覚に問題がない赤ちゃんは、聞くことと見ることを一致させて、まず言語理解が進みます。発語のほうは運動機能が発達しないと進まないので、言われているこ

小さなものをつまんで口に入れてしまうので、誤飲に注意しましょう。

赤ちゃんがわかっていると思って、いっぱい言葉をかけましょう。

📝 プラスワン

喃語

生後6か月頃には「マー」「バブー」「ナンナン」など母音に子音を交えた発声をするようになる。これは初語の前の発語のようなもので喃語と呼ばれる。

とは何となくわかるけれども自分では何も話せないという状態になります。

　言葉にはなっていなくても、赤ちゃんがしきりに声を出したり喃語（なんご）を発したりするのに合わせるように親は声をかけたり、あたかも会話をしているかのように言葉を返したりします。こうして言葉のやりとりの基礎ができていき、脳が思い浮かべた言葉の音声を、構音器官をとおして単語として発することができたとき、「初語（始語）」となります。それはおよそ生後12か月頃です。

　言われているものを見定めるために「指差し」も重要な役割を果たします。1歳頃の指差しは、赤ちゃん自身が注意を向けているものを指差すこと（定位の指差し）や指差されたものを見ること（共同注意）などです。

　「保育所保育指針」では、「乳児」は1歳未満を指しますが、このコマでは、ピアジェ＊の年齢区分に従って心理発達の立場から解説していくこととします。ピアジェの発達段階では出生から2歳頃までが乳児期とされ、感覚運動期＊と呼ばれます。随意運動ができる身体の部分が増えていくことで、自分の身体を発見し、感覚（見る、聞く、においをかぐ、味わう、熱さや冷たさ・痛さなどを感じるなど）と運動が結びつくことによって身のまわりの環境に適応していく時期です。

③ 情動や自己意識の発達

　新生児のうちは、赤ちゃんには泣き顔以外あまり表情がありませんが、生まれてから頭がどんどん大きくなり、顔もふっくらして元気に満ちあふれ、よく笑顔を見せるようになります。生後4か月頃には、誰にでもほほえみかける「社会的微笑」の時期が来ます。やがて、よく知っている人には積極的に笑いかけるが知らない人には笑わずにじっと見るような時期になり、8か月不安とも呼ばれる「人見知り」がやってきます。

　人見知りは、知っている人とそうでない人、愛着の対象とそれ以外の人など、人の区別がついたことを表す発達指標です。実際は生後8か月よりも前から区別はついていて、見知らぬ人には不安を感じているのですが、拒否や拒絶といったはっきりとした行動で表せないため周囲からはわかりにくいのです。

　このように赤ちゃんは、明確には表出ができないけれども「楽しい」「怖い」などの情動を感じています。「喜び・驚き・悲しみ・嫌悪・怒り・恐れ」という基本的情動は、生後6か月頃には備わると考えられています。

プラスワン

構音器官

声道（声帯から唇までの声が通る管）を取り巻くもので、声の高さや大きさ、声質を調節し有声音と無声音をつくる。言語音を発するための器官のこと。

ピアジェ
(Piaget, J.)
1896～1980年
スイスの心理学者。認知発達に生物学の考え方を取り入れた発生的認識論を提唱し、発達心理学に大きな影響を与えた。

重要語句

感覚運動期

→ピアジェの発生的認識論における発達段階で0～2歳頃。いわゆる乳児期のことで、赤ちゃんは感覚と運動の協応によって環境に適応していく。感覚運動期の終わりは単に年齢による区分ではない。人間らしい言語（二語文）の出現が次の段階である象徴的思考期へのカギとされる。

プラスワン

情動の発達

情動は情緒、感情などと言い換えられる。発達とともに「快―不快」から、しだいに複雑な情動が分化（枝分かれ）して増えていく。

人間の情動の発達とは、成長につれて新しいものが加わっていくのではなく、もっていた情動が自己意識や他者の影響を受けて、より複雑な情動に分化していく過程です。

　情動の発達には自己認識が必要で、そのためには他者と関わる環境がなければなりません。赤ちゃんは、親をはじめとする周囲の人々のなかで育てられます。そこでは、人々の呼び名が飛び交います。赤ちゃんも自分を呼びかける呼び名に気づき、生後10か月頃には名前を呼ばれて振り向くなど反応ができるようになります。

「○○ちゃん」と呼ばれて振り向く

赤ちゃんが複数いるところで名前を呼ぶと、皆が振り向きます。

3　1歳から2歳

① 姿勢・運動の発達

　1歳6か月頃には卒乳し歯が生えるので大人の食事に近づきます。多くの子どもが歩けるようになり、歩く速さが増し、小走りでよく動き回るようになります。1歳後半は運動能力がよく伸びるときなので、興味のあるものに突き動かされてあちこち動き回り、かたときもじっとしていません。この好奇心も子どもが身のまわりの世界を認識し構築するために大切な原動力です。何かを見つけたら走っていき、それをしゃがんで手に取り、片手にもったまま、また走り出すといった複雑な運動ができるようになります。

　2歳になる頃には皮下脂肪が減り、赤ちゃん体形から幼児らしい体形になっていきます。身体のバランスをとることが上手になり、両足でぴょんぴょん跳ねたり、少しの段差ならぴょんと跳び下りたりするようになります。また大人などに手をつないでもらえば階段を歩いて上ることができますが、まだ下りるほうは難しく、お尻をつきながら下りてきます。

　手や指の運動としては、1歳では積み木を3個ほど積んだり並べたりします。鉛筆などを握りもちして「なぐりがき」をしたり、とんとんと打ちつけて点をかいたりしていたのが、やがて「ぐるぐるがき（円錯画）」になっていきます。

　すきまや穴が開いていたりするところにものを入れたり落としたりして遊ぶのが好きで、球を上部の入り口から入れるとコロコロとらせん状に落ちていく玩具を何度も繰り返して楽しんだりします。スプーンやフォークは使いたがりますが、握ってもつことしかできないので、上手に口に運ぶのはまだ難しいです。

📝 **プラスワン**

卒乳
一般に赤ちゃんが自分から母乳やミルクを飲まなくなることで、断乳は母親が決めた時期に母乳を中止することをいう。

いろいろなものに興味津々です。

①上手もちが先にできる

②下手もち

② 認知・言語の発達

　1歳頃に初語が出てからはじめのうちは単語数があまり増えることはありません。ところが1歳6か月頃に三項関係が成立*し、自分から指を差してものの名前を大人に聞けるようになると、そばにいる大人に身のまわりのものの名前を聞く行動を多発（命名の爆発）し、名詞をたくさん覚えます。大量に名詞を獲得すると、文の構造で話すようになります。おしゃべりにも個人差はありますが、だいたい1歳児は一語文（一語発話）、2歳児は二語文（二語発話）を話します。2歳頃には部分的に歌えるようになったり、絵本を見て長い間楽しんでいたりします。

　ピアジェの発達段階では、まだ感覚運動期にある1～2歳頃は自分の身体や感覚器を用いて周囲の環境と結び目をつくっていく段階です。しかし2歳台は二語文を話すようになるので、ものごとの認識のしかたが一歩進み、幼児期に相当する前操作期*に入ります。

③ 情動や自己意識の発達

　1歳6か月頃には自己意識が著しく発達するといわれています。自己意識があるかどうかを試す実験として「ルージュ課題」があります。子どもの鼻の頭に気づかれないように口紅をつけて鏡を見せるとどのような行動をするかを調べるものです。

　自己意識が成立していないと、鏡像（きょうぞう）を誰かほかの子どもだと思って笑いかけたり、鏡像の鼻の赤いところを触ったり、鏡の後ろを見ようとしたりしますが、自己意識が成立していると、鏡像は自分だということがわかっているので、自分の顔の鼻の赤いところに触れて拭き取ろうとします。自分の鼻に触れる行動は1歳6か月頃から増加し、2歳頃には半数の子ど

📝 **重要語句**

三項関係の成立

→子どもと母親がものを仲立ちとして認識を共有すること。「おはなはどれ？」と母親から尋ねられて子どもが「オハナ」と花瓶のチューリップを指差したとき、子どもと母親とは花という認識を共有している。

前操作期

→ピアジェの発達段階で2～7歳頃。主に幼児期で、可逆的な操作ができるようになる操作期の前の段階。ものや出来事の一面だけに意識が集中し、同時にいくつかの側面に目を向けることが難しい時期。

💬 **プラスワン**

自己意識

自我とも呼ばれ、第一反抗期は自我の芽生えによって生ずるといわれる。自我はフロイトなどの精神分析の用語でもあるので、現在は純粋に自分を感じたりわかったりすることという意味で自己意識のほうを用いる。

もができるようになります。このように、2歳台ではほとんどの子どもが自己意識をもち、他者から見た自分がわかるようになります。

　自己意識が成立した2歳児は、自分の欲求を通そうとする行動が目立ってきます。イヤイヤ期とも呼ばれる「第一反抗期」は2歳後半がピークで、「○○ちゃんがやる！」「～しない！」など、実際にはできないのに自分でやりたがったり、促されたことにすべて反対する言葉を返したりします。

　情動のほうは、自己意識の成立にともない「他者に見られている自分」という認識が加わることで「照れ」や「羨望」「共感」という新しい情動が分化していきます。この3つの情動は、どれも皆自分だけでは感じることができません。誰かに大げさにほめられて照れたり、ほかの子どもの遊ぶ姿を見てうらやましいと思ったりすることは、他者の存在があってはじめて起きることです。その他者は大人であっても少し大きいお兄さんお姉さんであっても、同年代の子どもであってもそれぞれ意味があるので、2歳児はさまざまな他者に接する機会があったほうがよいでしょう。

2 幼児期の発達

■1 3歳から4歳台

① 運動の発達

　3歳頃には体重は出生時の約4倍、身長は2倍近くになり、身体全体の動きが滑らかになります。三輪車をこいだり、ブランコやすべり台などの遊具で活発に遊びます。3歳児は運動会でかけっこをするとゴールに向かって走ることができ、4歳では片足でケンケンをして前に進む、スキップをする、でんぐり返しをするなどバランスをとりながら、いくつかの動きを複合させる運動もできてきます。

　手先の動きも上手になり、3歳児は砂場でコップに砂を入れて型抜きをしたり山をつくったりして長い時間遊ぶことができます。室内でもクレヨンなどで簡単な顔を描いたり、積み木やブロックなどを電車や車に見立てて遊んだりします。これらは想像力が伸びてくるためにできることですが、身体的にも姿勢を維持する力や腕や指をコントロールする力、目と手の協

3歳児は遊び方も変わってきます。

応などが上手になるために実現できる遊びです。

　4歳児になると、砂場では水を入れて池や川をつくるなどダイナミックな遊びが増えてきます。製作では、ハサミで形を切り抜いたりそれをのりやセロハンテープを使って貼りつけたりと、少し複雑な構成遊びを楽しむようになります。服の前ボタンをはめたり、ほとんど大人の世話にならずにご飯を食べることができ、日常生活動作もかなり習得していきます。

② 認知・言語の発達

　3歳児は、言葉をいくつも単純につなげて多語文を話すようになります。頭のなかに伝えたいことがたくさん浮かんできて発話がそれに追いつかないと、一過性の吃音*になることもあります。名前を尋ねられると氏名が答えられる、自分のことを呼び名ではなく「ワタシ」「ボク」と表現するなど、自己認識に関わる言葉も使うようになります。

　ピアジェの発達段階ではちょうど前操作期の象徴的思考段階*にあたります。3歳頃にみられる特徴的な遊びは、見立てや模倣を取り入れたごっこ遊びです。家でのお母さんの行動を再現する「ままごと遊び」や、お店や駅など特色のある一連の動きを再現する遊びを、友だちと役を決めてするようになります。日頃経験している会話を記憶していて遊びの場で再現するほか、保育所や幼稚園等の朝の会などで休日に経験したことを思い出して発表することなども可能になります。友だちと遊んでいるときに「かして」と言ってものを借りたり、一緒に絵本を見ながらおしゃべりしたりするようになります。

🖊 重要語句

一過性の吃音

→言語獲得期である幼児期には話すときに音を繰り返したり伸ばしたりする、いわゆる「どもる」ことがあるが、一時的でやがてなめらかに話せるようになる。これを一過性の吃音と呼ぶ。

象徴的思考段階

→ピアジェの発達段階で2〜4歳頃。表象（イメージ、心像）が生まれることで、ごっこ遊びや見立て遊びなどの象徴遊びが可能となる。目の前に手本になる人（モデル）がいなくてもあとから思い出してまねをする延滞模倣も可能となる。

このように、4歳児では日常会話が完成するといわれています。難しい言葉はわからなくても、ふだんの生活で用いられる言葉は大体わかり、その範囲内なら質問に答えられます。

文字や数字への関心は2歳頃からみられますが、3歳から4歳台で話し言葉が完成してくると次に、文字の読み書きに興味が出てくるものです。興味がわくとさまざまな機会をとらえて大人に「なんて書いてあるの」と尋ねるようになります。このようなレディネスをとらえて平仮名の読みを教えるとスムーズに習得できます。書くほうは、鉛筆を正しくもって一定の筆圧で細かい運動をコントロールするにはまだ早いので、上手には書けません。

③ 自己意識と情動、対人関係の発達

3〜4歳では、他者との関わりが増えることで自己意識はさらに高まります。見られている自分を想像したり、本当に自分がしたいことや思っていることを言葉で表現できるようになるため、怒ったりかんしゃくを起こしたりすることが減少します。そして第一反抗期から脱し、聞き分けもよくなっていきます。

この年齢になると、多くの子どもが保育所や幼稚園等に通っているので、同年齢の集団や年齢の近い子どもたちとの関わりを経験します。家庭とは違って、保育所や幼稚園等のルールや行動基準は明確で、子どもたちはそれに従うことになります。ルールをしっかり守れた子どもが保育者からほめられる場面もあって、子どもたちはそれを見て、「自分もそうしよう」と思うようになります。

幼児期をとおして子どもは、担任の保育者には強い信頼感を抱いており、担任の保育者のことが大好きです。その人の期待にこたえたりその人からほめられたりすれば、ただうれしいだけではなく、自分の自信にもつながり「誇り」を感じることができます。同じように失敗が皆にばれてしまったときなどの「気まずさ」や「恥」、悪いことをしてしまったことに気づいたときの「罪悪感」なども感じられるようになります。

自己評価との関連が深いこの4種類の情動は3歳頃には芽生えていると考えられていますが、友だちのふるまいを見たり、自分も皆のなかで行動したりする集団保育のなかでこそ、頻繁に経験できるものです。ルールを守ったり正しい行動をとったりすることを自分はどの程度できたのだろうかと振り返る力が必要になります。

プラスワン

レディネス

ゲゼル (Gesell, A.) が提唱した学習準備性のこと。ゲゼルは一卵性双生児の片方には早い時期に、もう片方はそれよりも遅れて階段上がりの練習を開始したが、結局は2人とも身体発育が進むとスムーズに階段が上がれるようになったことを示し、成熟優位説を唱えた。運動発達ばかりでなく、そのことを知りたいとか習得したいという動機づけが子どものなかに生じたときは、レディネスが整ったときと考えられるので、習得のスピードは速く、苦労をせずに身につけられる。子どもにとっても教える側の大人にとっても無理がない。
➡ 12コマ目を参照

先生にほめられて、ちょっと照れながらも誇らしい様子

遊びにおいても、友だちと順番にブランコを使ったり、**鬼遊び**で鬼役とつかまえられる役が理解できたり、「なんでもバスケット」のようなルールのある遊びが楽しめるようになっていきます。そして自分が負けると悔しがったり、友だちとでき具合を競ったり、自分の得意なことを自慢したりするようになります。

友だちとの関わりのなかでさまざまな情動を体験しながら、自己を形成していきます。

2 　就学前

保育所の5歳児クラス、幼稚園の年長組の1年間は実際には5〜6歳で、卒園する頃にはほぼ全員が6歳です。4月に小学校に入学するとすぐに7歳になる子どももいます。幼児期の終わりで学童期の始まりにつながる移行期の子どもの姿を見てみましょう。

① 運動の発達

年長児（5歳児クラス）の1年間で体格は一回り大きくなります。滑らかな動きやバランスをとる機能が向上し、同時に、いくつかの動きを協調させる運動が上手になります。かけっこやリレーでは走る姿や速さが下の年齢のクラスの子どもたちとは違って見えます。ジャングルジムでは上のほうまで上がって友だちと追いかけっこをしたりブランコの立ちこぎをしたり、ボールをついたりなわとびをしたり、鉄棒で前回りや身体全体を使ってものを操作しながら遊びます。保育所や幼稚園等のなかには、体操の講師に定期的に来てもらうところがあったり、各家庭でスイミングスクールやサッカー教室などに通わせる場合もあり、子どもの運動経験はさまざまです。

手や指の操作もさらに滑らかさが増し、細かい動きが上達していきます。折り紙でかどを意識して折ったり、紙飛行機をつくって飛ばしてみて、さらによく飛ぶように工夫を加えたりすることができます。お絵かきで人間を描くと、手足のほかに胴体や首など細かい部分が描かれるようになり、自分が経験したことを絵に表したりします。また、使い方を教えてもらえば、かなづちで釘を打ちつけたりのこぎりで木を切ったりすることもできるようになります。一人で服を着たり脱いだり、また小さいタオルなどを絞ることもできるようになります。

② 認知・言語の発達

認識においてはピアジェの前操作期、直観的思考段階*に相当し、自分

図表1-1　保存課題

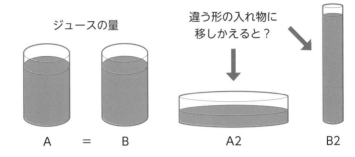

ジュースの量

違う形の入れ物に
移しかえると？

A　＝　B　　　A2　　　B2

の視点や経験していることを中心に物事の判断を行います。保存課題*（図表1-1）は難しく、見た目が変わると、数や量が同じであると答えることができなくなってしまいます。自分が今経験していることから離れて考えることが難しい発達段階といえます。

　発話に関しては、身体の成長とともに咽喉（いんこう）などの構造が変化することでやや低い落ち着いた声になり、それまで不明瞭な発音が多かった子どもも聞き取りやすいきれいな声になっていきます。発音の明瞭さは個人差が大きく、1歳6か月頃から明瞭な発音でしゃべる子どももいれば、5歳になるまでサ行やカ行、ラ行などをきれいに発音することが難しい子どももいます。赤ちゃんっぽく感じるため親は気にしますが、発音のしかたというよりは乳幼児特有の頭部の構造によるものなので、訓練の必要はありません。同時にこの頃までに、幼児語はほとんど使わなくなります。

　語彙（ごい）も豊富になるので、しりとりやなぞなぞなどが楽しめます。文字の読みについては、ほとんどの子どもが平仮名やカタカナや数字なども読めるようになっているので、かるたやトランプで遊びます。書くほうは、小さい文字は書けなかったり字の大きさがバラバラだったり、丸める方向が左右逆になる鏡映文字（きょうえいもじ）（鏡文字（かがみもじ））になったりします。鏡映文字というと学習障害（限局性学習症）の読み書き障害（➡2コマ目を参照）を思い浮かべますが、幼児期には誰にでもあることなので心配はいりません。

読み書き障害は小学校に入ってから診断されます。幼児期は下手でも間違っていてもいいから、読んだり書いたりすることを楽しんで読み書きの意欲を損なわないようにしましょう。

③ 自己意識と情動、対人関係の発達

　自己意識が発達するにつれて、自分がしたいことや欲求、要求を相手に

図表 1-2　幼児期の自己主張・自己実現と自己抑制の伸び

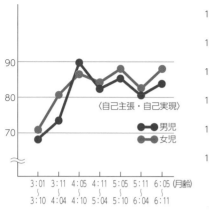 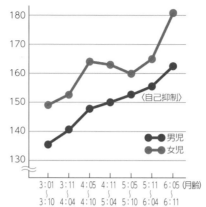

注：左のグラフの縦軸は自己主張・自己実現に関する行動の量を得点化したもので、右のグラフの縦軸は
　　自己抑制に関する行動の量を得点化したもので、横軸は両方とも 3 歳から 7 歳までを 7 つの月齢段階
　　に区切ったものである。
出典：柏木惠子「自己制御の発達」『心理学評論』29（1）、1986年、3-24頁

告げたり、**自尊感情**＊が傷つけられたときには怒って相手に抗議したりする自己主張をするようになります。言語表現も豊かになるので、なぜ怒っているのか理由を話せるようになり、それによって相手が謝ったり過失を認めたりして、いざこざが解決することも増えてきます。幼児同士のいざこざでも保育者は間に入って、どのようなことがどういう順序で起きたのかや、ことの成り行きを本人たちや周囲で見ていた子どもたちに尋ね、言葉で表現してもらうことが大切です。

　このように伸びてきた自己主張ですが、1980 年代の調査では、日本では 5 歳を過ぎると横ばい状態となり、反対に、自分を押さえる自己抑制のほうが伸びてくることが明らかとなりました（図表 1-2）。

　ますますグローバル化する社会で活躍できる日本人を育てていくためには、一人ひとり異なり、違ってもよい、他者と異なる意見でも積極的にいってみる、自分がやりたいことを我慢しないで実行するなど個性の尊重や自己実現が叫ばれていますが、小学校での一斉授業になじみやすい子どもたちが「普通」で「よい子」ととらえられる風潮は依然として強いようです。やがては適切に自己抑制も自己主張もできる人間になることが必要ですが、幼児期は周囲の目など気にせずに、どんどん自分を出してよい発達段階です。のびのびと自己主張できる保育を心がけましょう。

おさらいテスト

❶ 乳幼児期は一生のなかで最も発達の [　　] が速い。
❷ 周囲の [　　] に合わせて対人コミュニケーションを獲得する。
❸ 幼児期らしいものの見方や考え方を経験することで、[　　] での生活や学習の準備ができる。

1
コマ目

乳幼児期の発達

重要語句

自尊感情

→自己に対して好意的な評価を行うこと。自分のことを大切に思う気持ち。他者と比較して優越感を覚えたり、自分の弱いところを認めない自己防衛などではない。

年長さんになると、ずいぶんしっかりしてきますね。

まとめてみよう①

赤ちゃんが誕生してから就学前までに、言葉・コミュニケーションはどのように発達していくのかまとめてみましょう。

[

]

演習課題✏

まとめてみよう②

　赤ちゃんが誕生してから就学前までに、情動（感情）や自己意識はどのように発達していくのかまとめてみましょう。

学童期の発達

1. 各発達段階説では学童期（児童期）は比較的安定して発達する時期と考えられる。
2. 学校での教科教育が始まることで、勉強やスポーツ、それらの成績などの別の価値観が加わる。
3. 学童期（児童期）には友だちや教師など他者との関わりのなかで自己意識を育み、対人関係を学ぶ。

1 学童期前期の発達

1 学童期という発達段階

　日本の教育制度では小学生の6年間が学童期とされますが、発達的には、就学から性的成熟が始まる第二次性徴を迎える頃まで、すなわち6～7歳から10～12歳頃をいいます。一般に小学生を児童と呼ぶので、児童期ということも多いです。

　日本では「満6歳に達した後の最初の学年」に義務教育が始まると定められ、年度の開始は4月と定められているので、一斉に4月に入学しますが、イギリスでは5歳に達したあとの最初の学期に義務教育が始まるとされ、9月入学のほかに1月入学などの学校もあり、入学時期は一度ではありません。また、フランス、ドイツ、韓国では、発達の早い優秀な子どもには5歳での早期就学を認めています。このように、就学開始年齢は諸外国でも6歳とする例が主流ですが、4歳から7歳まで、国によって幅があります（図表2-1）。

　学童期は、乳幼児期の急速な上昇的発達がややゆるやかになり、集団での学校教育を日常とする穏やかな時期といえます。その後おとずれる嵐のような青年期の前の静かな時期です。

　小学生は、集団での学校生活を経験し、規則に従ってさまざまな教科の知識を吸収します。身長や体重も単調増加傾向です。つまり、心も身体も成熟に向けて発達し続けているのですが、それが目に見えて表面化しない、いわゆる「子どもらしい」時期といえます。学業や運動などの得手不得手や友人関係など、小学生なりに悩んだり葛藤したりすることはありますが、親や教師などの言動を素直に信頼して規範に従えるので、青年期のような深い悩みや精神的不安定は生じにくい時期であるといえます。

図表 2-1　各国の就学年齢などの比較

国名	就学年齢、就学時期など
日本	・法令上、義務教育は 6 歳に達した後の最初の学年に始まる。就学前教育として幼稚園（4～6 歳）がある。 ・就学年齢前の就学は認められていない。
アメリカ	・各州によって異なる。 ・開始年齢はほとんどの州で 6 歳または 7 歳と規定（7 歳と規定している州でも、小学校入学年齢は学区によって 6 歳と規定されており、実際は 6 歳入学）。 ・ほとんどの公立小学校は入学前 1 年間の就学前クラス（K 学年）を有しており、多くの児童が 5 歳から就学している。
イギリス	・法令上、義務教育は 5 歳に達した後の最初の学期に始まる。 ・通常 5 歳になる年度（4 歳の間）に入学する（レセプション・クラス）。9 月（秋学期）入学を基本としているが、学校により 1 月（春学期）、3/4 月（夏学期）にも受け入れる。
フランス	・法令上、義務教育は 6 歳に達する年に始まる学年度に始まる。初等教育は、就学前教育との接続性をもたせるために、幼稚園最終学年と小学校の 5 年間をひとまとまりのものとし、この計 6 年間を前半「基礎学習期」と後半「深化学習期」に二分している。 ・小学校への入学について、保護者または幼稚園の担任教員が申請し、各校の教員会議の審査に合格すれば、入学を 5 歳に早めることも可。
ドイツ	・すべての州で義務教育は満 6 歳で始まるが、保護者の申請を条件に、基準日に満 6 歳とならない子どもにも早期就学を認めている。
韓国	・法令上、義務教育は 6 歳に達した後の最初の学年から始まるが、優秀な児童に対しては、早期就学（5 歳）が認められている（1997 年）。

出典：文部科学省「各国の義務教育制度の概要」就学年齢部分をもとに作成
https://www.mext.go.jp/b_menu/shingi/chukyo/chukyo0/toushin/attach/1419882.htm
（2022 年 5 月 30 日確認）

① フロイトの心理性的発達理論における学童期の特徴

　フロイト*は、神経症などの心の病で悩む人々の治療理論として「精神分析」を確立し、人間の発達についての考え方にも大きな影響を与えました。神経症は、心のなかの「無意識」と呼ばれる領域に自分では認めたくないことがあって、それを感じないようにする「抑圧」という方法で抑え込んでいることから、いろいろと無理が生じて起きる病気だと考えました。そして、患者から語られるその抑圧しているものは性的な葛藤や「心的外傷体験*」であることに着目し、小児でも性に関する欲求があるとして「心理性的発達理論」を提唱しました（図表 2-2）。

　フロイトの発達段階では学童期は 6～12 歳頃までを指し、「潜伏期」と呼ばれます。性的エネルギーが活発化し性的成熟へ向かう思春期の前の段階とされています。

日本では早期就学は認められていませんが、諸外国では認めている国が多いようです。

2 コマ目
学童期の発達

フロイト
（Freud, S.）
1856～1939 年
オーストリアの精神科医で精神分析学の創始者。無意識、リビドー、心理性的発達理論など性的エネルギーの抑圧という観点から神経症を研究、治療した。

重要語句

心的外傷体験

→トラウマ、思い出したくない心の傷のこと。

図表 2-2　フロイトの心理性的発達段階

発達段階	年齢	特徴
口唇期	出生～1歳6か月頃	授乳など口唇の満足
肛門期	1歳6か月過ぎ～3歳頃	トイレット・トレーニング
男根期	3～4歳頃	身体の性別に気づく
エディプス期	3～5歳頃	エディプス・コンプレックス
潜伏期	6～12歳頃	性的発達は落ち着いている
性器期	思春期以降	第二次性徴発現以降

注：上から早い順に並べたもの。

② エリクソンの心理社会的発達理論における学童期の特徴

　エリクソン*はフロイトの精神分析を学んだのち、子どもの人格発達に目を向け、性的欲求や身体的側面よりも社会から受ける影響を重視した心理社会的発達理論*を構築しました。エリクソンは、出生から死を迎えるまでの人間の一生の発達をライフサイクル*と名づけ、8つの発達段階に分けました。特徴的なのは各段階に解決すべき発達課題を置き、発達課題が達成された状態と達成できなかった状態である「危機」を対立させて表したことです（図表2-3）。

　エリクソンの理論においても、学童期は6～12歳頃です。学童期の発達課題は「勤勉性」で危機は「劣等感」です。小学生は、勉強したり運動したり友だちと遊んだりしながら日常的な生活習慣を身につけ、地域や習い事など学校外の活動なども行いながら活動の範囲を広げます。それらのさまざまな活動の場には、目標とすることやなるべき姿が示され、子ども自身も「そうなりたい」と思って努力します。

　成績や行いが評価され、他者がいる場面では子どもは常に比較されてい

図表 2-3　エリクソンの心理社会的発達段階

発達段階	発達課題	危機	徳（基本的な力）
Ⅰ　乳児期	基本的信頼	基本的不信	希望
Ⅱ　幼児期前期	自律性	恥・疑惑	意思
Ⅲ　遊戯期	自発性	罪悪感	決意
Ⅳ　学童期	勤勉性	劣等感	有能感
Ⅴ　青年期	自我同一性	同一性拡散	忠誠
Ⅵ　成人前期	親密	孤立	愛
Ⅶ　成人後期	生殖性	停滞	世話
Ⅷ　老年期	自己統合	絶望	英知

注：漸成図式にならい、上から早い順に並べたもの。

エリクソン
(Erikson, E. H.)
1902～1994年
アメリカの発達心理学者で精神分析家。心理社会的発達理論やアイデンティティの概念を提唱した。

心理社会的発達理論
→漸成発達理論とも呼ばれる。ライフサイクルの8段階の表は漸成発達図式、漸成図式と呼ばれる。

ライフサイクル
→人の一生を誕生で始まり死で完結する円環としてとらえたエリクソンの発達段階。人生周期、生活周期とも訳される。

ます。目標が達成できれば満足して自信がもて、周囲からもほめられますが、できない場合は「友だちのようにできない自分」に対して劣等感を抱きやすいのです。また大人からの評価ばかりでなく、子ども集団でのびのびと活動するためには、共通の約束を理解し守る知的能力や、コミュニケーション能力、皆に遅れをとらない運動能力なども求められます。中学年、高学年と進むにつれ、教科の内容も抽象性や複雑さが増し、不得意科目が出てきます。子ども自身がほかの子どもと比較をして劣等感を感じることも多くあります。

2　低学年の頃

①「学校」という環境

　小学校低学年は満6～7歳の1年生と満7～8歳の2年生です。何といっても小学校入学を境に子どもの生活は一変します。保育・幼児教育の場では子どもたちの様子を見ながら保育者が流動的に次の活動に促し、子どもたちができないところは保育者が主体となって補いますが、学校では、給食準備や片づけ、教室の掃除も児童が行います。体育の前後の着替えの時間は5分で時間に追われ、時計やチャイムを気にしながらてきぱきと行動しなければなりません。遊びが主な活動の保育・幼児教育とは異なり、学校での大半の時間を教科学習に費やします。

　現在の小学校1年生の1週間の授業コマ数は1コマ45分の24コマで、4コマの日が1日、5コマの日が4日です。図表2-4に5コマ授業の日の1年生の日課の例をあげます。

図表2-4　小学校1年生の日課（例）

登校	8：00～8：20
朝の会など	8：25～8：45
1校時	8：45～9：30
2校時	9：35～10：20
休憩	10：20～10：40
3校時	10：40～11：25
4校時	11：30～12：15
給食	12：25～12：55
昼休み	12：55～13：15
掃除	13：15～13：35
5校時	13：35～14：20
帰りの会	14：20～14：30
下校時間	14：30頃

注：公立小学校の場合。学校、地域によって多少異なる。水曜日など午後に授業がない曜日もある。
　　4校時のあと、給食→掃除→昼休み、のところもある。
　　1年生の給食は4月中頃から始まる。はじめのうちは給食準備を12時に開始するなど、余裕をもたせて少しずつ慣れていくよう配慮する学校が多い。

小学校の教科学習で伸び悩む場合、基礎でつまずいていることが多いので、下の学年に戻って簡単な問題から学び直すことが大事です。わからないところを放置しないようにしましょう。ただ励ますのではなく具体策が必要です。

2コマ目　学童期の発達

小学校1年生でも、いろいろなことをしているのですね。

小学校の1時間は場面の切り替えが多いですね。

1クラスの児童数は最大で40人、同年齢の友だちと机を並べて教師に注目し、指示を受けながら教科学習に取り組みます。教師が黒板に書く内容や電子黒板、映像モニターなどに目をやりながら、自分の机の上には教科書とノート、筆記具、タブレット端末などを並べ、必要に応じてノートに書きとり、教科書を見て、ときには音読をしたり黒板まで行って答えを書いたり問題を解いたり、グループになって話し合ったり発表したり、短いテストを完成させて提出したりと、45分の授業のなかでさまざまなことをしています。

② 小1プロブレム

小1プロブレムとは、入学したばかりの1年生で集団行動がとれない、授業中座っていられない、話を聞かないなどの状態が数か月継続する状態をいい、幼児期を引きずって未成熟な社会性のまま入学した児童が小学校生活になじめず、集団参加できないといった問題を抱えることです。この不適応状態は児童本人にとどまらず、クラスのほかの児童を巻き込んで授業崩壊*や学級崩壊*に発展するなど、問題が大きくなることがあります。1998年頃にこの名称が提起され、その後各地で実例が報告されるようになりました。2009年に東京都教育庁が「公立小学校第1学年の児童の実態調査」において、当時の小学校の4校に1校の割合で小1プロブレムが起きていること、その6割が4月に発生していること、そのうち半数程度は発生した混乱状態が学年末まで続くことなどを発表しました。

その当時は小1プロブレム発生の主要因は、「家庭のしつけ」や「自分をコントロールする力が身についていない」「児童の自己中心的傾向が強いこと」など、児童の自己抑制に関するものとされていました。こうしてマスコミが取り上げ始めると、「保育・幼児教育が子どもの自由気ままを助長している」といった保育所・幼稚園等に対する批判的な意見や、「もっと机に向かって教師に集中する姿勢を幼児期から身につけさせるべきだ」という短絡的な意見が聞かれたのも事実です。しかし幼児期の教育の本質である「遊びを通した総合的な教育」は、小学校の「教科教育」とは根本的に異なります。早くから小学校のような教育を行うべきであるという意見は間違いであり、幼児期、学童期それぞれの発達段階に応じた教育が行われなければなりません。一方、家庭のしつけに関しては保護者を問題視するのではなく育児不安などに対する子育て支援を充実させることのほうが重要です。

現在では、小1プロブレムは保育所・幼稚園等と小学校の接続の問題としてとらえられるようになりました。保育所・幼稚園等の保育者と小学校の教師の間で就学児の情報共有がなされたり、年長クラスが地域の小学校を訪問したり逆に小学校の児童が保育所・幼稚園等を訪れたりする相互交流など、さまざまな方法で連携が模索されています。

③ 前操作期直観的思考段階から具体的操作期へ

本来、発達段階説は、環境要因や経験要因よりも種としての人間のもつ生得的な要因に重きを置く考え方なので、成熟優位の立場にあります。どんなに早期英才教育をしたとしても、発達段階を飛び越えたり短縮したり

することは不可能だと考えます。時間の経過とともに身体的発育が進み、身体の機能が整って精神的な発達も進むのです。

　幼稚園は満 3 歳児入園が認められているので、3 歳の誕生日を迎えるとその日から正式に年少組に通える園がありますが、小学校はそうではないので、1 年生のクラスには、実際にはまだ 6 歳の児童と入学後間もなく 7 歳になった児童が混ざっています。

　ピアジェの発達段階の具体的操作期*は 7 歳頃から始まるので、発達段階が異なる児童が同じ授業を受けて教科学習をすることになります。操作期の前の段階にいる児童と、操作期に入った児童とは物事の認識のしかたや思考の方法が違います。数の保存課題や量の保存課題（➡ 1 コマ目を参照）を間違ってしまう子どもが算数の学習を始めるわけで、はじめのうちはよくわからないことがあってもやむをえないと思います。

　そこで現在は、なるべく幼児期から小学校での教育がゆるやかに接続するように小学校側が配慮しています。1、2 年生の教科「生活科」はもともと 1 年生からあった理科と社会科をなくして設けられた科目です。「児童の生活圏を学習の対象や場とし、それらと直接関わる活動や体験を重視し、具体的な活動や体験の中で様々な気付きを得て、自立への基礎を養うこと」をねらいとしてきました。

　2017 年の「学習指導要領」の改訂により、「活動や体験を行うことで低学年らしい思考や認識を確かに育成し、次の活動へつなげる学習活動を重視すること」、「幼児期の教育において育成された資質・能力を存分に発揮し、各教科等で期待される資質・能力を育成する低学年教育として滑らかに連続、発展させること」、「幼児期に育成された資質・能力と小学校低学年で育成する資質・能力とのつながりを明確にし、そこでの生活科の役割を考える必要がある」こと、また、「幼児期の教育との連携や接続を意識したスタートカリキュラム*について、生活科固有の課題としてではなく、教育課程全体を視野に入れた取組とすること」など、生活科が幼児教育・保育との接続を担う教科であることが強調されています。このように、低学年においては生活科を中核として合科的・関連的な指導をすることが求められています（文部科学省「小学校学習指導要領解説　生活編」2017 年）。

　2 年生になると全員が 7 歳に達するので、具体的操作期に入っているとともに小学校生活にもすっかり慣れています。

2　学童期中期から後期の発達

1　小学校中学年の頃

　小学 3 年生、4 年生は生活年齢が 8 〜 10 歳です。この頃が最も学童期らしい姿といえるかもしれません。標準的に、3 年生は 1 週間のコマ数が26 コマになり、6 時間授業の曜日が 1 日できます。4 年生は 27 コマで、6 時間授業は週 2 日になります。教科では、「生活科」がなくなり、理科と

重要語句

具体的操作期

→ピアジェの発達段階で論理的・形式的思考が完成する前の段階。7〜12 歳頃のため、主に小学生がこれに相当する。

プラスワン

生活科

生活科では最初の学習活動として「学校探検」を行い、これを中核として国語科、音楽科、図画工作科などの内容を合科的に扱い「大きな単元」を構成することなどが考えられ、実施されている。

重要語句

スタートカリキュラム

→スタートカリキュラムとは小学校に入学した児童がスムーズに学校生活に適応できるように編成した第 1 学年入学当初のカリキュラムのこと。

2 コマ目　学童期の発達

25

社会科になります。中学年では「外国語活動」（多くの場合英語）が始まり、外国語で聞いたり、会話をしたり、発表したりすることを養います。

① ギャングエイジ

　小学校3年生頃から学童期の終わり頃までの子どものことをギャングエイジと呼びます。乳幼児期は、保護者や保育者などの養育を受けなければ生きていけないので、乳児期の子どもの人への関心はまず大人に向けられ、基本的信頼を形成します。幼児期にはほかの子どもへと関心が広がっていきますが、そばにいて世話をしてくれる大人のことは何の疑いもなく信じていて、反抗期などを除けば大人のいうことには素直に従えます。この強固な信頼は小学校低学年までは続いていますが、自立した人間へ向けて、中学年の心身両面の発達は静かに進行しています。

　この現れの一つがギャングエイジです。それまで、生きるために大人に依存していた子どもが独り立ちしていく過程において、数人の同性の友人たちと、閉鎖的で排他的な強い団結力をもつ仲間集団をつくることをギャングエイジといいます。この仲間集団では、親や学校とは違う自分たちだけの特別な価値体系があり、決まりや約束事を集団外の者には知られないようにして仲間集団の内だけで秘密を共有し、さらに結束力を高めていきます。集団内では役割分担なども明確です。

　小学生が秘密基地をつくったり、合言葉をいって出入りするようすなどは文学作品などにもよく登場します。秘密基地は親や学校からは「そんなところで遊んではいけない」と注意されてしまうような場所が選ばれます。外遊びの減った現代でも、公園などの人目のつかないところを選んで仲間だけで集まったり、特定の遊びをしたり、仲間だけにわかる暗号を用いたりと形を変えて出現しています。この仲間集団において、子どもたちは集団において必要な基本的態度や対人関係を学んだり、社会性を身につけたりしていきます。一方で排他性が強まり、大人の目が届かない場所で活動するため、仲間以外に対するいじめや、悪い誘いなどの危険性をともなう場合がないわけではありません。

② 9歳の壁

　ピアジェの具体的操作期は知覚的な特徴にとらわれなくなり、保存の概念が成立する時期です。見た目が変わっても、加えたり差し引いたりしていなければ等価であるということが当たり前のこととして理解できます。ためしに「量の保存」の課題を小学校3年生に解かせてみると、何て簡単なことを聞くんだろうという表情で「同じ」と答えます。また、実際にものを用いて工夫したり経験しながら試行錯誤することによって、かなりいろいろなことができるようになります。

　発達段階では、6年間続く学童期ですが、節目がないわけではありません。この節目は「9歳の壁」、「10歳の壁」、「小4の壁」などと呼ばれています。明確な定義はありませんが、小学校の3年生から4年生に上がる頃に起きる学習上のつまずきのことで、教育現場では以前から気づかれていました。特に算数では中学年になると、抽象的な概念を扱ったり、論理的にすじみちを立てて考えたり、自分で法則性を見出したりする問題などが

💬 プラスワン

ギャングエイジと文学作品など

ギャングエイジが登場する作品としては、マーク・トウェーンの「トム・ソーヤの冒険」、モンゴメリ「赤毛のアン」、などがある。アニメーション作品「あの日見た花の名前を僕達はまだ知らない。」では、秘密基地を舞台にしていても男女混合の仲間集団という設定だが、実際には女子と男子は敵対しやすい時期でもある。

「9歳の壁」「10歳の壁」「小4の壁」などいろいろな呼び方がありますが、同じことを指しているのですね。

登場し、低学年で身につけた学力をうまく発揮できる子どもとそれが難しい子どもの間に差が生じてしまいます。たとえば、算数における分数や小数、割り算の学習につまずいて習得しきれずに先へ進んでしまう子どもが増えてきて、その後の学力に大きく影響を及ぼすということを「壁」と称しているのです。

エリクソンの学童期の危機は「劣等感」です。小学生の自己意識は他者との比較で深まっていきますので、「壁」は、算数だけでなく教科学習全般に苦手意識をもち、学習意欲を失ったり学校不適応を起こしたりする要因の一つとなってしまうことが懸念されます。

「勉強がわからない」ことが自尊感情を低下させたり、他者に対するネガティブな感情を高める場合なども起きてきます。教師の側では、その子にとってどこがどのようにできないのか、どういう方法でわかるようにするのがよいのかを十分に考えて、個人に対応する必要があります。家庭の側でも、単に成績や点数という結果だけにとらわれずに、子どもに考える機会を与えたり、十分に考えられる環境を整えたり、努力している過程を認めたりほめたりすることが大切です。

「読み書き障害」や「算数障害」などの「学習障害*（LD、限局性学習症）」や「ADHD*」の疑いが出てきたり強まったりするのもこの時期が多く、学習上の困難の原因が、学校の教え方やクラスの出来事など学校環境によるものなのか、家庭で宿題をする時間がとれなかったり、親や同居する人から虐待されているなど家庭の問題によるものなのか、また、そういうことは何もなくて本人のやる気や努力不足なのか、それとも生得的な中枢神経の機能不全に起因する障害なのかを適切に判断することなども必要になってきます。

2　小学校高学年の頃

小学校 5 年生の 1 週間のコマ数は標準で 28 コマ、6 時間授業が 3 日、5 時間授業が 2 日です。小学校 6 年生は 1 週間が 29 コマ、6 時間授業は 4 日、5 時間授業はわずか 1 日になります。また 5 年生からは委員会活動、クラブ活動が始まり、5 年生と 6 年生が協力して活動を行います。

① 第二次性徴

子どもから大人の身体へと成熟する過程の節目で、性腺の成熟にともな

2 コマ目

学童期の発達

📖 重要語句

学習障害

→「学習障害」は文部省（現在の文部科学省）の定義による名称である。医学的診断では「限局性学習症」で、困難な機能別に「読み書き障害」「算数障害」と分類される。原因に中枢神経系（脳）の機能障害があると仮定されており、生涯続くと考えられている。
➡ 14 コマ目を参照

ADHD

→診断名は「注意欠如・多動症」で、不注意優勢型、多動性・衝動性優勢型、両者の混合型がある。
➡ 14 コマ目を参照

プラスワン

性徴
個体の性別を特徴づける性質のこと。通常は胎児や出生時の性器の形状で性を区別する。ただし、生物学的にも性別は男女という2分類で単純に説明できるわけではない。

プラスワン

思春期スパート
「成長スパート」、「思春期成長スパート」とも呼ばれる。

ルソー
(Rousseau, J.J.)
1712～1778年
主にフランスで活動した思想家で新教育運動の先駆者。『人間不平等起源論』『社会契約論』『エミール』などを著した。

✍ **語句説明**

第二の誕生
→思春期を表したルソーの言葉。

う性ホルモンの分泌によりもたらされる性的な発育を第二次性徴と呼びます。

　第一次性徴とは、出生時に性別を決定する基本要素で、卵巣あるいは精巣という生殖器の生物学的性差のことですが、第二次性徴は思春期頃から始まる生殖腺の活動によって顕著となる機能的な差異のことをいいます。

　女子はおおむね10～11歳になると乳房がふくらみ、体毛が発生し、初潮を迎え、全体的に脂肪がつき、丸みを帯びた体形になっていきます。男子はおおむね12～13歳になると声変りし、ひげや体毛が発生し、精通があり、骨ばったたくましい体形へと変化していきます。

　男女ともにそれまで学童期の比較的穏やかだった成長と比べて、急激に生殖可能な大人の身体になっていくことに対して子ども自身は戸惑いを感じます。女子は生理用品の使い方や月経にともなう腹痛や頭痛など、体調の変化に慣れていかなければなりません。自分の身体の内側の出来事に意識を向け、身体を大切にすることを知る必要があります。男女のきょうだいが一緒の子ども部屋で寝ている家庭では、この時期からは部屋が分けられるとよいと思います。

　思春期という言葉は青年期の入り口の頃を指しますが、エリクソンの発達段階には出てきません。学童期から青年前期の移行期であり、どちらかというと青年期のほうに含まれます。女子は9歳から11歳にかけて身長の発育量が上昇し、ぐんと身長が伸びますが、その後発育量は低下して、17歳頃には止まります。男子は11歳から13歳にかけて上昇します。女子は11歳の1年間に約7cm、男子は13歳の1年間で約9cmも身長が伸びるといわれています。この急激な身長の伸びを「思春期スパート」と呼ぶ場合があります。

　ルソー＊は、第二次性徴を境として生きることの質的転換が起きるとしました。子ども時代は男女の区別はされませんが、青年期からは性別をもった人間として歩み始めるため、青年期を「第二の誕生＊」と呼びました。このことを「私たちはいわばこの世に二度生まれるのだ。一度目は存在するために、二度目は生きるために。はじめは人に生まれ、次は性に生まれる」と述べています。

② **具体的操作期から形式的操作期へ**
　ピアジェの具体的操作期は7～12、3歳頃で、小学校から中学校に進む

図表 2-5　子ども用ビリヤード

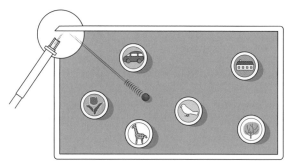

出典：ミラー、G. A. ／戸田壱子・新田倫義訳『心理学の認識——ミラーの心理学入門』白揚社、1967年をもとに作成

6 年生頃が移行期といえます。具体的操作期の思考は一貫性があり、目の前にある具体物については論理的に考えることができますが、具体物がない状態で頭のなかだけで考えたり、記号などを用いて抽象的な思考を行ったり一般化したりすることは難しい状態です。

　ピアジェの装置で、子ども用につくられたビリヤード台（図表 2-5）で的に当てるゲームをするという例があります。縁に固定された射出機から玉が打ち出されるので、普通のビリヤードよりは簡単になっています。子どもは台のあちらこちらに置かれた的に当てるために、射出機がねらう方向を決めることが求められます。この子ども用ビリヤードは、玉を壁に当ててはね返らせて的に当てます。的に命中させて遊んでいるうちに、子どもははね返った玉で的に当てる技術を身につけていき、どこに的があっても命中させることができるほど上達します。このように、実際に具体物を使って考えながら工夫を重ねて、かなりのことができるようになるのが具体的操作期です。

　それでは、思考の最後の段階である形式的操作期との違いは何でしょうか。それは自分がやっていることを言葉や数式を用いて普遍的な法則として的確に表現できないという点です。具体的操作期の子どもは、的に当てるために「ここのところをねらうと、こっちにいくので当てられる」というような説明をしますが、形式的操作期に入ると、入射角と反射角が同じことなどを根拠として、より一般的（普遍的）な説明ができるようになります。

　現代の小学生は教科書や本、パソコンや情報端末などを用いてさまざまな情報に触れて学習をしています。以前なら言葉の説明だけで頭のなかで想像するしかなかったことが、電子黒板や情報端末ではカラフルな具体物が動く形で見ることができます。その意味では、算数などでも理解しやすい教材が開発されているので、子どもは具体物を目にしながら学習できるようになりました。今後ICT*化はさらに進んでよりわかりやすい教材や教え方が開発されていくことでしょう。それは大変よいことですが、具体的操作期である学童期にはいろいろな道具やものを実際に使ったり、実際にその場所に行ってみて、身体を動かしたり五感で感じたりすることが必要

具体的操作期の子どもは上手に命中させられるけれど、それを説明するのは難しいのですね。

2 コマ目　学童期の発達

重要語句

ICT
―――
→インフォメーション・アンド・コミュニケーション・テクノロジーの略。情報通信技術のこと。

です。教師や保護者は、子どもたちにさまざまなことを体験する機会をつくってあげることも忘れてはいけません。

2020年は新型コロナウイルス感染症の感染拡大のため全国で休校となり、学校が再開しても分散登校で、音楽の時間も歌わない、楽器も吹かない、給食は黙って食べる、日常的にマスクをつけるといった、今までにない学校生活でした。この年の3月に卒業した当時の小学校6年生は卒業式や卒業に関する行事がすべてなくなりました。4月に新6年生になった児童は学校行事がことごとく中止となり、小学校最後の思い出になる修学旅行をとりやめた学校も少なくありませんでした。

学童期のしめくくりに、自分たちで目的地について調べたりそれをしおりにしたり、家から離れてクラスの友だちと宿泊して自主的に活動する修学旅行などが実施できなかったことは、発達的な観点からもとても残念なことでした。授業のICT化はさらに進むことが予想されますが、これからの子どもたちにも、バーチャルでは得られないリアルな体験を積み重ねていってほしいと思います。

新型コロナウイルス感染症の拡大により、遠隔授業、情報端末の普及など学校のICT化が一気に進みました。

おさらいテスト

❶ 各発達段階説では学童期（児童期）は比較的 [　　　] して発達する時期と考えられる。

❷ 学校での [　　　] が始まることで、勉強やスポーツ、それらの成績などの別の価値観が加わる。

❸ 学童期（児童期）には友だちや教師など他者との関わりのなかで [　　　] を育み、対人関係を学ぶ。

演習課題 ✎

ディスカッション

- -

①保育所・幼稚園の生活と小学校生活ではどのような点が異なるのか、まとめて比較してみましょう。

②学童期に、自分は誰とどんなふうに遊んでいたか、グループで話し合ってみましょう。

青年期の発達

今日のポイント

1. 青年期の心理社会的発達課題はアイデンティティの確立である。
2. 青年期は身体的成熟を迎える時期で精神的にも不安定になりやすい。
3. 青年期は社会的にはモラトリアムの時期である。

1 青年期前期の発達

1 青年期前期の特徴

　フロイトの発達理論では、第二次性徴（➡2コマ目を参照）を過ぎると身体的、性的に大人の段階に到達するため、青年期はありません。最終段階の「性器期」になります。一方、エリクソンのライフサイクルでは、青年期は子ども時代と大人時代をつなぐ重要な段階と位置づけられています。エリクソンの理論の青年期とは、学童期のあとに始まり、成人前期の前までをいいます。すなわち日本では中学生からが青年期といえますが、いつ終わるのかについては、成人として社会に参画するようになってからが成人前期なので、個人差が大きいと考えられています。そのため具体的に何歳頃までとは記されていません。

　また、エリクソンの理論にはありませんが、心理学では、一般的に青年期を前期と後期に分けて考えます。第二次性徴や思春期スパートによる身体的変化が活発で、精神的にも不安定になりやすい中学生を中心に、高校生くらいまでが青年期前期と呼ばれます。

　ピアジェの発生的認識論では、11〜12歳以降を最終段階の「形式的操作期」とし、抽象的、形式的、論理的思考は深まりながら生涯続くと考えられています。形式的操作とは、具体物に頼らずに論理関係だけを取り出して推論ができるようになることをいいます。そのため、一定の条件のもとで生じうるすべての可能性を考えることができ、それを仮説演繹[＊]的に実証するために実験や調査を行う科学的思考も可能になります。

　現代は、科学的事実に基づいた客観的な思考を重視し、科学的思考によって自然界や人間社会、また個人の内面も解き明かそうとする時代です。昔は、病気になるのは「たたり」や呪いのせいで、治療方法は神仏に祈禱（きとう）することなどでしたが、1876年に細菌学者のコッホが炭疽菌（たんそきん）を取り出し病

プラスワン

心理社会的発達段階説

エリクソンは精神分析的な発達理論を基礎としながらも、発達の基底に生物学的、心理的、社会的という3つの体制化過程を置いた。人は適切な条件が整ったときに漸成（ぜんせい）的な法則に沿った発達を遂げていくと仮定し、各段階に発達課題をもつ漸成図式で表した。漸成とは発生学の用語で順序性があるということである。

青年期がいつまでかは人それぞれなのですね。

重要語句

仮説演繹

→既知の事実に基づいて仮説を立て、その仮説を証明するために実験などを行い真実に近づいていく方法のこと。

原性を明らかにした頃から感染症の原因がわかり、その対処法は大きく変わりました。また、宇宙の始まりはビッグバンであるという仮説は広く支持され、理論上の存在だったブラックホールが、各地の天文台の観測データとコンピュータ解析の進歩によって画像として表されるようになりました。

　これらはみな科学的思考の産物です。ある事象に遭遇したとき、その原因は何なのか、この状態が続くと未来にはどうなるのか、どのような条件があると起きるのかなど科学的に突き詰めていく思考は、その対象を個人の内面や性格、あるいは人が集まって生じる家族や集団、社会など多様なものへと向けられます。

　このように、わからない事物をわかろうとすること、真実や本質、普遍性*を明らかにすることが科学であり、人間が行っている考える行為そのものなのです。

　形式的操作期に入ると、幼い子どもの頃には信じて疑いもしなかったものごとに対して疑念を抱くようになり、知らないまま、触れないままにしていられない欲求がわいてきて、さまざまなことを調べたりします。それは家族の問題、親や教師などの権威、学校のこと、友人関係、社会のあり方、自分自身の性格や容姿などさまざまです。

① 青年期のとらえ方

　青年期前期の入り口では、子どもから成人への身体的変化が認められますが、精神的にはまだまだ未発達です。やがて成人として親から独立することが自分自身でも現実として予感できるようになるため、これまで以上に自己主張するかと思えば、独り立ちしていく漠然とした不安に駆られ、退行*かと疑うほど大人に甘えるなどと、周囲には理解しがたい行動がみられることがあります。

　親に対しては、同性の親でも異性の親でも反発が強まり、親の言うことが正しいとわかっていても素直に従えない、日常的な普通のあいさつや返事ができない、会話を避け自室にこもるなど、学童期とは異なる行動をとりますが、内心は不安を抱えており、誰かに頼りたい気持ちをもっています。このような親子関係がぎくしゃくする時期は「第二反抗期*」と呼ばれ、中学生の頃に最も激しくなります。

　親からの自立と自己の確立を成し遂げるため、大なり小なり誰もが経験する節目です。「うちの子には反抗期はなかった」と振り返る親や、仲のよい友だちのような母親と娘なども増えているようですが、親の側の受け止め方とは異なり、子ども本人は、学童期とは違う複雑な感情を少なからず抱きます。自立を求め、大人の指示に従いたくない気持ちはあるものの、実際には中学生の自分ができることには限界があり、助けを求めたい気持ちや依存したい気持ちをもってしまう矛盾した自分に腹を立てたりもします。

　このような青年期の特徴をホールは「疾風怒濤の時代*」と名づけました。青年期とは、本能と感情が高まる時期で、無気力と興奮、喜びと苦痛、自信と自己嫌悪、利己心と利他心、社交性と孤独、感受性と無関心、保守

今の文化的な生活も形式的思考の産物です。小説や芸術も本質を追求して生み出されます。

3
コマ目

青年期の発達

①

✎ **重要語句**

普遍性

→すべての物事に適合する性質、誰にでも共通する根本的な性質のこと。

✎ **重要語句**

退行

→幼い子どものような感情や行動をみせること。

第二反抗期

→単に反抗期ともいう。2～3歳に自己意識が芽生えることで生じるのを第一反抗期と呼ぶのに対し、青年期前期に生じるものを第二反抗期と呼ぶ。

疾風怒濤の時代

→青年心理学の祖とされるホール(Hall, G.S., 1844～1924)が当時のアメリカの若者の風潮や、激しい行動を表現した言葉。

性と急進性、感覚と知性などが交互に現れ、あるいは対立する時期である
と指摘しました。自分のなかで両極端な考えや状態、感覚が生まれ、それ
に自分自身が翻弄（ほんろう）され、行動化するというものです。

　また、心理学者のホリングワースは乳児が幼児へと成長する際の「離乳」
という言葉を使って、親からの独立を求める青年期前期の精神性を「心理
的離乳*」と呼びました。乳児は離乳することで母親から生理的に独立し
ます。これにたとえて、青年が情緒的、精神的に親との依存関係から独立
することが心理的離乳です。離乳することは不安や情緒的な混乱を招くこ
とになりますが、この危機を乗り越えることによって、確かな青年期へと
移行を果たすと考えられます。

　社会学者のパークは、複数の異文化集団に属する人間やどちらにも属さ
ず境界に位置する人間のことを「マージナル・マン*」と名づけました。青
年期は学童期と成人期の狭間（はざま）の時期であり、子ども集団にも大人集団にも
属さない境目（境界）にあるため、青年期を表す言葉として用いられてい
ます。

② 青年期と精神・神経疾患

　このように思いどおりにいかず感情の起伏が激しいこの時期は、自分自
身でもその感情の変化はとらえがたく、それがまたいら立ちを生んで不安
定な精神状態が続きます。そのため、神経症や精神疾患の多くがこの青年
期前期から後期にかけて発症しやすくなります。拒食症・過食症などの摂
食障害、視線恐怖・醜貌恐怖・自己臭恐怖などの思春期妄想症、統合失調
症などがあげられます。

　青年期には、周囲から自分がどのように見られているのか、自分はどん
な人間だと思われているのか、そしてそれは本当の自分なのかどうかなど
と思い悩みます。社会の一員として役割をこなす成人になっていくため、
他者から見た自分を意識することは必要なことですが、この時期は特に他
者の目が気になり過ぎてしまう「自意識過剰」な状態になっています。周囲
の人はまったく気に留めないことなのに本人にとっては重大なことで、そ
こにこだわってしまうために、やるべきことが滞るというような事態に陥
ります。

　このような事態が深刻になると、通常の範囲を逸脱した異常行動となり、
気づいたときには思春期妄想症であるということが生じます。家族や幼な
じみといったよく知っている人や自分と関わりのないまったく知らない人
に対しては過剰な反応は出にくいのですが、クラスメイトや同じ学校と
いった「中程度に知っている人」のなかでは、自分がどう見られているの
か気になってしかたがないという状態に陥りやすくなります。本心では自
分のことを知ってほしいと思いながらもなるべく目立たず、集団に埋没す
るように行動します。

　このような精神・神経疾患は体質のように生得的な要因に加えて、物理
的環境要因や育てられ方、対人関係の要因、さらには大きなストレス、第
二次性徴にともなう精神的・身体的不安定などが重なって発症すると考え
られます。

2　日本の中学生、高校生

①小学生から中学生へ

　小学校6年生のときは最上級生として行動していたのが中学校入学とともに1年生という立場に逆戻りし、部活動でも委員会でも新人としてスタートします。いろいろな小学校から進学してくるので、新しい友人関係を築かなければならず、また、体格の違う大人びた姿の上級生に圧倒されます。

　一般的には小学生は自由な服装で登校しますが、中学生になると多くの学校でブレザーや詰襟（つめえり）など硬い素材の制服を着るようになります。女子はスカート、男子はズボンという制服はジェンダー＊を象徴するものであり、嫌でも受け入れざるをえませんし、校則もあります。また、クラブ活動が活発になるなど学校で過ごす時間は長くなり、小学校から中学校への変化は大きくなります。

　男子の思春期は中学生の時期で、急激に身長が伸びて「成長痛」が起きることがあります。女子も体重増加や女性らしい体形になることへの戸惑いを感じます。身体的に不安定な時期に加えて、一般的には3年後には高校受験という試練が待ち構えています。小学校が6年間あったのに中学校は3年間しかなく、それが焦りを感じさせる原因となっています。

　一方で現在、中等教育学校が増え、中高一貫体制で大学受験に有利である、クラブ活動に打ち込みやすい、6年間をとおしての友人関係が築けるなどの理由で人気を集めていますが、高校受験がないため落ち着いて青年期前期を過ごせることも大きな利点だと考えられます。

　中学校では教科担任制に変わり、算数が数学に変わるように、授業は専門性や論理性が求められるようになります。生徒はこの切り替わりを乗り越える必要があります。

　驚いたり戸惑ったりしながらも、大多数の子どもが中学校生活にスムーズに移行していきますが、なかにはこの切り替わりでつまずく子どもも出てきます。そのようなつまずきのことを「中1ギャップ」と呼ぶことがあります。一般に、小学校を卒業して中学校に進学した際、それまでの小学校生活とは異なる新しい環境や生活スタイルになじめず勉強についていけなくなったり、不登校やいじめが起こったりすることをいいます。小1プロブレムと対（つい）にして用いられたりもします。小学校と中学校の接続を問題にする際に使われる言葉ですが定義はありません。実際に、小・中接続においてのいじめや不登校、校内暴力などが増加しているとはいえず、中1ギャップという言葉でひとくくりにして扱うのではなく、一つひとつの問題に対し適切に向き合う姿勢が大切です。

② 暴力行為、いじめ、不登校

　文部科学省は毎年、「児童生徒の問題行動・不登校等生徒指導上の諸課題に関する調査」を実施し、結果を公表しています。2020年度調査では、暴力行為の発生件数は小学校が最も多く（41,056件）、次いで中学校（21,293件）でしたが、児童生徒1,000人当たりの暴力行為の発生件数は、小学校は6.5件、中学校は6.6件と、中学校のほうが多くなっています（図表3-1）。

重要語句

ジェンダー

→性別役割ともいう。生物学的性別に対して社会や文化が要求する役割、男性らしさや女性らしさのこと。

近頃は女子もパンツスタイルが選べる学校もありますね。

プラスワン

一貫教育

中学校と高等学校の一貫校「中等教育学校」のほかに、小学校と中学校の一貫校である「義務教育学校」がある。

教科担任制

専門性の高い教員がクラスをまたいで教科を受けもつこと。2022年度から小学校でも5、6年生の理科、算数、英語、体育には教科担任制が導入された。

プラスワン

中1ギャップ

国立教育政策研究所生徒指導・進路指導研究センター『中1ギャップの真実』（2015年部分改訂）によると、「いわゆる『問題行動等調査』の結果を学年別に見ると、小6から中1でいじめや不登校の数が急増するように見えることから使われ始め、今では小中学校間の接続の問題全般に『便利に』用いられて」いるが、必ずしも実態を示してはいないと警鐘（けいしょう）を鳴らしている。

プラスワン

2020年度のいじめの認知件数

2020年度は新型コロナウイルス感染症拡大により、学校でのさまざまな活動が制限され、子どもたちが直接対面してやり取りをする機会などが減少したこと、また、年度当初に一斉休校があったことに加え、これまで以上に児童生徒に目を配り指導・支援したことなどにより、いじめ・暴力行為の認知件数が減少したと考えられている。

図表 3-1　学校の管理下における暴力行為発生率の推移
（1,000人当たりの暴力行為発生件数）

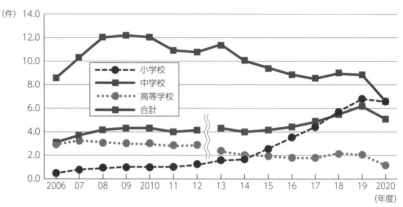

出典：文部科学省「令和2年度　児童生徒の問題行動・不登校等生徒指導上の諸課題に関する調査結果について（令和3年10月13日）」2021年、8頁を一部改変
https://www.mext.go.jp/content/20211007-mxt_jidou01-100002753_1.pdf
（2021年10月15日確認）

　いじめについては、2020年度調査で認知（発生）件数（小学校は420,897件、中学校は80,877件）においても、児童生徒1,000人当たりの認知（発生）件数においても、小学校が中学校よりも圧倒的に多いことがわかります（図表3-2）。しかし、件数には見えてこない悪質さの程度やその後の対人関係や人間形成への影響を考えると、中学生のいじめのほうが問題は深刻です。

　一方、不登校を理由とする長期欠席者数は、中学校のほうが小学校よりも圧倒的に多くなります（2020年度で小学校63,350人、中学校132,777人）。不登校児童生徒の割合は、小学校が約100人に1人（1.00％）なのに対して、中学校は約24人に1人（4.09％）という多さです（図表3-3）。2013年度以降は小学校でも増加傾向ですが、不登校は中学校における深刻な問題となっています。

図表 3-2　いじめの認知（発生）率の推移（1,000人当たりの認知件数）

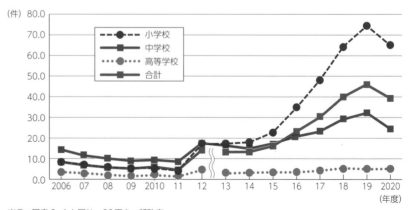

出典：図表3-1と同じ、22頁を一部改変

図表3-3　不登校児童生徒の割合の推移（1,000人当たりの不登校児童生徒数）

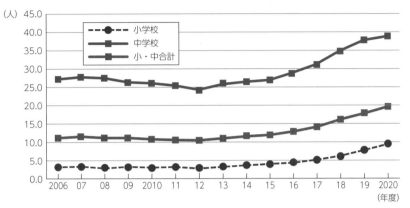

注：調査対象は国公私立小・中学校（小学校には義務教育学校前期課程、中学校には義務教育学校後期課程及び中等教育学校前期課程、高等学校には中等教育学校後期課程を含む）。
出典：図表3-1と同じ、69頁を一部改変

③ 高校生のストレス

　現在は、中学校を卒業するとほとんどの子どもが高等学校などに進学します。高校受験を終え、第二次性徴の激しい波も収まり、自分の将来がおぼろげながら見通せるようになってきますが、それでも青年期の不安定さは続き、高校生は多くのストレスを抱えています。

　国立青少年教育振興機構による「高校生の心と体の健康に関する意識調査報告書（概要）」（2018年）では、2017年度に日本・アメリカ・中国・韓国での高校生を対象とした調査の国際比較をまとめています（図表3-4）。このなかでストレスに関する項目をあげてみると、日本の高校生のストレスは、1位が「勉強のこと」、2位は「進学や進路のこと」、3位は「友だちとのこと」、4位は「親とのこと」でした。また日本以外の3か国も、1位と2位は同じでした。大学進学のしくみは国によって違いがありますが、高校生にとって学業とその先にある進学や進路のことが大きなストレスであることが示されました。

　高校生の半数以上が大学・短期大学へ進学するため、どのような進路を選ぶべきか悩む時期です。以前は大学に入学後1〜2年の教養課程があり、そこでさまざまな学問に触れてから学科や専攻を選択することができましたが、今は専門教育を早くから開始するために、大学受験の際に学科まで決めて出願するところが多くなりました。そのため、高校3年生の夏頃までに将来就きたい職業を考え、そのための資格や免許を取得できる大学、学部、学科を探し、自分の学業成績に見合った受験先を決めなければなりません。自分にふさわしい職業を選択するためには、自我同一性（アイデンティティ）＊の確立が重要ですが、忙しい高校生活のなかで、自己を見つめ理解する必要があるのです。

　日本の高校生のストレス解消法は、1位が「寝る」、2位が「音楽を聴く・映画をみる」、3位は「我慢する」、4位は「誰かに話す」というものでした。ストレスはゼロであることが望ましいわけではありませんが、生

不登校の子どもの数は中学校が多いのですね。

ストレスについては15コマ目でも学習します。

どの国でも高校生のストレスの原因は、勉強や進路のことが多いですね。

3
コマ目

青年期の発達

✏ 語句説明

自我同一性（アイデンティティ）

→エリクソンによる「ego-identity」の訳。「自己同一性」ともいわれるようになり、単に「同一性」、「アイデンティティ」ともいわれる。

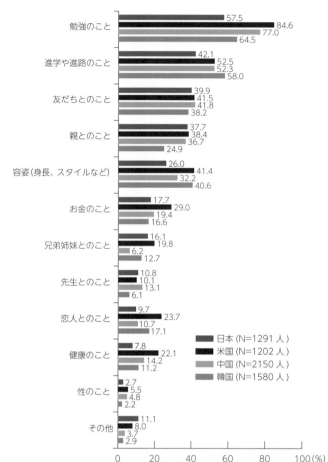

図表 3-4　高校生のストレスの国際比較

	日本 (N=1291人)	米国 (N=1202人)	中国 (N=2150人)	韓国 (N=1580人)
勉強のこと	57.5	84.6	77.0	64.5
進学や進路のこと	42.1	52.5	52.3	58.0
友だちとのこと	39.9	41.5	41.8	38.2
親とのこと	37.7	38.4	36.7	24.9
容姿(身長、スタイルなど)	26.0	41.4	32.2	40.6
お金のこと	17.7	29.0	19.4	16.6
兄弟姉妹とのこと	16.1	19.8	6.2	12.7
先生とのこと	10.8	10.1	13.1	6.1
恋人とのこと	9.7	23.7	10.7	17.1
健康のこと	7.8	22.1	14.2	11.2
性のこと	2.7	5.5	4.8	2.2
その他	11.1	8.0	3.7	2.9

出典：国立青少年教育振興機構「高校生の心と体の健康に関する意識調査報告書（概要）—— 日本・米国・中国・韓国の比較」2018年、12頁
https://www.niye.go.jp/kanri/upload/editor/126/File/gaiyou.pdf（2022年5月30日確認）

日本の高校生は、自分の能力を低く評価したり、ものごとを悲観的に考えたりする傾向があるようですね。

き生きとした日々を送るためには、達成すべき目標やかなえたい夢が必要です。進学や進級で新しい友人をつくること、見知らぬ環境に足を踏み入れることは簡単なことではなく、不安や恐れを感じるものです。しかしそれらは、めりはりのある生活をもたらしてくれます。大きすぎるストレスは不要ですが、対処できるストレスは人間的成長のためにはあったほうがよいといわれています。

　この調査ではまた、自己肯定感に関する質問もしています（図表3-5）。「私は価値のある人間だと思う」「私はいまの自分に満足している」といった質問に、日本の高校生は「そうだ」「まあそうだ」と答えた割合が大変低く、ほかの3か国との差が大きいという結果でした。これは2010年の調査結果と同様で、日本の高校生の自己肯定感の低さは一貫しています。このように、自己肯定感の低さが意味することやその理由は明らかにされる必要があるでしょう。

図表 3-5　高校生の自己肯定感の国際比較：
　　　　　　自己評価の項目に「まあそうだ」「そうだ」と回答した者の割合

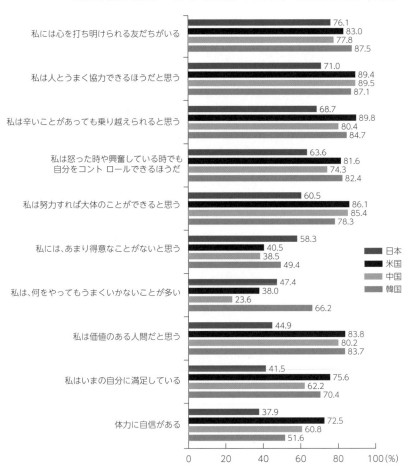

出典：図表3-4と同じ、13頁

2　青年期後期の発達

1　青年期後期の特徴

　青年期後期という発達段階の区分はありませんが、一般的には青年期の後半で成人期になるまでを青年期後期としています。また、年齢で明確に区切れるものでもありませんが、目安としては、高等学校、大学、短期大学、専門学校などを終えて就職し社会人となる頃、あるいは結婚をする、生涯のパートナーを得るなどして家庭を築き始める頃などが考えられます。現代では成人として社会に出る前の自分探しの最終段階と位置づけられるでしょう。

① 自我同一性の確立

　自分探しの最終段階とは、「自我同一性（アイデンティティ）」を確立するという発達課題に取り組むことです。青年期に入ってから、自分の行動に

3コマ目　青年期の発達

性自認

→自分の性別をどの
ように認識しているか
という自己意識。「性
同一性（ジェンダー・
アイデンティティ）」は
自分がどの性別に属
するか、同一感をもつ
かという感覚。

性役割

→性別役割ともいう。
「男だから涙を見せ
ない」「女だから家事
をする」のように社会
的に期待されるその
性別の役割のこと。

危機

→各発達段階の発達
課題には前向きな発
達だけでなく退行的、
病理的な方向に向か
う心理社会的な危機
が想定されている。危
機には分岐点という
意味があり、この危機
を乗り越えていくこと
が課題である。

自信がもてなかったり、他者との違いが気にかかったり、自分は「本当は何をしたいのだろう」などと自分について考えることが多くなります。これは自我同一性を確立するために模索していることなのです。

自我同一性とは、エリクソンが青年期のパーソナリティの特徴を示すためにつくった用語で、「私は他者から分かれた存在で、自立し独立した自分であるという感覚、そしてその私はこれからも私であり続けるという感覚」のことをいいます。

私たちはいろいろな社会（集団、グループ）に属しており、その社会ごとに与えられた立場や役割、外に見せる顔があります。たとえば大学においては学生という立場ですが、塾で子どもに教える際には先生、地域の小学生のスポーツクラブで指導をするときはコーチ、アルバイト先では店員としてお客様に接するなど、さまざまな顔があります。家に帰ると親にとっては「子ども」であり、弟妹からは「お兄さん・お姉さん」になります。

最近は変化しつつありますが、近所の人からは「○○さんの家の△△ちゃん」と○○家の一員として見られます。また、性自認*にかかわらず女性ならば女性に、男性ならば男性に見られ、伝統的な性役割*を付与されます。サークルでは部長などの役割をもち、海外に出れば日本人やアジア人として見られます。それらのなかには「自分らしい」と思えるものと、本心からそう思うことが難しいものとがあるはずです。自分らしくない一面を表に出さなければいけないとか、自分らしくないけれど周囲の期待にこたえなければならないなど、人はさまざまな立場や役割に応じて自分をつくる必要があります。

子ども時代は、親や先生など大人が求める立場や役割に応じるだけで精一杯だったのが、青年期になり「私らしさ」や「本当の自分」について振り返ることができるようになると、自分探しを始めます。そして自分を取り巻く人間関係のなかで「本当の自分」とは何かがつかめてきます。いろいろな場面でいろいろな人に見せる多面的な自分ではあるが、その本質は一つであり、「これが私だ」という私らしさが核にあることを自覚できることが自我同一性の確立です。

一方で人は、一人ひとりに成長してきた過程、いわば自分史があります。この過去の自分に起きたことや自分が行ったことは事実であり、取り消すことやその時点に戻ってやり直すことはできません。このように時間的経過は変えることのできない自分そのものです。過去の経験のなかにはよいことも悪いこともあります。また、今の自分はこれからの未来を生きていく自分です。リセットして別の自分になって人生を始めることはできません。これまで生きてきた過去の自分と、これから先を生きていく未来の自分とをつなぐところに今の自分がいます。

このように子ども時代の過去の自分とこれから歩む未来の自分を一貫性のある存在として感じられる「時間的統合」が成立することもまた自我同一性の確立なのです。エリクソンは、この自我同一性を確立するまでの期間を「危機*」と呼びました。「危機」は青年が自分探しをして悩んでいる最中のことをいい、「自分とは何か」を見出しさまざまな側面や時間的経過

を統一することができれば、自我同一性の確立という発達課題をクリアすることになります。危機という言葉は悪い状態をイメージさせますが、そうではなく、危機は健全な人格発達においてはなくてはならないことと位置づけられます。悩むべき時期にしっかりと悩むことが心の発達には必要だと考えられるのです。

しかし、どんなに悩んでも自我同一性の確立に至らないという場合も生じます。このように統合できない状態が「同一性拡散（アイデンティティ拡散）」です。同一性拡散は、自分を見失い、自分自身がわからなくなる状況です。過去・現在・未来の自分がつながらない時間感覚の麻痺、他者との距離がうまくとれない、他者に対して否定的な自分を選択し対立する、自分の能力に対する不信から労働を回避し別のことに没入する、自己決定や重要な選択を避け続けるなどとして現れます。これらの状態を克服するためにも自我同一性は統一されなければならないのです。

② アイデンティティ・ステイタス

心理学者のマーシアは自我同一性の確立と同一性拡散にさらに2つの類型を加えて、4類型の「アイデンティティ・ステイタス」を提唱しました。4類型とは、「同一性達成」「積極的モラトリアム」「早期完了」「同一性拡散」です。アイデンティティ・ステイタスでは、「コミット」するか、しないかということが重要になります。

第1の類型「同一性達成」は、危機を経験して、すなわち悩む期間を経て、自分がコミット（積極的関与）する領域を見つけることができたことを表します。自分らしく生きていくために、どんな仕事をしてどんな人付き合いをし、どのような家庭を築き、何を信条とするかなどを見出すことができて成人期に移行する人々です。

第2の類型「積極的モラトリアム」は、まだコミットする領域を見つけられず悩んでいる最中を指します。学生時代は、多くが保護者のもとで経済的にも心理的にも守られながら、学校という集団のなかで将来の自分に向けて学習したり社会勉強をしたりする期間です。家庭や学校という居場所があるためチャレンジして失敗しても戻って来てやり直すことが認められます。このように自我同一性確立のために試行錯誤する期間、すなわち青年期のことをエリクソンは「モラトリアム*」と呼びました。大人になることの猶予期間という意味です。

第3の類型「早期完了」は危機を経験せずにコミットする領域を決めたことを指します。親や周囲の人々の意見をそのまま受け入れ、自分のこととして真剣に悩むことなく職業や結婚を決めてしまった人々です。日本でも昔は結婚相手を親どうしが決め、本人は祝言（婚礼＝現在の結婚式）をあげるまで顔を見たことがないとか、子どもは家業を継ぐのが当たり前で職業選択の自由はないなど、早期完了が当たり前の世のなかでした。現代でも、子どもが好きだと話したら進路指導で保育者養成校をすすめられたり、「最近話題の職業なので自分も」などという職業選択がなされる場合があります。これは意思決定が早いので一見よいように思えますが、真剣に自己と向き合う経験をしないで選択をした可能性が高いので、やがて周囲

3コマ目　青年期の発達

📨 プラスワン

アイデンティティ・ステイタス

マーシア（Marcia, J., 1938～ ）が提唱した青年のアイデンティティ形成のあり方を判定するもの。アイデンティティの危機または探求の経験と、現在の傾倒（コミット、積極的な関与、自我関与）の2つの側面が重視される。

✏️ 重要語句

モラトリアム

→元の意味は銀行から借金をしたときに返済を猶予してもらう期間のこと。エリクソンは心理社会的猶予期間をモラトリアムと呼び、青年が社会のなかで自分の適所を見つけるための「役割実験」を行うことが重要だと考えた。アルバイトやボランティア活動などがそれに含まれる。

の環境が変化し、自分自身に向き合う必然性が生じたときに、危機を迎えることがあるかもしれません。

第4の類型「同一性拡散」は、現在のところ何にもコミットしていない状態のことで、さらに2つに分かれます。「危機前拡散型」は真剣に悩んだことがなく、自分とは何かを真剣に考えることを無意識に避けてしまう人々で、自信がなく、自立が怖いと感じています。このままでは前に進むことができません。「危機後拡散型」は、一時的には悩んでみたものの何かを自分の意思で決定するということ自体に困難を示し、「自分にはすべてのことが可能であり、可能性を捨てずにいたい」と考えるグループです。一応、自己の将来や人生について悩んだけれども決定してしまうのは嫌だという思いが強く、モラトリアムを長引かせている状態です。大人になりきらなくてもよい環境にあるのかもしれないので、この環境が変わったときにはコミットせざるをえない状況に追い込まれ、同一性達成へと向かうこともある人々です。経済的に恵まれていたので仕事とも趣味ともいえない音楽活動をしていたけれど、親が倒れたのを機に自立せざるをえなくなり、真剣に自分にできることを考えて就職した場合などがこれにあたります。

2 大人になるということ

青年期から成人期への移行は、精神的発達と社会との関わりにおいて決まります。長かった学校生活が終わり、社会に出るときをもって青年期の終わりとするならば、今の日本では高校卒業が18歳頃、短期大学・専門学校卒業が20歳頃、大学卒業が22歳頃となります。しかし、現代の日本のように、社会が安定し自分の職業や生き方を模索する余裕があると青年期は長引く傾向がみられ、25～30歳までを青年期後期とするという考え方もあります。

すなわち、青年期後期という発達段階は身体的成熟によるものではなく、社会との関わりをもちながら自分自身（自己）を知り、どんな人生を歩むかという将来の自分のビジョンができたときに終わりを迎えるという、心理社会的なものといえます。青年期とは、身体的・心理的・社会的変化に向き合い、自立して自分らしい人生を歩むために自我の不変性と連続性を再構成する「自我同一性の確立」を最も重要な発達課題とする発達段階なのです。

さて、2016年に「選挙権年齢」が満18歳以上に引き下げられました。それまでは高校生は学校のことや自分の進路のことを考えていればよかったのですが、自治体の長や議員、国会議員の選挙があるときには大切な1票をもつ身になったので、住民・国民の一人として、誰がどのような政策を掲げ、何を訴え、どういうことを大切にしているのかを適切に知って、投票しなければならなくなりました。たとえばプラスチックごみの捨て方など、身近なことが地球規模の環境破壊につながっています。地域で起きていること、社会の動き、世界の人々が力を合わせて解決すべきことなどにも目配りをすることが求められます。

そして、2022年4月1日から民法における「成年年齢」が18歳に引き下げられました。18歳になれば一人で有効な契約をすることが可能となり、父母の親権に服さなくなるという点で青年の自己決定権が尊重され、積極的な社会参加が促進されると考えられています。このように、高校生のうちから社会的責任をもち、社会の一員として参画することが求められます。親から完全に自立することはできないけれど、ある意味で大人として扱われるというマージナル・マンそのものといえるでしょう。

衛生環境や食糧事情が悪かった時代では、人の寿命は50年程度で、第二次性徴後はほどなく成人期に移行し、青年期はほとんどなかったと考えられています。現代でも貧困から脱却できない発展途上国や紛争地域では、子どもは早く大人になって、働いたり戦ったり、子どもを産んだりすることが求められています。猶予期間である青年期が長いということは、経済的にも社会的にも安定していることを表しています。それをよいことに、自我同一性確立のために悩むことや、人生の岐路で自己決定を避けることを続けていては、人格発達が滞ることになってしまいます。不安を抱えて悩む期間は苦しいけれども、乗り越えた先に本当の自分の人生が開けるのだと考えることが大切です。

おさらいテスト

❶ 青年期の心理社会的発達課題は [　　] の確立である。
❷ 青年期は身体的成熟を迎える時期で精神的にも [　　] になりやすい。
❸ 青年期は社会的には [　　] の時期である。

プラスワン

成年年齢
一般には成人年齢ともいわれる。世界的には18歳とする国が多い。

飲酒や喫煙は今までと同じく20歳になってからですよ。

3コマ目　青年期の発達

ディスカッション①

　現在のあなたが感じている「自分らしさ」とはどのようなことですか。「自分らしい」と思えることや場面などを思い描いてみましょう。

　もしもお互いをよく知っているのならば、グループでお互いに「その人らしさ」を述べ合ってみましょう。

演習課題

ディスカッション②

- -

①自分の中学生時代、高校生時代を振り返って、苦労したこと・悩んだことが何だったか考えてみましょう。

②自分が保育者を目指すことになった経緯を振り返ってみて、その選択は自分自身が主体的に行ったのかどうか考えてみましょう。

成人期・老年期の発達

今日のポイント

今日のポイント

1. 成人期の発達課題は新しい関係を築き、次の世代を育てることである。
2. 成人期は社会的活動の中心となる時期である。
3. 高齢社会である現代日本では、老年期の生き方を考えることが重要である。

1 成人期の発達

1 成人期前期の特徴

発達段階としての成人期は年齢で明確に区分できるものではありませんが、おおむね24～45歳程度を成人期前期ととらえます。身体的には成熟して上昇的発達は終わりますが、精神的にも安定し心身ともにエネルギーが充実する時期なので、成人期を「人生の正午」と呼ぶことがあります。また、同時に「人生の岐路」でもあります。

自我同一性が確立し、社会に対してみずからの能力を提供しその対価を得ることができ、生涯のパートナーを得て家庭を築いたり子どもを育てたりする人もいますが、これらをしない人でも、所属集団や地域社会で次世代を担う人々を育成したりする時期です。一般的には、就職、経済的自立、親などの原家族からの独立、結婚、出産、育児などのライフイベントがあります。

① 成人期前期の発達課題

エリクソンは、成人期前期の発達課題は「親密性*」の獲得であると考えました。エリクソンによると親密性とは、「意義ある犠牲や妥協を要求することもある具体的な提携関係に自分を投入すること」と定義されます。一方的に好きとか仲良くなりたいというのではなく、相手のことを考え思いやり、相手が何に関心を寄せ何を要求しているのかがわかり、それに応じて自分のできることをしたり、もっているものを分け与えたりして、お互いの自我同一性が交わることを意味します。それをお互いにできるのが人生のパートナーであり、生涯の友人だったり、職場の同僚だったりします。心を開いて受け入れ、喜びも苦労も分かち合い、お互いを尊重し合う対等な信頼関係を結ぶ能力が「親密性」といえるでしょう。

青年期の恋愛では、自分の一方的な思いや欲求から性的関係になったり、

成人期以後は、学生の皆さんの多くがまだ経験していない発達段階ですね。

プラスワン

原家族

その人が生まれ育った親や兄弟など家族のこと。定位家族ともいう。これに対し、結婚などにより新しくつくられる家族を生殖家族と呼ぶ。

重要語句

親密性vs孤立

→親密性は人格のぶつかり合いによって得られる。そういう関わりを避けると孤立となる。「孤独」とも表記される。

心を傷つけたり傷つけられたりすることがありますが、自我同一性が確立していない未熟な精神性では、互いに相手を尊重し合うパートナーシップは確立できていないため、親密な関係になったとしても容易に破綻してしまいます。恋愛と結婚は違うといわれるのは、恋愛感情だけで相手を求めたり依存対象である親の代わりを求めたりするのではなく、結婚し家庭を築くパートナーであれば、確固とした自分をもっている大人どうしが人生をともに歩む相手として認め合うことが必要だからです。

　成人前期の心理社会的危機は「孤立*」です。青年期に自己を見つめ始めると、人は孤独を感じるようになります。適切で親密な関係では、お互いの自我同一性が完全に重なるわけではなく、相手と離れている感覚ももっていて、自分の独自性は保たれています。ところが特別な他者との間に親密な関係を結ぶことができないと、他者から孤立し、孤独であるという感覚をもつことになります。親密性が相手の自我同一性との融合であることから、孤立という心理社会的危機に陥る人は、「自我同一性の感覚（アイデンティティの感覚）」が乏しい人であるともいわれています。「これが自分である」という意識がしっかりともてないので、他者に深く関わることで自己が揺らぎ、アイデンティティを失ってしまうのではないかという不安を感じてしまうのです。その不安を回避するために、特別な他者との密接な関係を形成できないと考えられます。

　また、エリクソンは成人前期の「徳（基本的強さ）」として「愛」をかかげました。孤独を感じながらも特別な誰かとの親密な関わりを求めて努力した結果、パートナーと出会えたときには愛という徳を得るのです。

② 結婚に対する意識

　国立社会保障・人口問題研究所の調査（2015年）では、結婚することの利点は、男女ともに「子どもや家族をもてる」（女性49.8％、男性35.8％）が最も高く、次いで「精神的安らぎの場が得られる」（女性28.1％、男性31.1％）となっています（図表4-1）。ほかにも「社会的信用や対等な関係が得られる」、「愛情を感じている人と暮らせる」などがありますが、それほど高くはありません。

　1987年の第9回調査から2015年の第15回調査までの7回の調査の推移をみると、やはり男女ともに「子どもや家族をもてる」が増えていることがわかります。大きく減っているものとしては、男性の「社会的信用や対等な関係が得られる」、「生活上便利になる」というもので、従来男性は結婚することで世間から一人前の成人と見なされてきたのがそうではなくなってきたこと、および家庭のことは妻に任せて自分は仕事に専念するという夫婦観が変わってきたことも考えられます。一方、女性で増加傾向にあるのが、「経済的に余裕がもてる」と「親や周囲の期待に応えられる」です。男女共同参画社会を目指して女性も自己実現できる職業に就くことが可能になってきましたが、女性一人の収入だけではなく、結婚すれば夫と自分の2人分の収入で生活することができます。学校を出たらまもなく結婚し専業主婦になっていた時代とは異なり、女性が就職し収入を得ることの重みを知るようになったこともこのような回答が選ばれるようになった

4
コマ目

成人期・老年期の発達

プラスワン

エリクソン理論の「徳」

発達漸成図式には、各発達段階の「発達課題」と「危機」そして発達課題と危機との間でうまくバランスが取れ、危機を一時的にでも回避できた際には「徳」が得られるとされる。徳は「基本的強さ」と表記されることも多い。

➡ 2コマ目を参照

図表 4-1　調査別にみた、各「結婚の利点」を選択した未婚者の割合

第13～15回の直近
3回の調査では、未
婚の女性は子どもや
家族を欲している割
合が高くなっています。

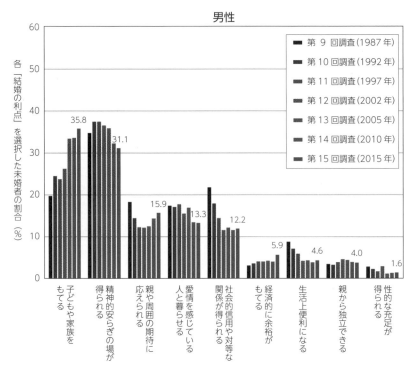

男性

凡例：
- 第 9 回調査（1987 年）
- 第 10 回調査（1992 年）
- 第 11 回調査（1997 年）
- 第 12 回調査（2002 年）
- 第 13 回調査（2005 年）
- 第 14 回調査（2010 年）
- 第 15 回調査（2015 年）

縦軸：各「結婚の利点」を選択した未婚者の割合（％）

数値：35.8、31.1、15.9、13.3、12.2、5.9、4.6、4.0、1.6

横軸項目：子どもや家族をもてる／精神的安らぎの場が得られる／親や周囲の期待に応えられる／愛情を感じている人と暮らせる／社会的信用や対等な関係が得られる／経済的に余裕がもてる／生活上便利になる／親から独立できる／性的な充足が得られる

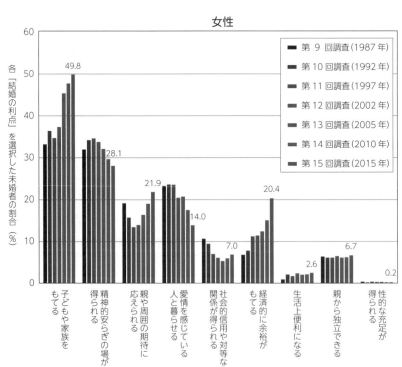

女性

凡例：
- 第 9 回調査（1987 年）
- 第 10 回調査（1992 年）
- 第 11 回調査（1997 年）
- 第 12 回調査（2002 年）
- 第 13 回調査（2005 年）
- 第 14 回調査（2010 年）
- 第 15 回調査（2015 年）

縦軸：各「結婚の利点」を選択した未婚者の割合（％）

数値：49.8、28.1、21.9、14.0、7.0、20.4、2.6、6.7、0.2

横軸項目：子どもや家族をもてる／精神的安らぎの場が得られる／親や周囲の期待に応えられる／愛情を感じている人と暮らせる／社会的信用や対等な関係が得られる／経済的に余裕がもてる／生活上便利になる／親から独立できる／性的な充足が得られる

注：同じ対象者が「独身生活の利点」（2 つまで選択）としてあげたものの％を示す。グラフの数値は第15
　　回調査のもの。
出典：国立社会保障・人口問題研究所「第15回出生動向基本調査」2017年
http://www.ipss.go.jp/ps-doukou/j/doukou15/NFS15_report3.pdf（2022 年 5 月 30 日確認）

図表 4-2　調査別にみた、各「独身生活の利点」を選択した未婚者の割合

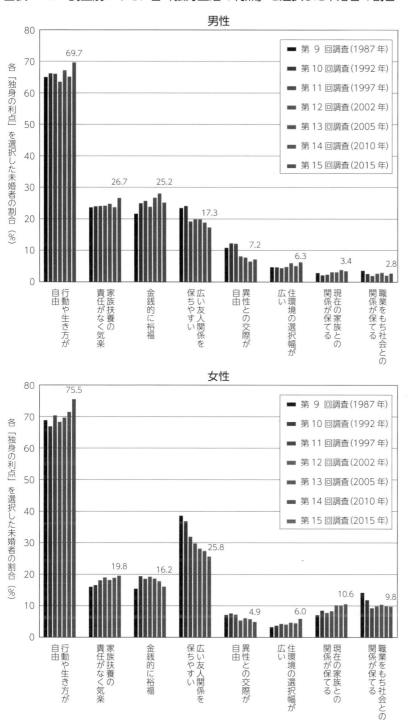

大人であっても、自由
でありたいのは当然
です。

注：同じ対象者が「独身生活の利点」（2つまで選択）としてあげたものの％を示す。グラフの数値は第15
　　回調査のもの。

出典：図表 4-1 と同じ

　原因の一つと考えられるでしょう。もちろん長引く不況や東日本大震災や
新型コロナウイルスなどの影響で、少しでも経済的余裕を求めたい女性に

あなたはどんな結婚観をもっていますか。

やはり出会いが少ないようです。

💬 **プラスワン**

婚姻制度の今後

日本では、婚姻届を提出して戸籍上夫婦となることを認めているのはまだ異性のカップルに限られるが、戸籍を変えない事実婚や同性のカップルを婚姻と同様に公認するパートナーシップを導入する自治体も増えている（2022年2月1日時点で3府県146市区町）。

➡ 10コマ目を参照

とり、非正規雇用が多く十分な賃金が得られないといった男女の賃金格差などの要因も考えられます。

同調査では、未婚者が考える独身生活の利点についても報告しています（図表4-2）。こちらは女性も男性も「行動や生き方が自由」（女性75.5%、男性69.7%）が群を抜いての第1位です。それ以外では「金銭的に裕福」、「家族扶養の責任がなく気楽」、「広い友人関係を保ちやすい」などがあげられます。これらは、1987年の第9回調査以降ほとんど変わっていません。「結婚すると行動や生き方、金銭、友人関係などが束縛されるという未婚者の感じ方は根強い」ようです。未婚者のなかには、一人暮らしをしている人も親や家族と一緒に生活している人もいますが、一人暮らしはもちろん、親や家族とは改めてアイデンティティを融合する必要はありません。独身生活のメリットである「自由」とは、新たに意味のある他者と生活において深く関わることを避け、適度な孤立を求めた結果として得られるものです。積極的に独身生活を選んでいる人はこのような価値観を有していると考えられます。

ただし、この報告書によると、「一生結婚するつもりはない」と答えた未婚者のなかには「これまでにいずれ結婚するつもりと思ったことがある」と回答した人が、18～34歳で、女性は50.7%、男性は41.4%いました。また、同じく「一生結婚するつもりはない」と答えた未婚者に、今後「いずれ結婚するつもり」に変わる可能性があるかを尋ねたところ、「あると思う」、「あるかもしれない」と回答した人が女性では49.8%、男性では44.1%で、未婚であることは信条のようなものではなく、状況に応じて変わりうることを示しています。

さらに、結婚する意思はある未婚者のうち、成人期に相当する25～34歳の男女が独身でいる理由にあげたのは、「適当な相手にめぐり会わない」（女性51.2%、男性45.3%）であり、結婚の条件が整わないことが最も多いという結果でした。結婚したいけれども、出会いがないためにできないでいる人が多いことがわかります。次いで「結婚資金が足りない」（女性17.8%、男性29.1%）でした（図表4-3）。

別の質問項目で、同じく結婚する意思はある未婚者に対して、「1年以内に結婚するとしたら何か障害となることがあるか」を尋ねたところ、男女ともに「結婚資金」をあげた人が最も多いという結果でした（➡調査の詳細は12コマ目図表12-11を参照）。これは仮定の質問ですが、結婚資金が十分にあるかどうかは、結婚に踏み切る要因の一つと考えられます。終身雇用で年々昇給していた時代とは異なり、男性も女性もいつ職を失い不安定な生活に陥るかわからない現代においては、安定的な収入や貯蓄がないと家庭を築けないと考えていることの表れではないでしょうか。

一方、同じ25～34歳の未婚者は独身でいる理由として、「自由さや気楽さを失いたくない」（女性31.2%、男性28.5%）、「まだ必要性を感じない」（女性23.9%、男性29.5%）、「趣味や娯楽を楽しみたい」（女性20.4%、男性19.4%）、「仕事（学業）にうちこみたい」（女性19.1%、男性17.9%）といった、むしろ結婚を選ばない理由をあげる人も多くいることがわかり

図表4-3　調査・年齢別にみた、各「独身にとどまっている理由」の選択割合（25〜34歳）

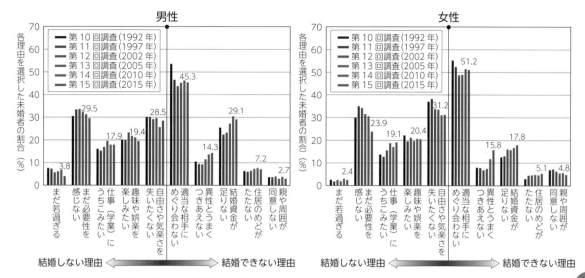

注：1）結婚意思のある未婚者（25〜34歳）に現在独身にとどまっている理由を最高3つまで選んでもらった結果のグラフ（筆者注）。
　　2）同じ対象者が「独身生活の利点」（2つまで選択）としてあげたものの％を示す。グラフの数値は第15回調査のもの。
出典：図表4-1と同じ

ます。

　衛生や健康に気を配り、医療が進展した現代人の寿命は延びています。家庭をつくったり子どもをもったりする必要性を感じたときが、その人にとっての結婚適齢期なのかもしれません。今後出会いを求めて積極的に行動し、ある程度の困難を覚悟して特別な他者との深い関わりへと進んでいく決断ができるかが結婚に踏み切るかどうかの分岐点となるでしょう。なお、内閣府の『令和3年版　少子化社会対策白書』によると、生涯未婚率*（50歳時の未婚割合）は、2040年に女性で18.7％、男性で29.5％程度になると推計されています。未婚者の割合は今後さらに増加することが予想されています。

　以上の報告は2015年の国勢調査の結果に基づいて推計されたものですが、2020年以降では新型コロナウイルス感染症のパンデミックのために仕事がなくなり、解雇や倒産など経済的な打撃を受けています。このことが、成人期前期の人々の結婚観などにどのような影響を及ぼすのか注視していく必要があるでしょう。

2　成人期後期の特徴

　成人期後期はだいたい45〜65歳頃です。特に60歳や65歳は、自営業以外の多くの人が定年退職の年齢になり、仕事から離れるという大きな節目です。以前は60歳定年制でしたが、健康で経験豊かな60歳代を継続して雇用し、不足する労働力を補う目的で定年は延長されつつあります。しかし、公的年金の受給開始年齢も引き上げられています。数え年の61歳は還暦とされ、生まれた年の干支が一巡し、60年後にかえってくることを意味する長寿の祝いの一つです。成人期後期のライフイベントとしては、子

4
コマ目

成人期・老年期の発達

✏️ **重要語句**

生涯未婚率

→50歳のときに未婚者である割合。『少子化社会対策白書』のなかで未来の推計値をグラフで表している。

育て、昇進、転職、介護、引退などがあります。少子高齢化が進む日本では、老親の介護、自分たちの老後の生活設計などの重要性が増しています。

身体的には、どんなに優秀なスポーツ選手でも身体機能、運動機能は衰退し、高血糖、高血圧、呼吸器疾患などは長年の生活習慣の影響の蓄積があって起きてくる病気です。「がん」は40〜89歳の年齢層で死亡率が第1位で、60歳の人は30歳の人の約16倍もがんになりやすいとの報告があります。脳梗塞や脳出血、くも膜下出血などの脳卒中も40〜60歳頃の年齢層で増えはじめます。

青年期は、「本当の自分とは」、「私らしさとは何か」というように個人としてのアイデンティティを追い求める時期ですが、成人期は「誰のために生きるか」というように関係性のアイデンティティが主要なテーマとなります。自分を確立した成人期を一人きりで他者や世界と関わりをもたずに生きることはないとはいえませんが、難しいことです。普通、成人は、家庭においても仕事や地域、社会においても何らかの役割をもって活動しています。経験豊富なためリーダーやまとめ役を任され、さまざまなことがらにおいて責任をもたなければならないことも多くなります。自分のためというよりは、パートナーや子どものため、会社のため、地域の人々のため、志を同じくする人々のためなどに、培ってきた自分の能力や技術、そして情熱や愛を注ぎます。成人は誰かのために行動するときに最も力を発揮するものです。

① 成人期後期の発達課題

エリクソンの発達段階では、成人期後期の発達課題は「生殖性*」で、危機は「停滞性*」です。生殖性とは、単に次世代の子どもを生み出すことだけではなく、生産や創造を含んだ概念で、新しい存在や新しい制作物、新しい観念や新しい価値を生み出すことを意味します。子どもがいない夫婦や個人でも、教えたり伝えたり導いたりすることで、次世代を担う人々を生み出しています。生活に必要な、あるいは暮らしを便利にするものやしくみをつくる人、人々の心を慰めたり生きる力をわきあがらせたりする芸術を創造する人など、成人は、社会を動かす中心的な存在といえます。

このように、自分自身が生産的であると実感している人はよいのですが、活発な生産的活動に携わっていない、あるいは携われないと思う成人は、自分の人生が停滞しているという感覚に陥ります。そして充実感を覚えることもなく、生きがいを見出せず、喜びや楽しみ、緊張や興奮を感じない、味気ない生活を送ることになってしまいます。

また、成人期後期の「徳（基本的な強さ）」は「世話」です。特に成人期後期には、仕事や家族関係において誰かを世話する指導的役割を担います。こうして、次の世代の人々を教え導く役割をもつことで成人としての自己が活性化され、自己の精神的世界を広げることができます。若い人々から求められたら与え、与えることでさらに求められるという相互性が重要です。

すなわち、次世代が成人によって成長を促されるだけでなく、次世代は成人のほうをさらに成長させるという相互性があるのです。また、自分

成人後期になると生活習慣病やがんなど、さまざまな病気や心身の不調が出てきます。

重要語句

生殖性vs停滞性

→エリクソンの漸成図式で成人後期の発達課題と危機。停滞性を乗り越え生殖性を獲得すると「徳（基本的な強さ）」である「世話」が得られる。「世話」を「ケア」と表記する場合もある。

の親や地域の高齢者と接したり介護したりすることで高齢者から学んだり、自分自身の老後を考えたりする機会が増します。このように成人期後期においても人との関わりは人格的発達には欠かせません。

② キャリアの発達

　成人期には多くの人が仕事をしています。日本の女性の場合、成人期は主に主婦であり、正社員よりもパートタイマーなどの非正規雇用が多くなります。しかし現在、資格や免許を生かす仕事をしたりして、企業人や公務員として仕事と家庭を両立させる人が多くなってきました。男性も女性も、成人期は働き盛りで、成人期後期は昇進し管理職や指導的立場になることが多くなります。このように、成人は仕事に多くの労力と時間を費やすので、どのような仕事に就くかは人生を左右する重要な選択です。

　近頃はキャリア教育などの名称も一般的ですが、キャリアとは狭義には「職業や進路」のことで、広義には「個人の人生・生き方とその表現法」のことをいいます。心理学者のシャインはキャリアの発達段階と発達課題を示す「キャリア・サイクル」を提唱しました。仕事というものの認識が始まる若い頃から年をとって仕事から引退するまでを9つのステージに分けています。

　ステージ1は「成長・空想・探求」で、0～21歳頃です。教育や訓練を受けるなど、現実的な職業選択のための基準をつくる段階です。

　ステージ2は「仕事の世界へのエントリー」で、16～25歳頃です。組織や職業のメンバーになり、はじめての仕事に就く段階です。

　ステージ3は「基本訓練」で、やはり16～25歳頃ですが、現実の仕事の世界では自分は無能であると気づきショックを受けます。そして仕事に慣れてできるだけ早く戦力になれるよう努力します。仕事の日課に適応し、正規のメンバーとして認められる段階です。

　ステージ4は「キャリア初期の正社員」で17～30歳頃です。責任を引き受け、職務を首尾よくこなし、最初の正式な任務にともなう義務を果たします。仕事においても能力が発揮できるようになるため、独立を求める気持ちと、社員として従属させる会社の欲求を調和させる段階です。

　ステージ5は「正社員資格、キャリア中期」で25歳以降です。専門性を選び、ゼネラリスト*、管理者となるほうへ向かいます。

　ステージ6は「キャリア中期の危機」で35～45歳頃です。自分のこれまでのキャリアの再評価を行い、現状のままいくかキャリアを変更するかを決めます。自分の夢や希望と現実生活全体におけるキャリアの重要性を対比させて悩むので「危機」といえます。

　これ以降はすべて40歳から引退までの時期です。そしてステージ7は2つに分かれます。

　ステージ7-Aは「非指導者役にあるキャリア後期」で、助言者になります。会社のなかでの影響力ややりがいの減少を受け入れます。

　ステージ7-Bは「指導者役にあるキャリア後期」で、部下の選抜や社会における組織の評価を行うなど、組織の長期的繁栄に貢献し、指導者として広く影響を及ぼします。

📖 プラスワン

キャリア・サイクル

企業など組織の一員の発達段階。就職し、組織に所属して仕事をするうちに専門技術や知識が蓄積し独自の新しいアイディアが生まれるようになると、転職や起業をするのか組織に残るのかという選択肢が生じる。また組織に残ったとしても一社員として仕事以外の生活を充実させていくのか、組織の幹部となって組織を動かしていくのかといったキャリア発達を表す。シャイン（Schein, E.H., 1928～ ）は組織と個人の相互作用を理論化し、組織心理学を開いた。

4 コマ目　成人期・老年期の発達

✏️ 重要語句

ゼネラリスト

→専門職ではなく多面的にさまざまな分野の担当者をまとめる役割。

会社などの組織で指導的立場になるかどうかの分かれ目は、ステージ7です。

ステージ8は「衰えおよび離脱」です。権力や責任が低下することを受け入れ、第一線から外れた新しい役割を受け入れます。引退後のことを考えて仕事が主ではない生活を送れるようになる段階です。

ステージ9は「引退」です。仕事中心だった生活から、ライフスタイル、家庭や社会での役割、生活水準などの劇的な変化に適応する段階です。これまでの人生におけるさまざまな経験や知恵を他者のために役立てます。

③ 道徳性の発達

成人期は、それ以前と比べ、個人的にも世代的にも多様な経験を積み重ねていきます。経験の豊富さが影響することのなかに状況判断があります。たとえば、規則をそのまま適用するならば「間違っている」といわざるをえないけれども、そのような行動をするに至った経緯や、抜き差しならない状況に追い込まれた気持ちなどを要因として考慮しながら、各要因の重みづけを行ってふさわしい判断をしようとします。

このように、私たちは、ある行為に対して自分なりの善悪や公正さの基準に照らして道徳的判断をしています。その判断基準は、発達とともに質的に変化していくと心理学者のコールバーグは考え、道徳性発達理論を提唱しました。道徳性の発達段階は3つの水準があり、さらにそれぞれに2つの段階があり、全部で6段階が設けられています。道徳性の発達段階の大きな特徴としてあげられるのは、年齢とともに段階は進んでいくがすべての人が最も高次の段階に到達するというわけではなく、また、成人期や老年期であっても状況によっては最も低次の道徳的判断をすることがある、ということです。

水準Ⅰは「慣習以前の道徳性」と名づけられています。最も低い「段階1」は「罰への恐れと権威への服従」の段階で、親や保育者などの大人の権威が絶対的で、「大人の怒りや罰が恐いから禁止事項はやらない」という判断です。オペラント条件づけ*で説明されることで、規則違反をして罰を受けるのが嫌だから本心は違うけれども我慢する、というのは大人になってもよくあることです。

その1つ上にあたる「段階2」は「相対的な考え方に基づく利己主義」の段階です。幼児期によくみられる「自分がよいと思うことはよいことである」、「自分にとってよいことが正しいことである」といった自分本位の考え方がこれにあたります。相手のことを考えずに自分の要求ばかりを押しつける人や、自分が好きだからその対象の相手も自分のことが好きに違いないという自己中心的な恋愛感情で、ストーカーになってしまう人など、大人になってからもこの段階の道徳性は発揮されます。

水準Ⅱは「慣習的道徳性」と呼ばれます。「段階3」は「他者への同調と他者からの肯定」の段階で、「皆がしているからよいことである」という考え方に代表されます。ごみを捨てる場所ではないのに、皆がポイ捨てをするので自分も同じように捨ててもよいと考える、本当はしてはいけないことだけれども仲間が肯定してくれたから正しいと考える、などです。このような考え方は学童期の言い訳などによく出てきます。

「段階4」は「法の遵守と社会秩序の維持」で、もともと規則としてある

ものは守らなければならないという考えです。法律や規則は秩序ある社会を維持するためになくてはならないもので、それに従うのは当たり前だと信じていることをいいます。これは何も問題はないように見えますが、そうではありません。法や規則、宗教の戒律などのなかには、古い時代につくられ現代社会にはそぐわなくなっているものも出てきます。それにもかかわらず、自由な意思や行動を制限するのを受け入れ続けるというのは適切とはいえません。

さらに上の段階として水準Ⅲ「慣習を超えた道徳性」が置かれています。慣習に縛られるのではなく、自分たちの社会を自分たちでよくしていくためには法や規則を見直したり、新しく作成したりする必要があるのです。「段階5」は「民主的に認められた法」の段階で、よりよい社会にするために皆で考え、皆で決めた規則だから従うという考え方です。そして最も高次の「段階6」は「普遍的な倫理原理」に従うというもので、規則や法を超えて「人として正しいことをする」、「良心や倫理に従って行動する」などを指しています。

2　老年期の発達

1　老年期の特徴

人の加齢に伴う変化（エイジング）は個人差が大きいものです。人生の最終段階である老年期は、発達心理学的区分というよりは制度的根拠により区分されます。日本では公的年金の受給開始年齢および前期高齢者医療制度が65歳からとなるため、65歳以上を老年期と見なします。なお、世界保健機関（WHO）＊では高齢者を65歳以上としています。

企業や官公庁などの定年は、以前の60歳から65歳に延長されつつあり、それ以上の年齢でも再雇用やほかの仕事に転職する、パート契約をするなどして働いて経済活動をすることは可能で、現在多くの人が働いています。また、農林水産業や商店や事業所の経営者などの自営業では定年はないため、仕事を辞めるのは自分しだいです。私立幼稚園の園長は経営者でもある場合が多いので、高齢の人が少なくありません。何歳まで働けるかは、個人の健康や家庭の状態、社会環境などによってさまざまです。

エリクソンのライフサイクルでは第8段階で、老年期の発達課題は「自我の統合」、危機は「絶望」です。人生の終わりが近づくと、自分の人生を「よい人生だった」と肯定的に受け入れることができるのか、それとも受け入れられずに「何のために生きてきたのか」、「つまらない人生だった」と絶望的になるのかに分かれます。長く生きていると、親や家族、親しい人々との死別や別離も経験します。老年期はさまざまな喪失体験を積み重ね、多くの悲しみに直面し、それに向き合わなければならない時期といえます。しかし乳児期に築いた基本的信頼感に支えられて、喪失と悲しみを受け入れられるなら、老年的超越＊性へと向かうことができると考えられ

自分の良心に照らして判断すべきことがあります。

4
コマ目

成人期・老年期の発達

💬 プラスワン

高齢者の定義

公的医療保険制度では、前期高齢者は満65〜満74歳、後期高齢者は満75歳以上と定められている。

🖊 重要語句

世界保健機関（WHO）

→人間の健康を基本的人権の一つととらえ、その達成を目的として設立された国際連合の専門機関。1948年に設立され、本部はスイスのジュネーブにある。

老年的超越

→トーンスタム（Tornstam, L., 1944〜2016）によると、加齢に伴い現実の世界から実際には存在しない精神世界へと認識が変化することで知恵を獲得し、社会常識や自己中心性にとらわれなくなり、幸福感が高まることをいう。

ています。

　老年期の「徳（基本的な強さ）」は「英知」です。英知とは「侮辱（ぶじょく）の対極にあり、死に向き合うなかで、生そのものに対する聡明（そうめい）かつ超然とした関心」と説明されます。老人は、視力や聴力などさまざまな身体的機能が衰えるため、老齢になればなるほど役に立つ重要なものに能力を集中し、懸命に保存することが必要となります。これが英知の役割です。耳が遠くなったお年寄りが聞き取れる音だけから、何を話しかけられているのか考えて答えることがありますが、もしも的外れな答えが返ってきても、それは懸命にコミュニケーションを図ろうとしている姿だと理解しましょう。

■2　老いと向き合う

　「老人」「お年寄り」と聞いて、思い浮かべる姿は人それぞれでしょう。白髪で老眼鏡をかけたしわの多い顔、腰が曲がって杖をついている人もいますが趣味やスポーツにいそしみ年齢よりも若く見える元気なアクティブ・シニアもいます。健康志向は高齢者にも浸透し、積極的に運動をする人が増加していることから、高齢者の体力は向上しています。

　『令和3年版　高齢社会白書』（内閣府、2021）によると、2020年10月1日現在、日本の総人口は1億2,571万人、65歳以上の人口は3,619万人で、総人口に占める65歳以上人口の割合、すなわち高齢化率は28.8％です。日常生活に制限がない期間のことを健康寿命といいますが、2016年の健康寿命は、男性が72.14年、女性が74.79年で、2010年時点と比較すると男性が1.72年、女性が1.17年延びました。また、この1年間にインターネットを利用したことがあると回答した人の割合は増しており、60〜70歳代の利用者が増加傾向にあります。

① 老化

　老年期には、加齢によって各器官を構成する細胞の働きが低下するため各種の生理機能が低下し、身体的な変化が生じてきます。外見の変化だけではなく、バランスを保持する反応が衰えるため、立ち上がったり歩いたりする際に転倒しやすくなります。転倒は骨折の原因となり、さらに骨折したことで安静にしていなければならなくなり、筋力が衰えて寝たきりになるといった負のスパイラルに陥る可能性が高まります。動作のスピードや刺激に対する反応時間が遅くなったり、骨と関節に変形が生じ、痛みを感じるようになったりもします。このような多様な要因からくる体力の衰えにより日常生活の活動量が減少していきます。

　また、歯周病などで歯が減少すると咀嚼機能（そしゃくきのう）が低下するため、食事量が減少します。食べ物はあっさりとしたものを好むようになることもあり、低栄養に陥りがちになり、低栄養により身体機能は低下し、さらに低栄養が加速して体力が落ちます。若い頃から歯の健康に気をつけて、自分の歯を失わないようにすることも、健康な老年期を過ごすために大切なことです。

② 認知症

　厚生労働省によると、介護保険に加入している人に対する65歳以上で

■プラスワン

フレイル

加齢により心身が衰えた状態のことを「フレイル」と呼ぶ。日本老年医学会は2014年から、高齢者のフレイルに気づいて早期介入すれば生活の質を落とす危険性が減少することを広く訴えている。

■プラスワン

8020運動

厚生省（1989年当時）と日本歯科医師会が推進する「8020運動」とは、80歳になっても自分の歯を20本以上保とうというものである。近年この目標を達成する高齢者は増加している。

要介護状態・要支援状態の認定者（介護保険を受給している人）の割合は、2022年で18.8％（厚生労働省「介護保険事業状況報告の概要　令和４年２月暫定版」2022年）となり、年々少しずつ増加しています。介護が必要となった主な原因は認知症が最も多く、脳血管疾患（脳卒中）、高齢による衰弱、骨折・転倒と続きます。

　認知症は正常に発達した記憶、言語、思考、判断などの認知機能に障害が起き、日常生活に支障が出ている状態です。「アルツハイマー型認知症」は認知症全体の半数程度を占めるといわれ、物忘れなどの記憶障害や時間や人物や場所などがわからなくなる「見当識障害*」、計画を立てて実行することが難しくなる「実行機能障害*」などが症状としてあげられます。これに次いで多いのが1990年代後半になって知られるようになった「レビー小体型認知症」です。実際にはいない人が見える「幻視」や、眠っている間に奇声を発したり暴れたりするなどの異常行動が出ます。この２つの型に脳血管障害の後遺症による「脳血管性認知症」を加えて三大認知症と呼んでいます。

　認知症の中核症状は、記憶障害や見当識障害、実行機能障害ですが、周辺症状として、幻覚、抑うつ、興奮、徘徊などが現れることがあります。周辺症状が強い場合は介護者のストレス負荷が高まるといわれています。認知症高齢者を抱える家族の負担は大きく、働き盛りなのに親の介護の担い手がいないために仕事を辞める「介護離職」の問題なども出てきています。その結果、経済的に行き詰まってしまう場合も少なくありません。普通にできていたことができなくなっていく、簡単なことがわからなくなるという下り坂の発達なので、認知症の本人も戸惑い、自分自身にいらだちます。また、尊敬していた親が衰えていく姿を目の当たりにして介護する家族はその現実を受け入れがたく、注意したり叱ったりして元のように行動してもらおうと思うものです。けれども、認知症について正しい知識を得て、認知症の患者本人の視点に立って考えたり接したりすることが大切です。そして関係する機関が連携して、なお一層の社会的支援を推進することが求められます。

③ 生涯発達と老年期

　「しばらく会わないと子どもの成長に驚く」といわれるのと同様に、祖父母や親が「年を取った」と気づくときがきます。病気やけがなどで急に介護が必要になる場合もあれば、徐々に老化してだんだんとできないことが増えていく場合もあります。介護や世話をする側としては、高齢者には長年の経験と知恵があることを忘れずに、本人とよく話し合うことが重要です。新しいことが記憶しにくくても、過去の経験がなくなってしまうわけではありません。高齢者はその年になるまでの経験と知恵が蓄積されているので、言葉が不自由になっても幼児に戻るわけではありません。年齢を重ね経験を積んだその人の人生を尊重して接することを忘れてはなりません。効率を優先して本人の意思や気持ちを置き去りにするような介護は避けましょう。

　少子高齢化が進行し高齢者の割合は多くなっていますが、核家族のため、

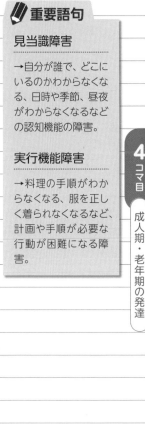

🖊️ 重要語句

見当識障害

→自分が誰で、どこにいるのかわからなくなる、日時や季節、昼夜がわからなくなるなどの認知機能の障害。

実行機能障害

→料理の手順がわからなくなる、服を正しく着られなくなるなど、計画や手順が必要な行動が困難になる障害。

4 コマ目　成人期・老年期の発達

なるべく子どもたちがお年寄りに会う機会をつくりましょう。

子どもたちはふだんは高齢者と接する機会がほとんどありません。病院や高齢者施設に見舞いに行ったり臨終に立ち会ったり、葬儀に参列したりして、年老いて死ぬことの現実を知る子どももいれば、まったく知らずに成長する子どももいるのが現代の日本です。

　生まれたばかりの赤ちゃんは、順調に育てば幼児期、学童期、青年期と成長し、長い成人期と老年期を過ごして一生を終えることになります。これらどの発達段階も、生涯発達という一続きの長い時間経過のなかでの一時期であるという視点をもつようにしましょう。

おさらいテスト //

❶ 成人期の発達課題は新しい関係を築き、[　　　]を育てることである。
❷ 成人期は [　　　] の中心となる時期である。
❸ [　　　] 現代日本では、老年期の生き方を考えることが重要である。

//

58

演習課題 ✎

成人期・老年期について考えを深めよう

①自分の結婚観、仕事観について意見を出し合い、どんな成人期を思い描いているか話し合いましょう。

[

]

②年をとるにしたがって、どのようなことが起きてくるのか、健康面、身体面、心理面、社会環境面など多面的に調べてみましょう。

[

]

4 コマ目

成人期・老年期の発達

第 2 章

家族・家庭の
理解

この章では、家族や親子関係について学んでいきます。
家族とは何でしょうか、親子とは何でしょうか。まずは自分の経験をもとに考え、
一般的な家族観、親子観とはどういうものかということを知る手がかりをつかむのも
よいでしょう。また、人は子育てをすることでさまざまな経験をし、
親としても成長していきます。出産や結婚などで家族のメンバーの
関係性が変化することで家族というシステムが変化し、
発達していくということも理解していきましょう。

家族・家庭の意義と機能

今日のポイント

1.「家族・家庭」という言葉には厳密な定義はない。
2. 家族の機能や特徴は、時代とともに変化している。
3. 子どもが育つ場としての家族・家庭には重要な役割がある。

1　家族・家庭とは

1　家族・家庭をどうとらえるか

　家族とは、どのような人々の状態を指す言葉でしょうか。

　「家族」という言葉は、日常的な言葉として用いられることが多く、法律に基づく定義はありません。それぞれの人が思い浮かべる一般的な「家族のイメージ」はあるものの、実際には個人の考えに委ねられている言葉と考えてもよいようです。

　しかしながら、多くの人は「家族」と聞いて次のようなイメージを抱くのではないでしょうか。

> 夫婦の配属関係や親子・兄弟などの血縁関係によって結ばれた親族関係を基礎にして成立する小集団。社会構成の基本単位。

出典：新村出編『広辞苑　第7版』岩波書店、2018年

　「家族」とは一般的に、婚姻関係*にある男女が基本となり、その夫婦に生まれた子どもを中心とした血縁関係*の小集団を指すものとされています。
　また、家族や家庭を得るためには結婚や婚姻などを経ることとなるため、「家族」と「結婚・婚姻」は直接的につながっているととらえることもできます。「結婚する意思」をもち「いずれは結婚しよう」と考える未婚者の若者は8割を超え、4コマ目で説明したように、また結婚すると「子どもや家族をもてる」、「経済的に余裕がもてる」と考える人も多く、そこに未婚者が「結婚・家族」に抱くイメージの一部があることがわかりました。
　図表5-1の婚姻届出と婚姻率*に関する年代別変化をみると、婚姻件数、婚姻率ともに1970年代初頭を境にしてゆるやかな減少傾向にあります。これは未婚者の8割以上が「結婚する意思」をもち、「いずれは結婚

語句説明

婚姻関係

→法制度に沿った結婚を行った関係のこと。

血縁関係

→共通の祖先を有するなど血のつながりを基礎としてつくられた社会的関係、血族関係。

婚姻率

→婚姻届出数を分子、人口総数を分母とした場合の千分率。

図表 5-1　婚姻届出数および婚姻率の推移

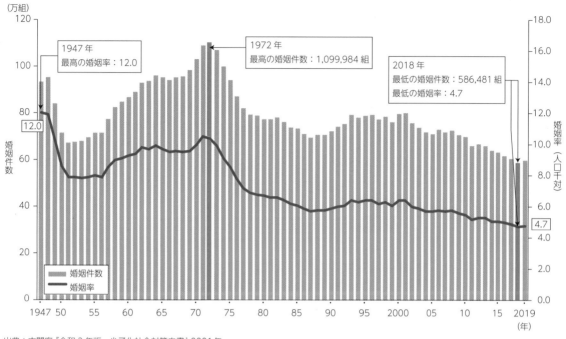

出典：内閣府『令和 3 年版　少子化社会対策白書』2021 年
https://www8.cao.go.jp/shoushi/shoushika/whitepaper/measures/w-2021/r03pdfhonpen/pdf/s1-3.pdf (2022年6月2日確認)

しよう」と思ってはいるものの結婚に至らない、または結婚を選択せずに生涯をとおして独身であり続ける人々が少なからずいるということになります。

　ところで結婚するにあたっては、もともとは他人同士が「家族になる・家庭をもつ」ため、意思の一致が最も大切なことと考える人も多いのではないでしょうか。

　そのように考える場合、結婚という形態についても、法や社会制度に沿った結婚（婚姻届出をして一つの戸籍をつくる）の作業手順を踏む形もある一方、法や社会制度とは無関係に生活をともにし、いわゆる家族を形成して維持していくことも現代社会では可能でしょう。社会保障などの点で違いが出ることはあっても、そこに子どもが生まれればその血縁関係から周囲には「親」であり「子」であり「家族」であると認識されるのではないでしょうか。

　「家族」という状態には、情緒的な結びつきの要素も多分に含まれています。結婚する利点に関する調査結果からは、「愛情を感じている人と暮らせる」をあげる未婚者は減少傾向にあるようですが、それでも家族にとって情緒的な結びつきは大きな特性でしょう。たとえば、生物学的に血縁関係がなくとも当事者たちが「家族」であり「親子」であると考える場合も少なくありません。養子縁組や里親制度などを利用した親子関係や家族関係は、こうした例に該当するでしょう。また近年では、自治体によりまだ違いはあるものの、日本においても同性同士の婚姻を社会的制度として整

重要語句

性的マイノリティ（セクシュアル・マイノリティ）

→本人の性的指向や意識などによって、同性やすべての相手に対する恋愛感情を抱く人々、または他者に対して恋愛感情をもたない（アセクシュアル＝A）人々、などのような性的指向をもつ「性的少数者」を指す総称。近年では、国際連合などの機関において同性愛（レズビアン・ゲイ）、両性愛（バイセクシュアル）、性自認（トランスジェンダー）をまとめてLGBTと表現されることも多くみられる。

5コマ目　家族・家庭の意義と機能

備する動きがみられます。このような性的マイノリティ*に関する問題は、世界的にも理解が進んでおり、たとえば欧米などでは同性同士の結婚制度が浸透しているのみならず、彼らが養子縁組などを介して子育てを望む場合には、それも家族形態のひとつとして社会的に認識され社会制度を利用して生活していく状況もあるようです。

　このように、「家族」という言葉やその状態には一般的な概念があると同時に、そこにはさまざまな家族の形態や状況があることに気づかされるでしょう。私たちは自分が育った家庭環境や家族を基準にして「家族・家庭」をイメージしがちです。けれども社会には、家族の数だけの背景と異なる状況があるということをまず理解することが、子どもの保育や養育をとおして保護者や家庭を支援していくための基盤となります。

２ 家族・家庭をめぐるわが国の状況

　ここでは、総務省が５年ごとに実施している「国勢調査」の結果をとおして家族・家庭を見ていくことにしましょう（図表5-2）。

　「家族・家庭」は別の表現として、「世帯」ととらえることができます。わが国の世帯数に関する統計（国立社会保障・人口問題研究所、2000〜

図表5-2　総世帯数、一般世帯数および施設等の世帯数の推移

世帯の種類・世帯の家族類型	実数（千世帯）				割合（％）			
	平成12年	17年	22年	27年	平成12年	17年	22年	27年
総世帯 1)	47,063	49,566	51,951	53,449				
一般世帯 2)	46,782	49,063	51,842	53,332	100.0	100.0	100.0	100.0
単独世帯	12,911	14,457	16,785	18,418	27.6	29.5	32.4	34.6
うち65歳以上の単独世帯	3,032	3,865	4,791	5,928	6.5	7.9	9.3	11.1
核家族世帯	27,273	28,327	29,207	29,754	58.3	57.7	56.4	55.9
夫婦のみの世帯	8,823	9,625	10,244	10,718	18.9	19.6	19.8	20.1
夫婦と子供から成る世帯	14,904	14,631	14,440	14,288	31.9	29.8	27.9	26.9
ひとり親と子供から成る世帯	3,546	4,070	4,523	4,748	7.6	8.3	8.7	8.9
男親と子供から成る世帯	535	605	664	703	1.1	1.2	1.3	1.3
女親と子供から成る世帯	3,011	3,465	3,859	4,045	6.4	7.1	7.5	7.6
その他の世帯	6,598	6,278	5,765	5,024	14.1	12.8	11.1	9.4
（再掲）３世代世帯	4,716	4,239	3,658	3,023	10.1	8.6	7.1	5.7
（再掲）母子世帯	626	749	756	755	1.3	1.5	1.5	1.4
（再掲）母子世帯（他の世帯員がいる世帯を含む）	867	1,055	1,082	1,063	1.9	2.1	2.1	2.0
（再掲）父子世帯	87	92	89	84	0.2	0.2	0.2	0.2
（再掲）父子世帯（他の世帯員がいる世帯を含む）	193	213	204	182	0.4	0.4	0.4	0.3
施設等の世帯	102	100	108	117	100.0	100.0	100.0	100.0

注：平成12年及び17年の数値は，22年以降の家族類型の定義に合わせて組み替えて集計している。
　　1）平成12〜17年は，世帯の種類「不詳」を含む。
　　2）平成22年及び27年は，世帯の家族類型「不詳」を含む。
出典：総務省統計局「平成27年国勢調査　世帯構造等基本集計結果」2017年
https://www.stat.go.jp/data/kokusei/2015/kekka/kihon3/pdf/gaiyou.pdf（2021年10月20日確認）

2015年）をみると、世帯数の実数は年々増加の傾向にありますが、それは「単独世帯」つまり一人暮らし世帯が増加していることが主な要因と考えることができます。また、核家族の世帯数も増加していますが、3世代世帯は減少傾向にあることがわかります。

　このことを近年の家族の実態の推移として見ると、以下のような点を特徴としてあげることができるでしょう。

・65歳以上の高齢者の一人暮らし家庭が大きく増加している。
・核家族家庭では夫婦のみの家庭が増えているが、夫婦と子どもからなる家庭はほぼ横ばいとなっている。
・ひとり親と子どもからなる家庭は増えている。
・三世代で暮らす家庭は、大きく減少している。

　高齢者の一人暮らし、離婚の増加に比例するひとり親家庭の増加と経済的困難、都市を中心とする核家族化の進行など、どれもニュースや社会問題などで皆さんも耳にすることの多いものではないでしょうか。

　また、図表5-3に、離婚に関するわが国の動向が示されています。2000年以前まではほぼ増加、それ以降はゆるやかな減少傾向を示していますが、1985年以前とそれ以降とを比較すると、近年のほうが離婚率が全体的に高いことがわかります。

図表5-3　離婚届数および離婚率の推移

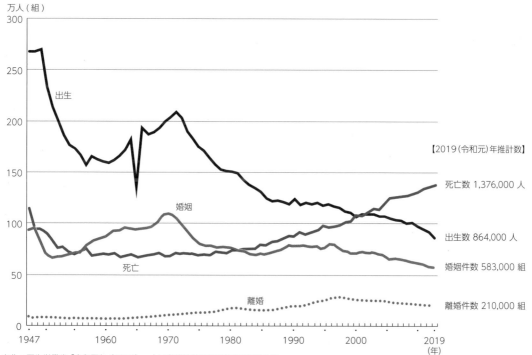

出典：厚生労働省「令和元年（2019）　人口動態統計の年間推計」2019年
https://www.mhlw.go.jp/toukei/saikin/hw/jinkou/suikei19/dl/2019suikei.pdf (2022年7月4日確認)

5コマ目

家族・家庭の意義と機能

ここまでに紹介したデータは統計結果であり、そこで暮らす人々の心情を推し量るものではありません。離婚に至ることや一人暮らしの高齢者が増えることは一概に不幸であるなどということではありませんし、夫婦に子どもがいない家庭の中には本人たちの希望の結果である場合もあるでしょう。けれどもこれら統計が、わが国の人口減少問題や少子高齢化問題とも密接につながっていることを考えると、これらの統計表を楽観的にとらえてよいということではないようです。世帯数つまり家族構成の推移は、今のわが国が直面している多くの問題を映し出しているということができるとともに、家族は社会構造の一部分であることが理解できるでしょう。

2 家庭の機能

1 家族・家庭の機能とは何か

家族や家庭には、ともに暮らす人々にとってどのような機能があるのでしょうか。家族や家庭に属している人にとって、一般的にはそれが遠く離れて暮らす家族であっても、安心感や安堵感、懐かしさなどの感情を抱く対象となることや心のよりどころとなっていることなど、自分がどのような状況になってもいつも精神的な支えとなってくれる関係である点も家族の特徴として考えられるでしょう。

また、家族や家庭の機能を考えると、情緒的な絆のほかに子どもを産み健全に育てていく機能や教育を施す機能、親である高齢者を扶養するという機能、夫婦間の機能もあり、家族内に向かう機能もあれば社会に向かう機能もあることがわかります。

家族の機能については、図表5-4のようにさまざまな形が提唱されています。たとえばマードック*は「四機能説」を唱えました。またフリードマン*は家族看護学の視点から家族機能を5つに整理しています。そしてパーソンズ*は家族には「社会化」と「安定化」という2つの側面があるとし、これを「二機能説」として提唱しました。「社会化の機能」とは、他者との相互作用を介して社会に適応していく過程を指し、「安定化の機能」

図表5-4　家族における機能の諸説

マードック	〈四機能説〉 性的機能、経済的機能、教育的機能、生殖的機能
フリードマン	情緒機能、社会化と地位付与機能、ヘルスケア機能、生殖機能、経済的機能
パーソンズ	〈二機能説〉社会化、安定化 夫婦の愛情を育て性的な欲求を満たす、子どもを産み育てる、生産活動を行う、消費活動を行う、衣食住をともにする、病人や老人の世話をする、冠婚葬祭などの宗教的行事を行う、娯楽を楽しむ、心の安らぎを与える、など

マードック
(Murdock,G.P.)
1897〜1985年
アメリカの人類学者。家族の機能及び核家族に関する構造理論を唱えた。

フリードマン
(Friedman, M. M.)
アメリカの家族看護学者。『家族看護学——理論とアセスメント』を著した。

パーソンズ
(Parsons,T.)
1902〜1979年
アメリカの社会学者。社会システム理論、家族機能に関する所説を唱えた。

は家族内の男女間の性の調整を含む精神の安定を図ることを指しています。

このように、とらえる視点によって家族にはさまざまな機能が存在することがわかり、また、どの視点からも共通する機能があることがわかります。

2　家族・家庭機能の歴史的変容

いま現在も、社会構造とともに家族のありようは変化し続けています。ここでは、家族はどのように変わったのかを見ていきます。

① 女性の出産と子どもの出生数

図表 5-5 は、第 1 子出生時の女性の年齢の推移ですが、25 年間で 5 歳上がり、30 歳を超えています。これより以前は、25 歳前後に第 1 子を出産する女性が一般的で、それによって、1 人の女性が生涯に産む子どもの数（合計特殊出生率）が現在よりも高いことが推測されます。たとえば昔は家庭には多くの子どもが生まれきょうだいがたくさんいて、具体的な数値の記録はありませんが、1 つの家庭に子どもが 3 ～ 6 人ということが一般的でした。

祖父母との同居や多くのきょうだいがいるということは、さまざまな世代、年齢の人々が家族としてともに生活することであり、年齢の高い家族が敬われる風習が生活の中にありました。また「家」を単位として考える文化があり、女性にとって結婚は、「実家を出て○○家に嫁ぐ」こととする考え方が一般的でした。父親は「家長」として一家をまとめ、有事があればその場を仕切り、ほかの家族はそれに従うという、家族にとって父親の存在は絶対的なものでした。このようなことからも昔の家族・家庭には今とは異なる機能や生活が展開していたことがわかります。

一方、現在の家族は、前述の図表 5-2 で見ても核家族世帯が多く、その構成員は父親、母親、子どもである場合が最も多くなっています。また男女ともに結婚する年齢が高くなっており、晩婚化・晩産化の傾向が進んでいます。女性の初産年齢が高くなるほど、1 人の女性が一生涯に産む子どもの数は必然的に減少していくことになるので、きょうだいの人数は昔と比較して減少しています。2020 年現在、日本の女性の合計特殊出生率は 1.33 であり、平均すると子どもは 1 人ないしは 2 人という家族が今後も続くことが予想されます。

図表 5-5　第 1 子出生時の母親の平均年齢の年次推移

	昭和 50 年 (1975)	60 ('85)	平成 7 年 ('95)	17 (2005)	27 ('15)	28 ('16)	29 ('17)	30 ('18)	令和元年 ('19)	2 ('20)
平均年齢 （歳）	25.7	26.7	27.5	29.1	30.7	30.7	30.7	30.7	30.7	30.7

出典：厚生労働省「令和 2 年（2020）　人口動態統計月報年計（概数）の概況」2021 年
https://www.mhlw.go.jp/toukei/saikin/hw/jinkou/geppo/nengai20/dl/gaikyouR2.pdf（2022 年 7 月 4 日確認）

5
コマ目

家族・家庭の意義と機能

② 三世代同居

　図表5-6では、65歳以上の者がいる世帯の全世帯に占める割合は増加しています。また、全世帯数も増えています。しかし、よく見ると、昭和の年代頃までは、三世代同居が50％と家族形態の中心であったことがわかります。その後は少しずつ三世代同居形態の世帯が減少し、2019年では9.4％となる一方で、夫婦のみの世帯や単独世帯（高齢者の一人暮らしや独身者の一人暮らし等）が増加しています。このような変化は、日々の祖父母世代、親世代、子世代という三世代交流の機会を減らすことにつながるでしょう。

　地方にある実家から都市に移動し働く独身者同士が結婚し家庭をつくったときに、経済的なことを考えて都市で働き続けることを選択した場合は、そのまま都市で家族生活が営まれれば自ずと核家族となります。また一般的な傾向として、都市に実家があっても仕事の都合や夫婦のプライバシー

図表5-6　65歳以上の者のいる世帯数および構成割合（世帯構造別）と全世帯に占める65歳以上の者がいる世帯の割合

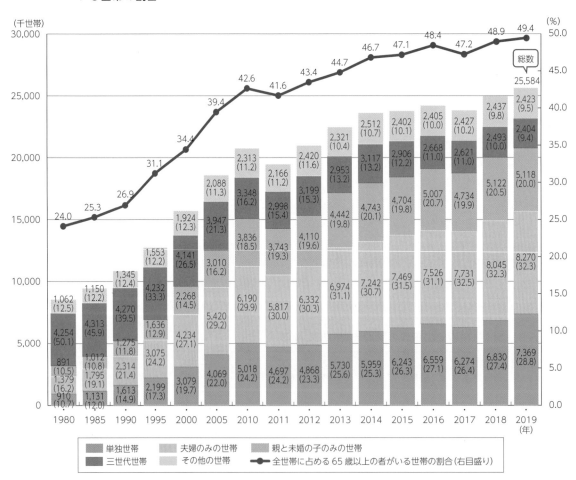

出典：内閣府『令和3年度　高齢社会白書』2021年
https://www.8.cao.go.jp/kourei/whitepaper/w-2021/zenbun/pdf/1s1s_03.pdf（2022年6月2日確認）

を大切にし自分たちの生活を十分に楽しみたいとの思いから、親とは同居はせずにアパートやマンションでの結婚生活を選択する若年層もあります。世代が違えば生活の価値観や方法、生活リズムなどが大きく異なることを考えると、近年では、家族というものが世代別にきわめて個人的なものと考えられるようになったととらえることができるのかもしれません。

③ 妻の有職・共働き家族の増加

　女性が結婚後も仕事を継続することは、文化や風習など人々の思想や変化により結婚に対する考え方が変わったことのほかに、労働人口の減少による女性労働力の需要の高まり、「男女雇用機会均等法*」の制定、女性のライフスタイルの多様化など、多くの現象と関連しています。

　わが国では1990年以降共働き世帯数が急増し、2000年頃には男性雇用者と無業の妻からなる世帯数を超え、現在、その差は広がっています。このことと結婚している女性の晩婚化や晩産化傾向についても、関連させてとらえる視点も大切だと思われます。

④ 家族と地域社会とのつながり

　近年、プライバシー保護の視点が強調され、隣に住む家族の素性も顔も認識されないことが多くなっています。昔は地域主催で行われる町会行事や子ども会などに大人も子どもも参加する光景がみられましたが、最近は、都市のみならず地方でも減少傾向にあります。これらを子どもの視点で考えると、親同士が親しく交流する家族もまた個人商店も少ないので、子どもには近所に大人の知り合いがおらず、1人で遊びに行く友だちの家も少ないという状況が浮かびます。

　地域に住む大人の視点からは、道ですれ違う親子についてなんとなく顔は見たことがありこの地域に住んでいることはわかったとしても、どこに住んでいるのか、何という名前なのか、子どもは何歳でどのような家族構成なのかをまったく知らないということが普通であり、そのことについて違和感をもたないのが現状ではないでしょうか。

　地域差はあるものの、家族と地域及び地域社会とのつながりは時代とともに減少し、希薄化しているということができるでしょう。

語句説明

男女雇用機会均等法

→1972年に施行された労働法「雇用の分野における男女の均等な機会及び待遇の確保等に関する法律」の通称。

5
コマ目

家族・家庭の意義と機能

3　子どもと家族：子どもが育つ場としての家庭

　「家族・家庭の機能とは何か」や「家族・家庭の歴史的変容」でも見たように、家庭にはさまざまな機能がありますが、それらは時代や視点によって変化する部分もありました。少子化の傾向で子どもの数は減少しているものの、家族の普遍的な機能の一つとして、子どもを産み養育し教育するという機能があります。ここでは子どもと家族という視点から考えていきましょう。

① 親・保護者という存在

　当たり前のことですが、人ははじめから親として存在しているのではあ

りません。妊娠が判明した時点から将来的に子どもが生まれ自分が親になることを認識し、自覚も期待も高まります。子どもが生まれて家族が増え、夜も昼もともに生活をし、子どもの世話をすることにうれしさや戸惑いを覚えるなかで、親になるということを身をもって感じていきます。まさに、親は、子育てをしながら子どもに親として育てられていくということから「子育ては親育て」という表現もされています。

　そのようにとらえると、家庭における親と子どもの関係は、親から子どもへ一方的に影響を与える関係ばかりではなく、子どもから親へ向けた影響力もあることがわかります。親と子どもの関係性は双方向であるといえます。そして、一般的には、子どもにとっては自分を無条件に受け入れてくれる存在が親であり家族であり、子どもは安心した環境の中で人格形成の基盤を培っていきます。

② 安心の場としての家族・家庭

　世のなかで、自分を無条件に受け入れてくれる存在は、おそらく親、家族、親族までの関係性ではないでしょうか。また一般的に、親子関係やきょうだい関係は一生変わるものではありません。そのような固定され継続する関係性が、人間のきわめて初期段階の人格形成に重要な環境であると述べたのはボウルビィ＊です。人間の子どもは、哺乳動物のなかでも未熟な状態で生まれ、自分で母親の乳を求めて移動していくことさえできません。ある面で無力ともいえるような新生児を受け入れ慈しみ、その欲求にいつもていねいにこたえてくれる存在が親という大人です。このような親から受ける対応に対して、子どもは、生後数か月もたたないうちにその存在をほかの人間と区別し、親を特定な存在として認識していきます。

　その後、特定の大人（親）との関係性は信頼関係に発展していきます。この親への信頼感こそが、子どもに安心感と安定感という精神的な良好状態をもたらし、安心感に包まれた子どもは自己を発揮していく原動力としていきます。家庭という小さい営みの場で日々親と暮らすということは、子どもにとっていつも自分を受け止めてくれ、理解してくれる大人（親）がいる場所が家庭であると認識していくことにつながります。また、家庭には、物心つく前からともに生活するきょうだいという存在がいる場合もあります。幼く、未熟だった頃の自分を知ってくれる、いつでも受け入れてくれる信頼関係で結ばれる家族との関係性は、一人の人間にとってかけがえのない一生継続する存在であるといえるでしょう。

③ 最小の社会を経験する

　子どもが家族の一員になることで、家族としては世代の異なる複数の人間がともに暮らすこととなり、世代間にさまざまな種類の文化や思考が生まれることにもなります。たとえば、文化的側面としての遊び活動は、親世代と子ども世代とではおそらく大きな違いがみられます。現在、10代の子ども世代ではSNSが生活に深く浸透し、余暇の場面でもソーシャルゲームをまったく面識のない人と一緒に楽しむなど、バーチャルな世界観に戸惑うことなく関わったり、自身の生活内容などを動画投稿することも特別なこととととらえてはいません。このような遊び方を楽しむ子どもとは異な

ボウルビィ
(Bowlby,J.)
1907～1990年
イギリスの児童精神医学者。乳幼児期の発達における愛着理論を提唱した。

り、親世代にはバーチャル世界に浸ることに違和感や警戒感をもつ傾向も
みられ、それよりも現実の世界で親しい知り合いと楽しむことを選ぶのか
もしれません。

　さらに年齢の低い子どものいる家庭では、親世代もバーチャルな世界
に対する抵抗感が弱いために、保護者が子どもとともに動画鑑賞やSNS、
ゲームなどを楽しんだりすることもあります。

　異なる年齢、異なる世代の家族がともに生活することは一般社会に共通
する多様な文化・思考などの混在があり、家族は相互に影響し合いながら
生活しています。そこに社会の一端を見ることができ、家族は最小の社会
ととらえることができます。

　子どもが社会のなかで生きていく前段階で家族と暮らすことの意味もそ
こにあり、家族の一員となり、親に育てられ、ときには親と対立し、きょう
だいとけんかしながらも、ともに過ごす生活の営みを体験することは、人
格形成過程の子どもには貴重な体験となります。子どもが家族からその文
化的習慣や思考の形成に影響を受けながら育つこと、世代の異なる人間を
理解し受け入れるなどを体験することは、やがて社会で他者を受け入れな
がら自己を生かし、他者と共存していく力の基盤を培うことにつながって
いきます。

デジタルメディアの与える影響については、12コマ目を参照しましょう。

おさらいテスト

❶ 「家族・家庭」という言葉には厳密な [　　　] はない。

❷ 家族の機能や特徴は、[　　　] とともに変化している。

❸ 子どもが育つ場としての家族・家庭には重要な [　　　] がある。

5
コマ目

家族・家庭の意義と機能

家族について考えを深めよう

①皆さんのおじいさんやおばあさんは、何人きょうだいだったのでしょうか。おじいさんやおばあさんが子どもの頃、一緒に暮らしていた家族の人数や食事、入浴、就寝、団らんなどの場面について尋ねてみましょう。そこで得た情報を学校で共有し合い、おじいさんおばあさんが子どもの頃の家庭生活の特徴などについて話し合ってみましょう。

②昔と今の家族をモデルとして、家族・家庭のありようについて考えてみましょう。

【昭和中期　明子の家族】

　明子は5歳です。お父さんは会社員でお母さんは外で仕事をもたず1日家庭にいて家事一切を担っています。明子は、祖父、祖母、父、母、小学生の姉と兄、3歳の弟と1歳の妹とともに暮らしていて、9人家族です。家は駅にほど近い住宅地にある一軒家です。おじいさんおばあさんは家で過ごすことがほとんどで、近所のおじいさんやおばあさんがときどき家に訪ねてくることもあります。明子は毎日お母さんに連れられ、弟と一緒に幼稚園に通っています。家では姉や兄とともにお母さんの家事を手伝うこともあります。お母さんは毎日買い物に行っていますが、ときどきお母さんに頼まれて近所の顔見知りの八百屋さんやお肉屋さんに姉とともに買い物に行くこともあります。また、まだ幼稚園に行っていない妹の世話をしたり、姉たちと遊んだりします。ときどききょうだいでけんかもします。お父さんはだいたい夕食の時間には帰宅するので、朝食と夕食は家族9人で一緒に食べることが多いです。夕食後には一家でテレビを見たり、お姉さんに子ども向けの雑誌を読んでもらったりしてからお母さんと妹の3人で一緒にお風呂に入りますが、ときどきはお姉さんと2人で入ることもあります。休日には、一家で電車に乗ってお出かけをすることもありますが、お父さんは家でゆっくりくつろぐことも好むので、明子は近所の友だちと遊んだり、お兄さんやお姉さんと家の庭や前の路地で縄跳びや鬼ごっこ、ボール遊びをして過ごすことも多いです。

演習課題

【令和初期　ももかの家族】
　ももかは 3 歳です。お父さんは会社の営業職をしていて、お母さんは別の会社で事務職員として働いています。ももかはお父さん、お母さん、1 歳の弟と、駅に近いマンションの 10 階に 4 人で暮らしています。このマンションは、両親が結婚した 5 年前から住んでいます。ももかは弟とともに保育所に通っています。保育所には友だちがいますが、同じマンションには遊ぶ友だちはいません。お母さんと一緒に行く公園でときどき会う友だちはいます。保育所には毎日お母さんと弟で行きます。お母さんは食材のほとんどをネットスーパーで調達しているので、ときどき保育所の帰りにお母さんと行くところはドラッグストアや 100 円ショップ、図書館などが中心です。お父さんは朝早くに家を出て、夜はももかたちが就寝してから帰宅するので、週末以外には一緒に食事をしません。毎日、お母さんと弟と 3 人で朝食をとり、昼食は保育所の給食を友だちと食べます。夕食はお母さんがつくってくれますが、お母さんはお父さんの帰宅を待ってから夕食をとるので、食べるのは弟と 2 人です。家では弟とおもちゃの取り合いなどでけんかになることもありますが、仲良く遊ぶことも多いです。お風呂はお母さんと弟と一緒に入り、就寝も弟と一緒のベッドで寝ています。休日には、お父さんが運転する車に乗って、水族館や遠くの遊園地に行くなど、出かけることが多いです。おじいさんおばあさんの家は遠いので、夏休みやお正月など年に 1 ～ 2 回会いに行きます。

1) 明子、ももかのそれぞれの家族の構図を描いてみましょう。
2) 明子とももかが日々経験する家族や地域との関わりとして、どのようなことを想像することができるでしょうか。明子、ももかそれぞれの生活について書き出してみましょう。
3) 明子やももかが家族と関わる時間帯やそこで体験していることに、どのような共通点や違いが考えられるでしょうか。話し合ってみましょう。

親子関係・家族関係の理解

1. 親子の意味を理解し、その関係の土台や維持に何が必要か理解する。
2. 家族ライフサイクルの視点を知り、家族関係も発達するという考え方を理解する。
3. 家族システム理論の考え方を理解して、家庭支援に生かすことを学ぶ。

1 親子関係を理解する

「親子」という言葉を聞いて、どのような人間関係をイメージしますか。生活のうえでも心理的にも近しい人、結びつきがある人などでしょうか。あるいは、「近しい」とはまったく異なるイメージをもつ人もいるかもしれません。親子関係、家族関係という言葉は、日常的、学問的などさまざまな分野で使われますが、このコマでは、心理学の視点を取り入れながら考えます。

さて、日本語の意味として「親子」は次のように記載されています。

【親子】おやこ
①親と子。親と子の関係にたとえられる二つのもの。
②親類。
【親子】しんし
①親と子。
②直系一親等の自然的血縁関係がある者（実親子）と自然的血縁がなくて法律上親子（おやこ）とされる者（養親子）。

出典：新村出編『広辞苑 第7版』岩波書店、2018年

上述のように、辞書のなかでは、「おやこ」「しんし」と2種類の定義がなされています。どちらについても「親子」とは、自然的血縁関係がある、ないにかかわらず、生物学的な結びつきを超えて、何らかのつながりがある人間関係といえます。

プラスワン

親子
訓読するとどちらも「おやこ」となる。

プラスワン

母性原理と父性原理
母親・父親という役割機能でなく、抽象化された原理のこと。
父性原理：ものごとのすべてを切断し、分割する機能、主体と客体、善と悪など。
母性原理：ものごとのすべてを包括し、つなぎ平等性を保つ機能。

1　人間関係の始まり：二者関係、親子関係、一体感から自立への育ち

人間関係のはじまりは、子どもにとって最も身近に存在する大人との二者関係に始まるといえるでしょう。これは母と子の関係とも言い表すことができますが、血縁にある母と子、親と子、であるという意味ではありません。初期の親子は身体的にも心理的にも密接に関わるため、これを母子一体感ともいいます。母子ともに感じる一体感から徐々に分離、分化し、そして自立をしていきます。乳児みずからが母親と別存在であると気づいていくだけでなく、母子の一体感を破るものは父親であり、子どもは父親の存在を通じて「他者」の存在を知っていくと心理学者の河合隼雄はいっています。これは、子どもにとって母とは異なる新たな二者関係の始まりともいえます。

この親子関係を形成、維持するためには「甘えることができる関係」であることが大切です。土居（1971）は、甘えについて「乳児の精神がある程度発達して、母親が自分とは別の存在であることを知覚した後に、その母親を求めること（中略）その別の存在である母親が自分に欠くべからざるものであることを感じて母親に密着することを求めること」だと述べています。このコマでは「母親」が必ずしも血縁関係にあることを意味していません。甘えとは、子どもが養育者から心理的に分離することを拒み、再び一体感を求める、あるいは分離の不安を乗り越えようとする試みなのではないかと考えられます。このような健全な甘えとは、子どもが親から自立していくときの心の支えでもあり、甘えられる相手がいるということは、生きていくうえでの心のより所、強みであると考えられます。

次に、親と子の一体感から少しずつ分離し、自立への道をたどることについていくつかの発達理論を紹介します。

① マーラーによる分離個体化理論（separation-individuation theory）

乳児が母親との一体感から徐々に分離していく過程を分離・個体化といい、以下の経過をたどります。

1）正常な自閉期：自己と他者の識別がなく、欲求が内部で全面的に満たされる時期（生後 4 週間以内）

2）正常な共生期：内部と外部の識別が生じるが、母親とは全能的な一体感をもつ時期（生後 2 ～ 6 か月）

3）分離・個体化：母子一体の分離が行われる時期。正常な共生期に続く、生後 6 か月から 3 歳くらいまでの時期で、「分化期」「練習期」「最接近期」「個の確立と情緒的な対象恒常性の萌芽期」の 4 つがある。

マーラー＊の理論は、子どもが母親から分離して、個人として生きていく過程に生じる心のプロセスを表した重要な概念です。これは、親から身体的にも心理的にも少しずつ離れて自立を獲得する過程であるといえます。

② スターンによる自己感の発達と情動調律（attunement）

スターン＊は、乳児期は自他未分化期であるとしたマーラーの理論とは対照的に、乳児は、生まれて間もなくても自己をもっていて、外界と能

プラスワン

甘え

土居は甘えとは、乳児の精神がある程度発達して、母親が自分とは別の存在であることを知覚した後に、その母親を求めることであるとした（土居健郎『「甘え」の構造』弘文堂、1971年）。

マーラー
(Mahler, M.)
1897～1985年
ハンガリー出身、その後、ドイツ、ウィーン、アメリカで活躍した精神科医、精神分析家、児童心理学者。乳幼児と母親の関係を直接観察し、母親と自己の区別がつかない乳児から次第に離れて自立する 3 歳くらいまでの幼児期早期における母子関係（二者関係）による発達過程を提示した。

スターン
(Stern, D.N.)
1934～2012年
アメリカ出身の乳幼児精神医学者。マーラーと同様に直接乳児や母親を観察し、その交流をビデオ記録して分析することを通して、乳幼児の精神発達や発達早期の母子関係の精神分析的研究を行った。

6 コマ目　親子関係・家族関係の理解

動的に関わり合っていると提唱し、生まれながらにしてさまざまな感覚や豊かな感受性をもっているとしました。また、乳児は出生直後から身体的な独立性と統一性を有する自己として外界と活発に関わるとしました。スターンによると、そのような乳児に対して、大人は、乳児の動作が単なる模倣ではなく、乳児の心の状態が大人側にはこのように伝わっているよ、ということを伝え返す関わりが重要であるといいます（例：乳児の感情的表現に対して、母親が言語で応答すること）。これは、身ぶりや声の抑揚をとおしての交流であり、母子間の情動的な相互交流のパターンともいえます。

③ ボウルビィによる愛着（attachment）

アタッチメント＊とは、養育者と乳児との間に成立する情緒的な絆、また、乳児が母親など特定の対象に対してもつ、特別な心理的結びつきのことです。アタッチメントのもともとの意味には「ぴったりと寄り添ってくっついていること」があります。

乳児は、養育者に依存したり離れたりしながら分離個体化のプロセスを経て、自立を確立していきます。アタッチメントとは、このようにして発達する親子の絆ともいえます。つまり信頼関係という意味があります。

以上のように親と子は、二者関係の一体感から個性をもった一人の人間として自立していきます。親子とは、親として、子として認め合っていくプロセスといえるのではないでしょうか。

2 親になるという発達

① 親になるとは

現代の家族のあり方が多様化しているということは、5コマ目でも学んだとおりです。しかし、子どもの育ちにおいて、家族のあり方やその関係が重要な役割を果たしていることに違いはありません。

親子は、家族を構成する一つの関係といえるでしょう。親子の関係性は年月の経過とともに変容していきます。たとえば、夫婦の間に子どもが誕生して親となり子どもを守り育てる時期、子どもが成人して生きることを見守り支える時期、やがては親が高齢となり子どもが親を支援する時期などです。子どもの発達と同時に、親の発達や成長も展開されていきます。

子育てには、育てられる側である「子ども」と育てる側である「親」という2つが存在します。子ども側からの発達だけではなく、育てる側の立場、親になること、親であることの発達という視点も必要です。子育てをとおしたさまざまな経験を経て親自身も発達し、成長します。親子関係とは、親が子どもに伝え、教え、何かを分け与えるという一方向的な関係であるのではなく、親も一人の個性をもった人間であるということを忘れてはならないでしょう。保育者は保護者に対して、親としての機能を果たせているか、子どものために生きられているかなどの視点にばかり焦点を当てるのではなく、親という役割は、個人の人格の一側面だというとらえ方も必要です。

🖊 重要語句

アタッチメント

→子ども（あるいは大人）が、ある人物に接近と接触を求める強い傾向があること。

💬 プラスワン

アタッチメント行動

望んだ接近を実現し、維持しようとして人がそのときどきに行う行動のさまざまな形態。

さて、親というと父親、母親を連想することが多いと思います。さらにいえば、何もかも包み込む優しさを表す母性、ものごとを区分し律する機能を表す父性というような考え方があります。しかし現在は、母性・父性から「養護性」という言葉が使われるようになりました。生物学的な差、すなわち産む性か産まない性かということが、母性・父性ということではありません。女性には生まれもって母性が備わっているわけではありません。男女ともにか弱いものを守ろうという資質のようなものがあり、自身が養育された子ども時代の経験や、子どもを育てるという経験から養護性は育まれます。「養護性とは、子どもを慈しみ育てる気持ち（心）と行動です。子どもへの気持ちも育てる力も、置かれた立場、子どもとの具体的な生活、育児の営みのなかで育まれ規定されるものである」（柏木・古澤・宮下、2009）といえます。

また、養護性についても、生物学的な差ではなく、子どもとの生活や子育ての経験をとおして育まれることを意味します。養護性の発達は、人格の一側面である「親」としての発達を経験することともいえるでしょう。

② 世代間連鎖

親は、子育てをとおして子どもへの愛情や喜びを数多く経験しますが、このような肯定的な感情だけでなく、否定的な感情が生じることもあります。たとえば、なかなか泣きやんでくれない、なぜ泣いているのかわからないといったとき、あるいは第一反抗期といわれる時期の子どもの自己主張の強さなど、子どもの発達によって親が抱える感情の内容は変わります。このアンビバレンス*な感情経験は、親の発達過程においてごく自然なことと考えられます。このような複雑な感情を乗り越え、受け流しながら自分の気持ちを立て直すためには、心理的・物理的・社会的なサポートが必要です。

さらには、親自身がどのような養育経験をもっているかが子育てに影響するといわれています。たとえば、虐待などつらい養育経験をした人が親となったとき、自分の子どもに同じように虐待をすることを虐待の世代間伝達、あるいは世代間連鎖といいます。また、虐待に至らなかったとしても、親自身が受けた心の傷や親子関係の葛藤が誰にも理解されないまま心に深く抑圧され続けるとき、何気ない日常生活のふれあいの瞬間に思わず無意識に子どもに伝わることを葛藤の世代間伝達といいます（鈴木・渡辺、1997）。これは次の世代へ継がれてしまう心の傷や課題があることを意味しています。このような状況を引き起こす背景の一つとして、自身が子どもだった頃、親との愛着関係が形成される際に何らかの問題を残していることがあげられます。

では、この世代間連鎖を断つことはできないのでしょうか。容易ではないですが、不可能なことではありません。たとえば、幼少期以降であっても新たに愛着関係を形成できる他者と出会い、信頼関係を築く経験を重ねて基本的な信頼感に支えられた情緒的な人間関係を獲得できれば、他者への愛着を発達させることも可能です。さまざまな人間関係のなかで愛され必要とされているという感覚は、経験し直せることです。人は子どもで

プラスワン

保育でいう「養護」
「子どもの生命の保持及び情緒の安定を図るために保育士等が行う援助や関わり」（「保育所保育指針」第1章2（1）養護の理念）。

語句説明

アンビバレンス
→同じ対象や、ある事柄に対して相反する（互いに矛盾すること・互いに反対の関係にあること）感情をもつこと。

6コマ目　親子関係・家族関係の理解

あっても大人であっても、自分のことを無条件に受け止められ認められること、愛情を注がれることを必要としています。子育てをめぐる悩みや困りごと、あるいは不安にはさまざまな背景がありますが、親を支え安心できる環境が必要です。だからこそ、子育て中の親子が気軽に利用できる地域の支援機関、保育所や幼稚園等での子育て支援がなされることが重要となります。

それぞれの親子関係の絆が、新しい親子関係の絆へとつくられていきます。

2 家族関係の発達：家族のライフサイクル

人間は、体も心も一生涯を通して変化し、発達すると考えられています（このことを生涯発達という）。発達段階とは、時間的経過・年齢をいくつかのまとまりに分けたもので、それぞれの時期において、ほかの時期には体験できないような経験をすることが重要です。エリクソンの心理社会的発達理論では、段階ごとに特有の変化が現れ、達成することが期待される発達課題があるとされました（➡ 2 コマ目を参照）。人間は、自分の周囲にいる人（他者）を含めた多様な環境のなかで、どのように発達していくのかが重要です。人と環境とが互いに影響を及ぼし合いながら（相互作用的に）成長していくと考えました。

このように、人間にはライフサイクル（人生周期）があります。人間の一生にライフサイクルがあるように、親子・家族関係にもライフサイクルがあります。さまざまな環境で生きてきた2人が、ともに生きていくことを決めて夫婦（パートナー）となるところからが家族のはじまりといえます。もちろん現代では、法律婚以外にも多様な家族の形があります。

家族のライフサイクルとは、たとえば、子どもが生まれる、子育てをする、子どもが独立をして、再び夫婦2人の生活となるなどです。その間、転居や転職、家族の思わぬ病気や危機などさまざまな出来事を経験します。家族のメンバーに生じる変化や発達にともなう家族の一生涯をたどっていく過程もいくつかの段階に区分され、家族の発達段階、家族サイクル、家族周期といわれています。家族の発達段階の区分には諸説ありますが、ここでは、心理学者のカーターとマクゴルドリックの考え方を示します（図表6-1、Carter & McGoldrick,1980）。

プラスワン

生涯発達の概念による支援

生涯発達の概念は、人生において生じるさまざまな問題や困難に対する理解を促し、実際的な支援に役立てられている。

発達課題

発達の速度には個人差があり、人間には柔軟性があるため、ある課題が達成されなくても、その後の環境や経験で改善できる可能性は十分にある。

図表 6-1　家族ライフサイクル

家族ライフサイクルの段階	移行の情緒過程：基本原理	発達的に前進するために家族に求められる第二次変化
①家からの巣立ち：新たな気持ちで人生を歩み出す成人	自己の心理的経済的責任を受け入れること	・自分が生まれ育った家族、たとえば両親やきょうだいとの関係において自分自身のポジションを確立すること ・親密な仲間関係の発達 ・職業における自己確立と経済的自立 ・コミュニティとより大きな社会における自己確立 ・より高次の意識、精神性
②結婚による家族のつながり／結合	新たなシステムにコミットすること	・パートナーシステムの形成 ・新たなパートナーを包み込むように、夫婦と子どもからなる核家族だけでなくその子どもがつくった家族、きょうだいの家族などの同居家族や友人なども含め、より大きなコミュニティや社会システムとの関係を再編成すること
③幼い子どもがいる家族	システムに新たなメンバーを受け入れること	・子どものためのスペースをつくるよう夫婦やパートナーを調節すること ・子育て、経済的課題、家事における協働 ・親役割と祖父母役割を包含するよう、より大きなコミュニティや社会システムとの関係を再編成すること
④青年期の子どもがいる家族	子どもの自立と祖父母の衰えを許容できるよう、家族境界をより柔軟にすること	・それぞれの家族に出入りすることを許容できる親子関係に移行すること ・中年期のカップルとキャリアの問題に再度焦点を当てること ・高齢世代を世話する方向に移行し始めること ・新たな関係パターンを形成しながら青年と親という家族への移行を包含できるように、コミュニティやより大きな社会システムとの関係を再編成すること
⑤中年期における子どもの巣立ちとその後	システムへのさまざまな出入りを受け入れること	・夫婦、パートナーなどの二者関係におけるシステム再構築 ・親と成人した子どもとの間で大人対大人の関係を発達させること ・親戚と孫を包含するよう、関係を再編成すること ・結婚した子どもの家族との関わりなど新たな家族の構造やそのあり方を包含するよう、コミュニティやより大きな社会システムとの関係を再編成すること ・子育ての責任から解放され、新たな関心事／キャリアを探求すること ・親（祖父母）のケアの必要性、機能低下、死に対処すること
⑥後期中年期の家族	世代の役割の移行を受け入れること	・生理学的な衰えに直面しながら、自分自身あるいはカップルとしての機能と関心を維持すること：たとえば、親から祖父母の役割に変化するなどの社会的な役割の選択肢を模索すること ・中年世代がより中心的な役割をとるようサポートすること ・この段階の家族関係のパターンが変化したことを認められるよう、コミュニティやより大きな社会システムとの関係においてシステムを再編成すること ・高齢者の知恵と経験をシステムのなかに取り入れる余地をつくること ・高齢世代に対して、過剰に機能することなくサポートすること
⑦人生の終わりを迎える家族	限りある現実、死や自分自身の人生の完結を受け入れること	・配偶者、きょうだい、仲間の喪失に対処すること ・死と遺産への準備をすること ・中年世代と高齢世代の間の役割交代に対処すること ・それまでの人生で経験していない出来事に遭遇し（たとえば自身の加齢による心身の変化、社会的立場に関する変化など）、より大きなコミュニティや社会システムとの関係を再編成すること

出典：日本家族研究・家族療法学会編『家族療法テキストブック』金剛出版、2013年、57頁を一部改変

図表 6-1 のように、家族においても、それぞれの時期に経験する変化や乗り越えていく課題（家族における発達課題）があると考えられています。家族は家族のメンバーの発達や変化とともに、変化・発達をします。そのことは同時に、家族は社会の変化や家族を取り巻く社会の状況によって、変化・発達するといえます。

　では次に、図表 6-1 の発達段階に沿って、家族のライフサイクルの主な段階の内容と家族にみられる変化を見ていきます。

---

①家からの巣立ち：職業選択ののち、職業人として社会の一員となって経済的に自立し、心理的な自己も確立されていく。職場やプライベートでの親密な人間関係も発達する。

②結婚による家族のつながり／結合：結婚をするなど、パートナーとの新たな家族をもつ。生活環境の大きな変化、共同生活における役割や新たな生活様式を形成する。双方の実家、友人など人間関係が広がる。これは社会的関係性の再編成といえる。

③幼い子どもがいる家族：子どもをもつと、子どもとともに生活する新たな生活様式を形成することになる。夫婦のシステムを再調整したり、親としての自己を発達させていく。祖父母は祖父母役割という新たな役割をもつことになる。

④青年期の子どもがいる家族：子どもは成長し、学校生活などをとおして仲間関係を発達させていく。親からの心理的自立を望む時期でもあり、親子関係も変化する。親たちは夫婦関係や職業についての課題に当たる。

⑤中年期における子どもの巣立ちとその後：子どもが家族を巣立つと新たな生活となり、子育てから解放され、夫婦関係が見直される。子どもの配偶者、孫の誕生など家族関係は拡大する。祖父母の支援や死別への対応もある。

⑥後期中年期の家族：生理的な老化に直面し受け入れることになる。経験者としての知恵を若い世代支援のために生かすことができる。世代の役割交代が起こる。

⑦人生の終わりを迎える家族：配偶者やきょうだい、友人など身近な人の死に直面し、自分の死を意識し始めたりする準備をする。自分の人生を振り返って肯定的に受け止め、現実を受け入れていく。

　以上のように、ライフサイクルの視点で家族がどのような状況に置かれているのかを想像し、課題を理解することは、家族を支援する手立ての一つとなるでしょう。

　また、現代日本の家族関係における状況として、晩婚化、非婚化、出生率の低下などがあげられます。女性の経済的自立や社会情勢にともなった非正規雇用による不安定さなどが家族に影響しているといえるでしょう。社会の状況によって家族のあり方も変更を余儀なくされ、家族そのものがどのようなあり方を選択して生きていくのかについても、**新たな家族の発達**

課題であるといえるのかもしれません。

3　家族のシステム理論

1　家族をシステムとして理解する

　家族のシステム理論とは、家族を構成するメンバー一人ひとりが相互に影響を与え合う、一つのシステムとして考えることをいいます。家族システム理論は、1950年代のアメリカにおいて、数学者のウィーナーの**サイバネティクス理論**や生物学者のベルタランフィの**一般システム理論**などの影響を受けて提唱されました。さらにミラーの**一般生物体システム理論**へと展開されました。家族のシステム理論の理解のためには、①階層性、②円環的因果律、③家族内における境界の 3 つのキーワードがあり、以下にみていきます。

① 階層性

　社会は規模の異なるさまざまなシステムによって構成されています。「システム」とは、相互に影響を及ぼし合って成り立つものとその内容のことをいいます。社会全体を最大のシステムとして考えると、そのなかは「学校」、「会社」、「地域」などの規模の小さいシステムによって構成されます。さらに「地域」は、さまざまな「家族」というシステムによって構成されます。地域システムは、複数の家族システムを包括するシステムで、家族システムからみれば上位システムとなります。さらに、「地域」システムの上位システムとして社会システムが存在していて、「地域」システムは「社会」システムの構成要素であるため、社会システムの下位システムということになります。このように、一つのシステムは、上位システムの要素であるとともに、より規模の小さなシステムを含みます。この状況のことを「階層性」といいます。

　さらに、家族を構成するメンバーは、それより小さな単位のシステム、つまり家族の下位システム（サブシステム）になります。一人ひとりの人間は、さらに小さな細胞システムや器官システムが集まって構成されています。それぞれの要素が相互作用により一貫した関係性を保ち、機能しています。他方で、核家族や親族なども複数の家族などからなる大きなシステムとみなすことになり、家族の上位システム（スープラシステム）といわれます。ある一つのシステムは、境界によって内外を分かつことで独自性を維持しています。以上をまとめると、図表 6-2 のようになります。

　家族のシステムは、社会や文化という大きなシステムの一部になります。心理学者のブロンフェンブレンナーは、人間の発達を取り巻く環境との相互作用である生態学的システムを提唱しました。それぞれの関係やシステムは独立しているのではなく相互に影響し合っています。

　図表 6-3 を参考に考えてみると、子どもが直接関係する環境（マイクロシステム）は、主として家庭と保育所・幼稚園等です。このとき家庭と保

図表6-2　システムの階層性

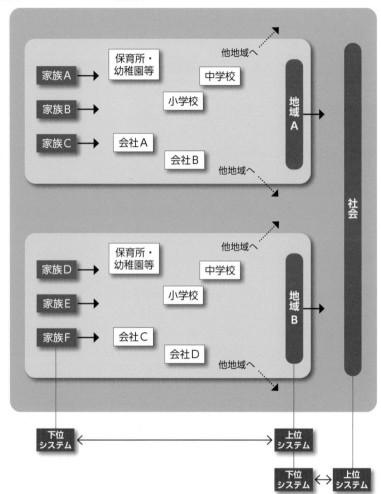

育所・幼稚園等は相互に影響し合い、メゾシステムとして機能しています。親の職場は子どもが直接関係する環境ではありませんが、親の職場からの影響（労働時間や職場での人間関係など）は、子どもへの養育行動に影響を及ぼすこともあります。それは間接的に子どもの育ちに影響するエクソシステムであるといえます。

② 円環的因果律

　何か家族（メンバーの誰か）に問題が生じたとき、原因と結果を直線的に結びつけようとすることを「直線的因果律」といいます。たとえば、子どもの問題と見える行動について、母親が○○くんに対して無関心だから、父親が○○くんとほとんど関わる時間をもっていないからだなど、問題を誰か一人の原因や責任にしようとする考え方につながってしまいます。対照的に、原因と結果は相互に影響し合って問題が起こっていると考えることを「円環的因果律」といいます。そして円環的なパターンが成立している関係性を円環的関係といいます（図表6-4）。

図表 6-3　ブロンフェンブレンナーの生態学的システム

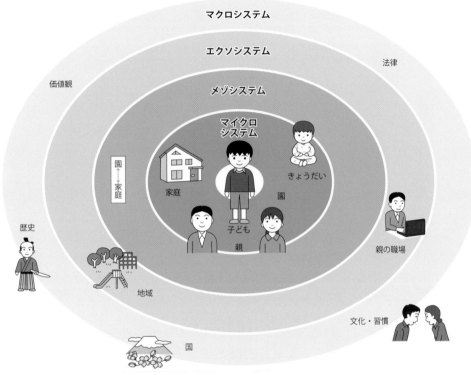

出典：松本峰雄監修『保育の心理学 演習ブック（第 2 版）』ミネルヴァ書房、2020年を一部改変

図表 6-4　直線的因果律と円環的因果律の違い

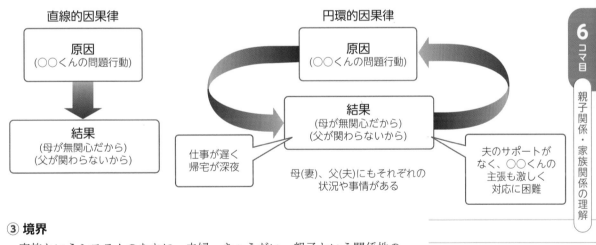

③ 境界

　家族というシステムのなかに、夫婦、きょうだい、親子という関係性の下位システムがあります。この下位システムを区切る概念が境界で、それぞれの下位システムのあり方や相互作用で境界がつくられていきます。この境界が明確、かつ柔軟であると家族の健康度が高いと考えられます。境界が曖昧で、たとえば子どもが親役割をとらざるをえない、片方の親と子どもの一人が密着しているなどの場合、家族のメンバーの誰かに問題がみられることがあります（図表 6-5）。

図表6-5　世代間境界

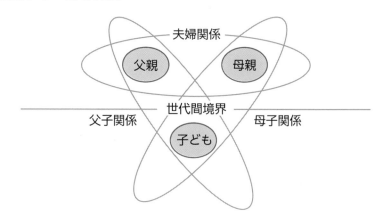

　家族のメンバーは、それぞれの個性をもった人が関わりをもち、相互に影響を及ぼし合いながら生活を営んでいます。家族からの影響がなく個人の発達や成長があるのではありません。逆にそれは、メンバー個人の生き方や考え方によって家族というシステムの変容や成長があるともいえるでしょう。

2　家族システムの理解を生かした支援

　保育の現場において、子どもの問題や課題は本人だけでなく、親子関係、家族関係など子どもを取り巻く関係を理解することが重要です。私たち一人ひとりはさまざまな人間関係を生きています。たとえば、親子関係（母子関係、父子関係）、きょうだい関係、祖父母との関係、あるいは直接子ども本人との関係性ではない夫婦関係、祖父母と母親・父親との関係などです。

　システム理論を応用した支援では、個々の家族メンバー同士の関係性を検討し、それをもとに家族システム全体を変えることで解決しようと試みます。家族に課題があるときに、家族のあり方の変化を促し働きかけて支援する方法を家族療法＊といいます。家族はお互いに影響を及ぼし合っています。その考え方を応用し、子どもに心配な行動やようすがみられるときには子ども本人への関わりや援助だけではなく、家族のメンバーに働きかけます。子どもに生じた問題行動の背後には、夫婦関係の希薄さや父親役割の欠如があるかもしれません。子どもの問題行動の出現によって夫婦がより深くコミュニケーションをとったり、夫（父親）が子どもとの交流をもちその役割が機能するようになった場合、子どもの問題行動には家族システムが健全な方向に向けて変化する意味があったと考えます。家族のメンバーの行動が変化することで、子どもに影響を及ぼし行動変容を起こします。行動の変容は、その子らしく生きること、自分の育ちに没頭できる状況にあることを意味します。

　家族療法の学派は多数ありますが、共通している考え方は、家族のシステムに焦点を当てること、家族間のコミュニケーションを重視していることだといえるでしょう。代表的な家族療法を図表6-6にまとめます。

家族療法

→家族全体を相互作用し合う一つのシステムとみなし、その家族全体に働きかけようとする心理療法のこと。1950年代アメリカで誕生した。当時、アメリカでは離婚が増加し、困難を抱える家族に対して早急な対応が必要だったという背景がある。心理・教育・社会福祉・医療など多職種連携が行われる。

図表 6-6 家族療法の種類

学派	創始者	特徴
構造的家族療法	ミニューチン (MInuchin, S.)	家族のシステム、家族の境界や関係に重点をおいたアプローチ。家族の構造改革を援助。家族に溶け込む方法（ジョイニング）を提唱。
戦略的家族療法	ヘイリー (Haley, J.)	家族に潜む問題の悪循環を断ち、ポジティブな循環になるように援助。効果的、戦略的なさまざまな方法を用いて速やかに解決することを目指す。
多世代派家族療法	ボウエン (Bowen, M.)	それぞれの自己分化（情緒と知性の調和）を重視。「ジェノグラム*」によって、家族の発達の状態、関係性、家族代々の歴史や経験に着目して援助。
コミュニケーション学派 (ジャクソンが創始した MRI (Mental Research Insititute) 派と同じ)	ベイトソン (Bateson, G.)	二重拘束理論（ダブルバインド）の考え方をもとに、家族が訴える苦痛と同時に、背後にある相互関係の機能不全に気づくように援助。
ナラティブアプローチ	ホワイト (White, M.)	個人が語る自身の物語に注目したアプローチ。家族を支配している問題のあるストーリーを積極的に問題解決につながる代替的ストーリーに書き換えることを援助。

重要語句

ジェノグラム

→家系図。男性を四角、女性を丸、横線を夫婦、縦線を親子などの記号で図示することにより、世代間で繰り返される家族関係のパターンを見出す。

　家族のメンバーに起きる問題、つまり個人が表現している症状や問題は「個人」のものではなく、個人を取り巻く「関係性」の問題であると考えます。個人に起こった問題は、家族のシステムにおける問題や課題を表現していると考えられます。問題の表面化を契機に家族のシステムが見直され、家族の変容や成長を促すことができると考えられます。

　家族のメンバーと支え合いながら個性的に生きる場として、家族は発達していくと理解する視点が重要であるといえるでしょう。

おさらいテスト //

❶ 親子の意味を理解し、その関係の土台や [　　　] に何が必要か理解する。

❷ 家族ライフサイクルの視点を知り、家族関係も [　　　] するという考え方を理解する。

❸ [　　　] の考え方を理解して、家庭支援に生かすことを学ぶ。

//

6 コマ目 親子関係・家族関係の理解

演習課題

ジェノグラムから理解しよう

①家庭支援において、ジェノグラムは子どもを取り巻く環境を理解するために用いられます。ジェノグラムによって家族の家庭環境を理解してみましょう。

〈主な表記例〉

□ 男性　　○ 女性　＊枠のなかに年齢を記入

▣ 男性（本人）　◎ 女性（本人）

╳ 死亡

□━○ 結婚

□╫○ 離婚

□╱○ 別居

□┳○ きょうだい　＊子どもは左から第1子、第2子の順に記入
□　○

⬭ 同居家族

1）次のジェノグラムから3歳女児を「本人」とした場合の家族構成を読み取りましょう。

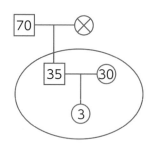

86

演習課題

2）サクトくん（4歳・男児）に心配な姿がみられます。サクトくんの家族は37歳の父親と33歳の母親、8歳の兄と2歳の妹がいます。この家族のジェノグラムを書いてみましょう。

②あなたの家族を記述して、さらに、どのような家族のライフサイクルを経験してきたのか振り返ってみましょう。

③家庭支援においてなぜ円環的因果律の考え方が重要なのか考えてみましょう。

子育ての経験と親としての育ち

今日のポイント

1. 妊娠したり子どもが生まれた瞬間から完全に「親になる」ということではない。
2. 家族や社会の支援を受けながら知識や技術を体得し、子どもとの関わりを繰り返すなかで「親」となっていく。
3. 保育所には、地域で子どもを育てる家族に対してさまざまな形で支え、保護者自身が主体的に子育てをする意欲を高めていけるように援助する役割がある。

1 いつから人は「親」になるのか

　子どもを妊娠したことがわかったとき、人にはどのような感情の変化がみられるのでしょうか。親となる喜びの感情がわくとともに、誰しもが「自分に親が務まるのだろうか」、「育児ができるのだろうか」という不安を少なからず抱くかもしれません。医師によって妊娠が確認され、自治体で母子手帳＊を受け取る際などは、自分に子どもが生まれることや親となることを改めて意識する機会にもなり、少しずつ子どもが生まれる、親となるという意識が現実として受け入れられていくことでしょう。

　しかし、法律的にはどうでしょうか。出産後に子どもの出生届を出し、戸籍登録がなされることで、子どもははじめて実在する人間として社会制度に組み込まれ、親は、その子どもの養育者・保護者として書面上で位置づけられます。

　したがって、妊娠中には母親も父親も、もうすぐ親になることへの期待と不安のなかで、物心両面から親になる準備をしていきますが、妊娠が判明した時点では、法律的には「親」、「保護者」として認められていないということになります。そしてまた出産直後、実際にわが子を胸に抱いた瞬間から、その人が完璧な「親」となるというのも考えにくいことです。

　では、「人」はどのようにして親となっていくのでしょうか。

1 妊娠期：子どもが生まれる喜びと不安

　女性が妊娠に気づき、出産するまでの期間のなかで、妊婦の気持ちにはどのような変化があるのでしょうか。まず、自身のおなかに子どもが生きて育っていることの不思議さとうれしさがあると思いますが、そのような期待とともに未来への漠然とした不安も抱くのではないでしょうか。出産

重要語句

母子手帳

→正式名称は「母子健康手帳」。妊娠期の女性に対して自治体（市町村）が交付する記録帳。妊娠の届出は「母子保健法施行規則」第7条に定められており、妊娠、出産、子どもの育児過程（小学校入学まで）に至る母子の健康保健に関する記録を記入する形式となっている（母子手帳の様式は、同規則第7条）。妊産婦や乳幼児の保健指導の基礎資料および簡易的な育児書の意味をも有する。

するまでに子どもが無事に大きく育ってくれるだろうかと心配したり、元気な子どもを産むためにも生活習慣に今まで以上に配慮していかなければと考えたり、出産の準備を考えたりと、さまざまな気持ちがわき起こり、複雑で不安定になることもあるでしょう。

　妊娠が判明してからは、医療による健診を受けることになります。妊婦健診＊は、一般的に妊娠の前半（およそ23週まで）は 4 週間ごと、妊娠後半（およそ24週以降35週まで）には 2 週間ごとに定期的に行われ、胎児の発育や母体である妊婦の心身の健康状態などを中心に、問診や診察が進められます。現在では医療技術の進歩により、胎児の内臓発達などの異常の有無を診断するためのエコーと呼ばれる超音波医療機器が普及しています。エコー画像は、妊婦やその家族がまだ見ぬわが子である胎児の姿を目視することでもあり、親にとっては子どもが誕生し対面することへの期待と励みの一つにつながっているようです。

　ところで、多くの女性は妊娠を喜び、子どもが生まれる将来に期待をもちながら過ごしますが、妊娠期や出産時の女性の体内ではホルモンバランスに急激な変化が起こっている状態でもあります。そのような体調の影響から、いわゆるマタニティーブルー＊といわれる症状に発展するケースもみられます。マタニティーブルーの症状には、軽い焦燥感、不安、緊張感、突然の流涙、落ち着きのなさ、疲労感、食欲不振、集中困難、不眠、頭痛、抑うつ感などがあげられていますが、通常は、定期健診において医師などに相談したり、家族や周囲の経験者と話をしたりするなどによって、数日から 1 ～ 2 週間程度で自然に治まるとされています。しかし、症状が重く自然治癒が難しい場合には、病院の産科医療機関や市町村保健センターなどの医療スタッフに相談するなど、社会的サポートを利用し、産後うつ＊の併発を避けるためにも、ていねいなフォローアップを受けることが大切だと考えられています。

　また産科医は、以前であれば妊娠や出産時の母子の健康を見守ることを主な役割としていましたが、現在では、妊娠・出産・産後の母体の管理を視野に入れた「周産期メンタルヘルス」というように、より広い視野をもって妊婦に関わるという形に変化してきています。このような背景には、女性のライフスタイルの変化などによって第 1 子出生時の平均年齢の高齢化傾向や、さらには妊娠中も仕事を続ける女性の増加などがあります（図表7-1）。そこからは、妊娠中であっても仕事を継続することで、社会において責任の一端を担い続けるいわば緊張した環境に置かれる女性が多くいることが理解されます。つまり妊娠中の女性が体内で起こっている大きな変化で生じる悪阻（つわり）などを感じながらも、社会のなかで働くことで精神的負担が大きくなり、ストレスを生じさせている場合もあると考えることができます。

　産前休暇・産後休暇、育児休業などの社会保障制度は整備されてきているといわれていますが、職種や職場による差異があり、休暇・休業保障の日数や夫側の育児休暇取得の普及などについては、今後、さらなる改善と意識変化が求められるところでしょう。

重要語句

妊婦健診

→妊婦の母体と胎児の状態を定期的に医師が診察する健診。妊婦の尿検査や超音波機器などにより、母体と胎児の状態を確認する。

プラスワン

出生前診断

医師が胎児の先天性疾患などの有無を調べ、早期発見と治療につなげる機会とする。

重要語句

マタニティーブルー

→妊娠中や産後に、妊婦の気持ちが落ち込む状態。

産後うつ

→出産後数週から数か月以内に発症するうつ病。母親である女性の主な症状は、気分が落ち込み、興味がもてなくなるなど。母親としての自責感や自己評価の低さを訴えることも特徴的である。

プラスワン

周産期メンタルヘルス

女性の妊娠期から出産後の長期にわたる心身の状態を産婦人科、精神科、心療内科などが連携して対応、治療する分野のこと。

図表7-1 出産前後の母親の就業状況の変化

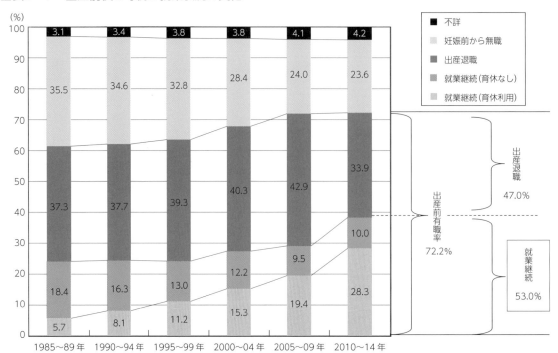

出典：仕事と生活の調和連携推進・評価部会・仕事と生活の調和関係省庁連携推進会議「仕事と生活の調和（ワーク・ライフ・バランス）レポート2019 ワーク・ライフ・バランスの希望を実現 ──多様な個人の選択が叶う社会へ」2020年
http://wwwa.cao.go.jp/wlb/government/top/hyouka/report-19/h_pdf/zentai.pdf（2022年7月4日確認）

2 妊娠・出産を支える社会的な支援体制

　妊娠後期になると、親は、出産に向かい忙しい日々となります。ベビー用品の購入や地域の保健センターなどが主催する「母親学級*・両親学級*」に参加するなど、具体的な環境準備、出産への心構えや出産・育児への知識を学んでいく機会を得ることになります。夫や家族とかわいいベビー用品を目にすることで、わが子を産み育てることへの期待が高まることもあるでしょう。また、子どもが生まれ父親になるという実感がなかなかもてない夫も、保健センターや病院が主催する「両親学級」などに参加できる機会が増えています。夫は保健師や看護師から妊娠中や出産、子育ての話を聞き、また、ほかの妊婦やその家族のようすなどに触れたり、育児の手順・方法を実際に人形を使って自分でやってみることなどをとおして、父親になることを少しずつ実感する体験を得ていくことができます。

　わが国では、妊娠・出産・子育て（特に乳児から幼児期）に関して、「母子保健法」を基盤とした社会的な支援体制が整備されています。地域の保健センターや地域子育て支援拠点を軸に、図表7-2のような支援体制を実施しています。妊娠した女性が社会的サービスを受けることで順次滞りなく出産や育児につなげていけるように、また妊婦が不安を抱き、その相談先がわからずに孤立することのないよう、安心して出産し子育てをしていけるように地域で見守り、ときには専門的な指導をしながら支援していくものです。

図表 7-2 妊娠・出産等に係る支援体制の概要

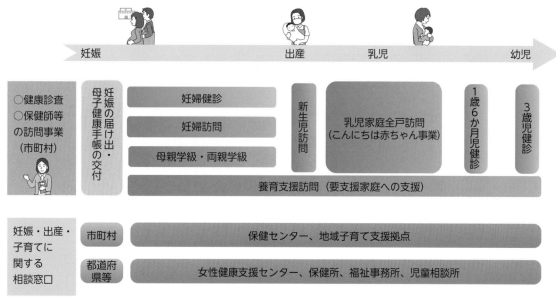

出典：厚生労働省「母子保健関連施策」2015年、2 頁

　このように、わが国では、子どもを妊娠した時点から社会に支援され、出産してからもその子育てについて引き続き社会から保健的支援を軸に指導を受けていく体制にあり、その社会的な支援のなかで、親は時間をかけて少しずつ親であることを実感していくこととなります。その間には、家族や親族からの支援も受けながら、より親としての自覚を育んでいけると考えられます。

2 子どもとともに親も育つ

　親は、妊娠、出産することですぐに「親」になるものではなく、家族や社会的な支援を受けながら、時間をかけて親の意識が育っていくということを述べましたが、では、実際にはどのように親自身のなかに意識され、親になっていくのでしょうか。

1 子どもを家族に迎える時期

　新しい家族を迎えて家族が増えるということは、幸せな家族の姿であると同時に、新たな家族を迎え入れる側にとっては生活形式や意識の変化など大きな影響をもたらすことをも意味しています。

　たとえば、それまで大人だけの生活習慣を長く続けていた夫婦に子どもが生まれれば、部屋の使い方や生活リズムなどを子ども中心に変えることになるなど、生活環境は一変せざるをえません。また第 1 子と 3 人で暮らしていた家族に新たに第 2 子が加われば、母親は第 2 子である赤ちゃんの

世話に忙しくなり、そのため第1子に大きな心理的影響をもたらす状況も生じるでしょう。このように新たに家族を迎え入れて子育てをしていく際には、家族や第三者の支えが大変重要だと考えられます。

　図表7-3は、妻（母親）は子どもを育てる際、誰に精神的なサポートを求めているかを示したものです。ここでは「子どもの教育・進路を決めるときの相談」は夫が多くなっていますが、「出産や育児で困ったときの相談」は夫よりも圧倒的に親（実家）に支援を求める傾向があることがわかります。また、図表7-4からは、第1子出産時と第2子出産時ともに、サポートについては夫である割合は低く、6割以上を親（実家）の世話を受けているという状況が示されており、その傾向に経年による変化が少ないこともわかります。

図表7-3　最も重要なサポート源：精神的

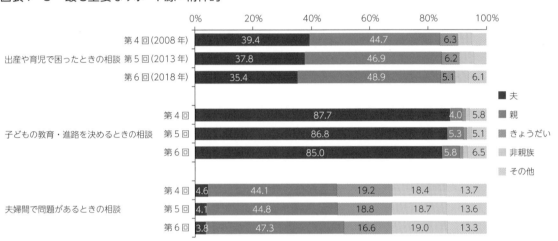

出典：国立社会保障・人口問題研究所「第6回全国家庭動向調査　結果の概要」2019年、9頁をもとに作成
http://www.ipss.go.jp/ps-katei/j/NSFJ6/Kohyo/NSFJ6_gaiyo.pdf（2021年11月25日確認）

図表7-4　最も重要なサポート源：世話的（短期・突発的）

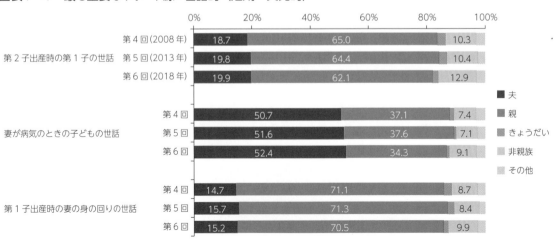

出典：図表7-3と同じ、11頁

　このことからも、育児にはそのときどきの状況によってその大変さに違いがあり、家族の協力やサポートだけで乗り越えられるものと、親族や第三者のサポートを得ながら乗り越えていく時期などがあることが理解できます。特に、出産時や出産直後は子育ての最初の山場でもあり、夫以外の親族の協力や第三者などのサポートが欠かせない状況となることも理解できます。しかしながら、夫は子どもの父親であるため、親として子どもの世話をしたり妻の精神的サポートをすることは大変重要なことであり、また当然のことでもあるでしょう。

　妊娠・出産を自身の身で体感できない夫は、子どもの親となることの意識形成が妻とは異なる過程をたどるのかもしれません。また、子どもの世話が物理的に大変な出産直後の女性の身体は産褥期*といわれる状況であり、夫である男性にはわからないことも多いということは想像できます。いずれにしても夫が、できる範囲で少しでも育児に関わったり妻の奮闘をねぎらうなどの行動がみられれば、妻にとっては大変心強く感じられ、夫も夫婦 2 人の生活から「子どもをもつ親となったのだ」という意識をもつことにもつながるのではないでしょうか。

2　育児の出発点は母子の探り合い

　ところで、妊娠・出産した女性はどのような場面で「わが子をかわいい」と感じるのでしょうか。

　一般的に、母子の関係性には特別な親密性が育まれていく傾向があるといわれ、「母性愛*」ともいわれる母親のわが子に対する愛情は、子どもとの強い結びつきを生むものとされています。特に母親が、わが子をかわいいと感じる場面としては、「赤ちゃんが笑っているとき」、「赤ちゃんが声を出してごきげんのとき」などが多いのではないでしょうか。また逆に、「つわりのとき」、「陣痛のとき」、「赤ちゃんがギャーギャー泣いているとき」は、かわいいと思う感情を抱きにくいのかもしれません。

　そのように、赤ちゃんの世話（育児）のすべてがかわいいというわけではないのにもかかわらず、なぜ、母子の関係は密接な強い絆で結ばれていくのでしょう。

　母親の、かわいいという感情が生じにくい場面は、総じて「子どもがぐずったり泣いているとき」であると考えられますが、それは母親が、子どもの泣く理由がわからず、その対応に困っている場面でもあることを意味しています。母親は、子どもにさまざまな対応を試みますが、子どもはいっこうに泣きやまないという状況も起こるでしょう。出生間もなくの頃では、母親が子どもの泣きの理由をとらえることはまだ不十分な状況にあることがその背景として考えられます。

　特に、生後間もない時期は、母親と子どもが理解し合うために、"お互いを探り合おうとしている状態"とも考えられます。母親がその子どもの特性や欲求を理解し子どもの状態に沿った対応ができるようになるまでには、出生直後から始まる関わりのなかで、多くの失敗や成功を繰り返す時間を要します。また子どもも、母親の抱き方のくせや手の感触、おむつの当て

7
コマ目

子育ての経験と親としての育ち

重要語句

産褥期

→母体が分娩後に妊娠前の状態に戻る期間を指す。一般的に 1 〜 2 か月かかるといわれる。

重要語句

母性愛

→子どもに対して母親や女性が抱く本能的な愛情。対義語は父性愛。

母子の絆が形成されるまでには、双方で試行錯誤を繰り返しているのですね。

方などの特徴に慣れていき、母親の対応方法にしだいに順応していきます。そうして、1か月、2か月、半年と日々を重ねていくなかで、母親は子どものさまざまな場面での欲求や状況、気持ちをおおむね理解することができるようになっていき、次第にわが子への適切な対応を探り当て、母親と子どもとの間で育児方法を形成していくのです。

このように育児の出発点は、母親と子ども双方がお互いを探り合い、向き合い始めていくときと考えることができます。

「子育ては親育ち」であるともいわれます。大人は、目の前の子どものさまざまな状況に関わることで子どもの欲求の原因を探り、ときには失敗をしながら子どもの「泣き」の理由や欲求を時間をかけて探り当てていきます。そのようにして母親は、"その子どもの「今」の気持ちや状況を誰よりもよくわかる"という自信をも得ていきます。

子どもも、自分の欲求にいつもこたえてくれる母親をより求めていくようになり、母親は、さらに「わが子」をかわいい、いとおしいと感じ、かけがえのないわが子を保護し守り育てていこうとする気持ちがより大きくなっていきます。

3 親が抱く育児の不安

はじめての子育てが始まると、実際に育児をするなかで親はさまざまなことに困惑し、判断に困り、悩む場面が生じます。これは、親が一所懸命に育児をしていく過程で現れる自然な姿ととらえることもできます。親の育児に不安を抱く要因には大きく2つあると考えられています。一つは親になるまでに小さな子どもと遊んだり、世話をしたりという経験が時代とともに急速に失われたことによって「親になるための準備」の機会が失われていることによると考えられています。また、もう一つは、都市化、核家族化、地域社会の崩壊によって、現在は子育て家庭の多くが孤立している状況にあるということです。親の育児不安が増加する背景を考える際、わが国における家族形態や地域社会での子どもの育ち、そして子育て文化など、長い歴史の変化を見る必要があるようです。

図表7-5は一部の地域での追跡調査ですが、「一人の人間が生まれ育ち大人になり、結婚し自身にも子どもが生まれ親となる」という世代交代の過程で、自分より小さな子どもと関わり世話をした経験がない人が1980年から23年経過した時点で14%近く増加していることが示されています。これは逆に、自分の子どもを産むまでに乳幼児と関わる機会が急速に失われていることを意味しています。

自分の子どもをもつまでに乳幼児と接したことがないという背景には、少子化によるきょうだいの減少や家の近所で友だちと遊ぶ子どもの姿が、特に都会ではほとんど見られなくなったことなど、子ども時代の生活体験そのものが大きく変化していることが考えられます。きょうだいが少なければ弟妹の世話をする機会は減り、近所の友だちと日々遊ぶ関係がなければ交友関係は学校のなかだけとなり、さらに親戚などとの交流も少なくなり、会う機会が年に数回程度であれば、なおのこと乳幼児と接する機会は

育児環境に順応していくためには一定の時間や経験が必要で、子どもとの絆が形成されていくほど、母としてまた親としての意識が高まっていくということがいえます。

図表 7-5　子どもの頃の体験

質問項目「あなたは自分の子どもが生まれるまでに、他の小さい子どもさんに食べさせ
たり、おむつをかえたりした経験はありましたか」に対する回答結果

出典：原田正文「今なぜ、日本のママたちが"非常事態!?"なのか――育児不安・困難感を抱く母親の現状
とその背景」『保健師ジャーナル』75（4）、2019年、286頁

図表 7-6　育児でいらいらすること

質問項目「育児でいらいらすることは多いですか」に対する回答結果

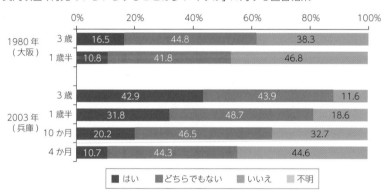

出典：図表 7-5 と同じ、287頁

減少することになるでしょう。

　このように、「乳幼児の実際を知らない、接したこともない」というなか
で自分の子どもをもてば、いざ育児をする際に、いわゆる予習や予備知識
に当たるような経験がまったくない状況からいきなり育児をすることにな
るでしょう。本当に大変な苦労や困惑が生じることは無理のないことのよ
うに思われます。

　図表 7-6 も同様の地域での調査ですが、育児でいらいらすることにつ
いて尋ねた結果、3 歳児の子育ての場合も 1 歳半児の子育ての場合でも、
「いらいらする」という回答は23年間で大幅に増えていることが示されて
います。

　このように、「親になるための準備」の機会が少なく、子どもに触れたこ
ともない状況で親になるという人が増えたこと、そして核家族化によって
周囲に気軽に子育てについて相談する環境がなく、孤立した子育てをして
いることなどが親の子育てへの負担感に影響を及ぼし、不安感やいらいら
した感情を生じさせていることは容易に推測されるのではないでしょうか。

　子どもの発達経過のなかで、親はどのような育児不安を抱くのでしょう
か。図表 7-7 では、3 歳頃までの子どもに対する親の心配や不安項目をあ

図表 7-7　親が子どもの育児について心配・不安に思うこと（例）

生後間もない頃	生後半年頃	生後 1 年頃	1 歳半頃	3 歳頃
・泣きやまない ・寝てくれない ・母乳やミルクを飲まない ・母乳の出が悪い ・寝られない	・指しゃぶり ・よだれが多い ・よく湿疹ができる ・頭蓋の変形 ・便秘がち ・寝つきが悪い	・動き回り目が離せない ・よだれが多い ・よく湿疹ができる ・かぜをひきやすい ・体重の増加が悪い ・寝つきが悪い ・人見知りをする ・離乳食が進まない ・指しゃぶり	・動き回り目が離せない ・かぜをひきやすい ・体重の増加が悪い ・指しゃぶり ・卒乳できない ・大人のいうことを聞かない	・体重の増加が悪い ・身長の伸びが遅い ・かぜをひく ・よく泣く ・癇癪を起こす ・指しゃぶり ・爪かみ ・おもらしをする ・言葉が出ない ・落ち着きがない ・転びやすい

げています。乳幼児の発達過程をある程度理解している人であれば、これらの項目は子どもが順調に発達していることを示しているととらえられるものもあることがわかります。図表 7-7 にあるような親の小さな心配ごとでも聞いて寄り添い、またその不安が子どもの将来に影響するものであるかどうかを見極め、助言指導することのできる専門家が子育て家庭の周囲に数多く存在することが、子育てをする親の不安を軽減し、安心して子育てをする環境を整えることにつながっていきます。

　このように、親となり子育てが始まって間もない親には、子育てに関する悩みが次々と生じる傾向がみられることがわかりました。それでは、夫や実家の親など家族に相談する以外に、親の悩みを聞いたり助言指導する機関はあるのでしょうか。わが国の社会制度のなかでは、子育てをする世代が孤立して育児の負担を抱え込んだり、子どもを育てる家庭環境が不適切な状況に陥らないために、子育てをする家庭に対して地域社会が包括的に支援するよう機関間の連携や整備が進められています（図表 7-8）。

　子育てに取り組む世代がこれらの地域サービスを上手に利用しながら、妊娠・出産・子育てという一連の場面を乗り越え、子育てに前向きに取り組んでいくことができるようになってほしいものです。

■4■　父親の育児参加

　夫である子どもの父親が育児に参加する意識は、わが国でも徐々にですが年々高まっているといわれています。国も父親のワーク・ライフ・バランスを推進しており、仕事と子育てを両立する父親を応援するため、「イクメンプロジェクト」などが立ち上げられています。そのなかでは、子育てに父親が関わることによって「子どもの健やかな成長発達にプラスになること」、「母親が助かること」、「仕事にもメリットがあること」などが解説されています。

　しかし、一方、妻と夫の育児分担は従来と比較しても変化がみられないという結果も出ています。図表 7-9 によれば、5 年に一度の調査結果においても育児分担の割合はほぼ横ばいで推移しており、育児に関する妻の分

図表 7-8　妊娠・出産包括支援事業の展開

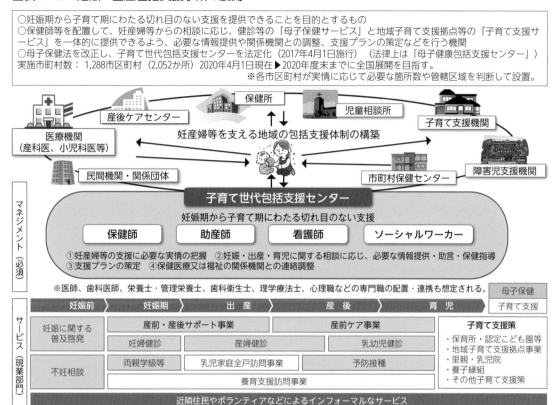

出典：内閣府『少子化社会対策白書（令和 2 年版）』2020年、119頁

図表 7-9　妻と夫の間での育児分担割合

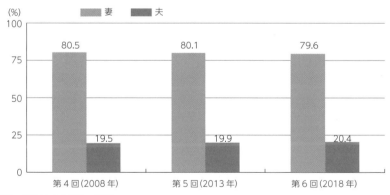

出典：図表 7-3 と同じ、27頁

担割合は夫を圧倒的に上回っている実態が報告されています。また、育児
の種類別に見た夫の育児内容においても、図表 7-10で見る限り大きな変
化はみられないようです。

　わが国でも、若年層の子育て家庭においては、父親が一人でベビーカー
に乳児を乗せて街を散歩や買い物をしたり、保育所等の保護者会に参加す
ることや、夫が妻に代わって育児休業をとることなどはわずかながら増加

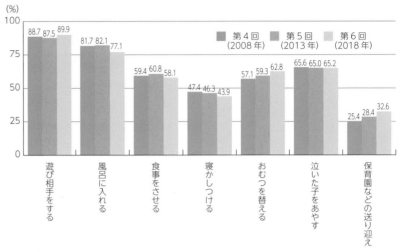

図表 7-10　育児の種類別にみた週 1 ～ 2 回以上育児を遂行した夫の割合

出典：図表 7-3 と同じ、31 頁

傾向にあるようですが、今後もさらに父親の育児参加への意識が高まり普及していくことが考えられます。

　子育てを妻（母親）だけが担うのではなく、家族で協力し合い、社会の支援サービスを受けてできる限り保護者の負担感を抑えながら子育てを行える社会の実現に向けて、さらに子どもを産み育てやすい社会を目指したいものです。

3 子育てに取り組む親を支援するということ

1　保育所等に子どもを受け入れる：入園準備

　保育所等への入園が決定すると、子どもの親もそのための準備をしますが、保育所等の受け入れ施設もまた、新入園児を受け入れるための準備を進めることになります。

　保育所等では、新たな子どもを受け入れる際に、入所前アンケートや保育者などによる家庭訪問などの実施により、子どもに関する詳細な情報を家庭から受け取り、事前に一人ひとりの新入園児に関する多くの情報を把握し、理解に努めたうえで円滑に保育が開始できるように準備を進めていきます。

　図表 7-11 は、主として保育者が情報を受け取り理解する「生活状況調査」アンケートの一例です。保育者が生活活動のなかで関わるほぼすべての活動項目について、詳細な情報を入手しようとしていることがわかります。入園するまでは家庭において 1 日の生活を親とともに過ごし、たとえば 1 歳の誕生日前に入園する場合、入園とともに親と分離されて子どもは情緒的に不安な生活となることが予想されます。これまで親とは家庭でど

プラスワン

入所前健康診断・
入所前調査

新年度に入園予定の乳幼児を対象に、健康診断を実施したり、看護師や栄養士などによる出生状況の詳細な情報や授乳・離乳食の状況を把握するために行われる、アンケートや面談による調査。

図表 7-11　入園児に関する事前調査票

生活状況調査アンケート（例）

○○○保育園

ふりがな		家庭での呼び名		
名　　前		（　　　　　　　　　　　　　　　　　　　　　）		
		平熱　（　　　　　　　　　　　～　　　　　　　　）		
生年月日	年　　　　　月　　　　　日　　（生後　　　　か月）			
発 育・発 達	首すわり　　　（　　　　　　　　か月）		つたい歩き　　　（　　　　　　　か月）		
	寝返り　　　　（　　　　　　　　か月）		数歩歩く　　　　（　　　　　　　か月）		
	自立座り　　　（　　　　　　　　か月）		あやすとほほえむ・笑う　（　　　　　か月）		
	はいはい　　　（　　　　　　　　か月）		人見知り　　　　（　　　　　　　か月）		
	つかまり立ち　（　　　　　　　　か月）		喃語　　　　　　（　　　　　　　か月）		
食　　事	飲ませ方	寝かせて・一人で哺乳瓶をもたせて・抱っこして・その他（　　　　　　　　）			
	食べさせ方	＊食べるときの子どもの姿勢➡いすに座って・抱っこして・ラックに座って・ 　その他（　　　　　　　　　　　　　） ＊食べ方➡かまずに飲み込む・食べるのが速い・食べるのが遅い・遊び食べをする・ 　よく噛んで食べる・その他（　　　　　　　　　　　）			
睡　　眠	寝る場所	畳・床に敷き布団・ベッド・その他（　　　　　　　　　　　　　　　　　）			
	寝かせ方	添い寝・おんぶ・抱っこ・一人で・その他（　　　　　　　　　　　　）			
	寝つき	よい・悪い　　　その他（　　　　　　　　　　　　）			
	寝起き	よい・悪い　　　その他（　　　　　　　　　　　　）			
	寝る姿勢	あおむけ・うつぶせ・横向き　　　その他（　　　　　　　　　）			
	入眠時の癖	指しゃぶり・タオルなど・その他（　　　　　　　　　　）・特になし			
	眠りの深さ	浅い・深い・その他（　　　　　　　　　　）			
排　　泄	便性状	硬め・普通・ゆるめ・便秘になりやすい	便回数	日に約　　　回
	おむつ	・紙おむつメーカー：（　　　　　　　　　　）　・サイズ（　　　　　） ・タイプ（おむつ型・パンツ型）　　　　　　　・布おむつ			
清　　潔その他	入　　浴	家庭では主に誰と（　　　　　）	入浴の時間帯：午前・午後　　　　時頃	
	清　　拭	場面：起床時・食前・食後・（　　　）	部位：顔・手・身体・（　　　　）	
	歯磨き	起床時・朝食後・昼食後・夕食後・就寝前			
その他	気をつけていることアレルギーなど	無・有 （　　　　　　　　　　　　　　　　　　　　　　　　　　　　　）			
遊　　び	好きな玩具		好きな遊び		
生　活リズム	起床　　　　　　　午睡　　　　　　　夕食・授乳　　　　　　　就寝			
主として養育する人				
子どもの性格・機嫌など				
父親の育児参加のようす				
現在、困っていることはありますか				

のように過ごし生活していたのか、どのように名前を呼ばれ離乳食を食べさせてもらっていたのか、入眠する際の体勢は抱っこか一人寝かなどその手順を詳細に聞き出し、親がやってきたことを保育者が理解するようにします。そして、入園当初、保育者は母親の子どもへの関わり方を踏襲したり、より近づけた関わり方を導入することによって、子どもの不安を少しでも早く取り除き、保育者との信頼関係を築いて安心して保育所等での生活が送れることに配慮し、援助していきます。

　また、保護者もわが子を保育所等に預け、仕事に復帰することをどこか後ろめたく感じたり、見知らぬ大人のなかで子どもが不安がり悲しい思いをさせてしまうのではと心配するなど、保育所等への入園に対して多くの不安を抱えることも多いようです。そして今まで自分が行ってきた育児が間違っているかもしれない、保育者から自分の育児の方法を指摘されるのではないかなど、自分を責める感情を抱いたり、疑心暗鬼となる場合があるかもしれません。そのような保護者の不信感や緊張感を解きほぐし、安心して子どもの生活援助を保育所等に委ねてもらうためにも、保育者は保護者が信頼して気軽に子どものことを相談してもらえるように接していかなくてはなりません。このように入園の前からすでに、子どもや保護者を支援する準備は開始されているのです。

■2■ 保護者の子育ての不安や苦労に寄り添う保育所等の役割

　先述のとおり、女性を取り巻く生き方は近年大きく変容しており、そのことは子育てにも影響し大きな変化をもたらしています。その一つとして、晩産化にともない、第1子を保育所に預けて仕事と子育てを両立させる保護者の高齢化があげられます。図表7-12からは、2014年を基準におよそ45年前と比較してその年齢差の平均は5歳となっていることがわかります。女性の社会進出が推奨されるなかで、結婚したとしてもしばらくは社会的キャリアを積むことを選択し、ある程度の成果を出してから仕事の状況や自身の年齢を計算したうえで計画的に出産する女性も少なくありません。社会的に認められ、責任ある立場で働く経験をもつ女性は、社会人としての自負もあるでしょう。しかし、子育てに関してははじめてのことで不安を多く抱えることもあります。加えて、少子化であることから1組の夫婦から生まれる子どもの数は減少し、きょうだいのいない子どもが増加しています。夫婦が子どもを遅く産み、一人の子どもをていねいに大切に育てていくという状況も考えられますが、たった一人の子どもに親の目が集中することはよいことである反面、親は子どもに対して必要以上に過敏な反応になりやすい傾向がもたらされることも考えられます。

　子どもの発達過程に関する正しい知識が乏しいことにより、子どもの世界で起きるさまざまな事象を大人社会の感覚で受け取る傾向も、保護者のなかにはみられます。たとえば、夏季保育では自然に触れて虫取りや水遊びをする機会が増えますが、子どもが蚊や毛虫に刺されたことを非常に気にして、保育者の責任を問う保護者もいるという報告があります。もちろ

図表 7-12　女性を取り巻く状況の変化

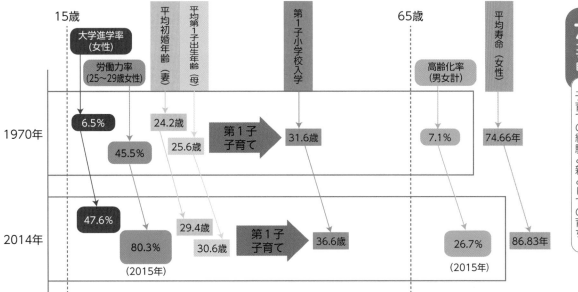

注：1）平均寿命については、1970年は厚生省「完全生命表」、2014年は厚生労働省「簡易生命表」より作成。
　　2）高齢化率は、総人口に占める65歳以上人口の割合。高齢化率については、1970年は総務省「国勢調査」、2014年は総務省「人口推計」
　　　より作成。各年10月1日現在。2014年の高齢化率は2015年値。
　　3）労働力率（25～29歳女性）については、総務省「労働力調査」（1970年、2015年）より作成。
　　4）その他は、厚生労働省「人口動態統計」より作成。
　　5）平均初婚年齢は、結婚式を挙げたときまたは同居を始めたときのうち、早い方の年齢。
　　6）平均第1子出生年齢は、1970年は満年齢の算術平均値に0.5歳の補正値を加えたもの。2014年は、日齢の算術平均値。
出典：母子愛育会愛育研究所編『日本子ども資料年鑑　2017』KTC中央出版、2017年、73頁

ん、保育者も虫刺されには留意し処置する必要があるのは当然ですが、そ
れでもこのような状況は起こりうることでしょう。また、他児と玩具の取
り合いをして相手を押し倒したり、嚙みついてしまうことも低年齢児では
起こりえます。保育者は未然に防げなかったことを保護者に謝罪しますが、
そのような子ども同士の行動を、この年齢の子ども同士ではよくあること
と理解することが難しく、「わが子はいじめられている」と受け取る保護者
もいるようです。

　今、子育てをしている親自身も少子化傾向のなかで育った年代であり、
きょうだいが少なく自分の親に大事に育てられたり、都会で育ったため幼
少期に自然環境のなかで十分に遊んだ経験や子ども同士でのびのびと遊ん
だ記憶のない保護者も多いのかもしれません。

　「子育てをする保護者を支援する」といってもその内容や方法はさまざ
まで、けっして一つの方法だけではありません。保護者の子育て観や価値
観は保護者の数だけあると考えられます。保育所等は、各家庭の子育て観
を尊重し、親の気持ちに沿いながら支援をしていくことが基本となります。
そして、悩んだり苦労する保護者の気持ちに寄り添い、一緒に子どもの成
長を喜び合う子育てパートナーとして存在し、保護者が子育てにより高い
意欲をもって積極的に取り組めるように支援していくことが、保育所等や
保育者に求められている役割なのです。

❶ 妊娠したり子どもが生まれた瞬間から完全に「[　　　]」ということではない。

❷ 家族や [　　　] の支援を受けながら知識や技術を体得し、[　　　] との関わりを繰り返すなかで「親」となっていく。

❸ [　　　] には、地域で子どもを育てる家族に対してさまざまな形で支え、保護者自身が主体的に子育てをする意欲を高めていけるように援助する役割がある。

///

家族に聞いてみよう

①自分の家族に妊娠したときの気持ちについて、不安や期待としてどのような感情があったか、話を聞いてみましょう。

②自分が生まれたときの状況について家族にくわしく聞いてみましょう。

　例：出産、退院後しばらくはどこで過ごしたのか。家事や育児には誰かの手伝いを受けたのか。父親は育児にどのように参加したのかについて。

③あなたの「母子手帳」があれば、家族に見せてもらいましょう。生まれて間もなくのあなたの育児をするなかで、家族が心配になったことがあったのか、また、図表7-7に相当する心配ごとがあったのか、話を聞いてみましょう。

7 コマ目　子育ての経験と親としての育ち

第3章

子育て家庭に関する
現状と課題

この章では、現代の子育て家庭が抱えるさまざまな課題について見ていきます。
社会的にも経済的にも子育てが困難であるという状況が続き、少子化は加速し続けています。
共働き家庭の増加は、社会にとって保育が担う役割をますます重要なものとしています。
現代の、特に働く女性をめぐる状況がどのようなものかを知ることは、
保育士を目指す皆さんにとって、とても大切なことです。
また、保育の場で特別な配慮を必要とする家庭とはどのような家庭で、
どのような援助が求められているかについても理解しておきましょう。

子育てを取り巻く社会的状況

1. 共働き世帯は増加しても、家庭において家事や育児を担っているのは女性である。
2. 男性の育休取得率は2020年度は12.65%と、上昇傾向にはあるが、女性に比べると低水準となっている。
3. 「子どもの最善の利益」が子どもの保育・幼児教育におけるすべての対応の基本とならなくてはならない。

1 子育てと家族の今

　現在、子どもや子育てを取り巻く社会的な問題として、子どもの貧困や虐待の相談件数の増加があります。ただし、児童虐待の相談対応件数が増加していることは、虐待そのものが増えていることを意味するわけではありません。これまで家族のなかで閉じていた子どもの問題が社会に明るみになったことや、家族内の問題であり周囲からは介入できないとされていた虐待に対して、社会的な支援の必要性が認識されるようになったことの現れといえます。

　都市部では保育所に入所できない待機児童やワンオペ育児*、保活*といった問題もあります。これらは、少子化*やワーク・ライフ・バランスといった課題につながるものです。こうした課題の背景には、個々の家族の問題とは異なる労働力の確保や少子化の解消といった社会的な問題や事情があります。しかし、育児を一人で担うことが困難であるという点において、虐待の問題と共通のとらえ方ができます。

　昨今話題となっている育児負担が母親のみに集中しているという問題提起は、父親の育児参加を提唱する動きへとつながりました。しかし、父親が参加できたとしても両親2人だけで育児を担っていくことにもまた限界があります。より大きな関係のなかで、子どもの育児資源をどのように確保できるかが問われています。

　子ども、子育てに関するさまざまな問題に対して、家族のなかで解決することを前提とせずに、社会が直接的に支援できるようなアプローチが模索されています。

1 子育て家庭：共働きの世帯が中心に

　子育て家庭、すなわち現在の子育てをする家庭で多くを占めるのは、共

プラスワン

相談対応件数と虐待の増加との関係

児童虐待相談対応件数の増加をもって虐待が増加、深刻化していると見るのは性急である。「児童虐待ではないだろうか」という市民からの相談に児童相談所が対応した数値であって、この数値にカウントされたケースのすべてが実際に虐待に認定されているとは限らない（野間・藤間、2020）。

語句説明

ワンオペ育児

→育児を一人（ワンオペレーション）で担っている状態を指す言葉である。

保活

→保育所に子どもを入れるための活動。

図表 8-1　共働き等世帯数の推移

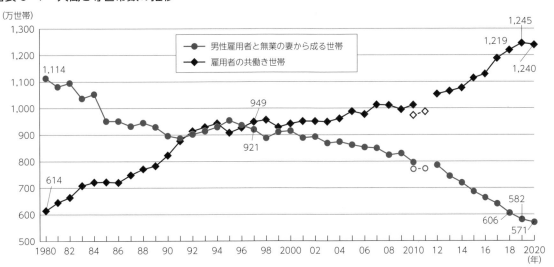

注：1）1980年から2001年までは総務庁「労働力調査特別調査」（各年2月。ただし、1980年から82年は各年3月）、2002年以降は総務省「労働力調査（詳細集計）」より作成。「労働力調査特別調査」と「労働力調査（詳細集計）」とでは、調査方法、調査月等が相違することから、時系列比較には注意を要する。
　　2）「男性雇用者と無業の妻から成る世帯」とは、2017年までは、夫が非農林業雇用者で、妻が非就業者（非労働力人口及び完全失業者）の世帯。2018年以降は、就業状態の分類区分の変更に伴い、夫が非農林業雇用者で、妻が非就業者（非労働力人口及び失業者）の世帯。
　　3）「雇用者の共働き世帯」とは、夫婦共に非農林業雇用者（非正規の職員・従業員を含む）の世帯。
　　4）2010年及び11年の値（白抜き表示）は、岩手県、宮城県及び福島県を除く全国の結果。
出典：内閣府『男女共同参画白書　令和3年版』をもとに作成
https://www.gender.go.jp/about_danjo/whitepaper/r03/zentai/pdf/r03_genjo.pdf（2022年6月3日確認）

図表 8-2　妻の就業時間別世帯数の推移

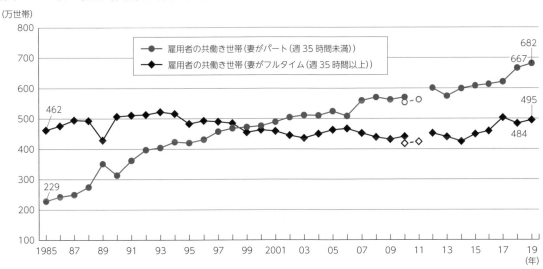

注：1）1985年から2001年までは総務庁「労働力調査特別調査」（各年2月）、2002年以降は総務省「労働力調査（詳細集計）」より作成。「労働力調査特別調査」と「労働力調査（詳細集計）」とでは、調査方法、調査月等が相違することから、時系列比較には注意を要する。
　　2）「雇用者の共働き世帯（妻がパート（週35時間未満））」とは、夫は非農林業雇用者（非正規の職員・従業員を含む）で、妻は非農林業雇用者で週35時間未満の世帯。
　　3）「雇用者の共働き世帯（妻がフルタイム（週35時間以上））」とは、夫は非農林業雇用者（非正規の職員・従業員を含む）で、妻は非農林業雇用者で週35時間以上の世帯。
　　4）2010年及び11年の値（白抜き表示）は、岩手県、宮城県及び福島県を除く全国の結果。
出典：内閣府『男女共同参画白書　令和2年版』をもとに作成
https://www.gender.go.jp/about_danjo/whitepaper/r02/zentai/index.html（2021年11月18日確認）

→少子化とは、「出生力が人口の置換水準を持続的に下回っている状態」である（大淵・高橋、2004）。少子化が社会問題となるのは1990年の「1.57ショック」（➡111頁参照）以後である。2003年に「少子化社会対策基本法」が制定された。その後、内閣府は2020年5月に「第4次少子化社会対策大綱」を閣議決定した。希望出生率1.8の実現に向け、令和の時代にふさわしい少子化対策を示すとするが、目新しい対策はみられない。

働き世帯です。共働き世帯数と専業主婦世帯数の変化をみていくと、1980年以降、共働き世帯は年々増加し、1997年以降は共働き世帯数が専業主婦世帯数を上回ります。特に、2012年頃からその差は大きく広がり2020年には共働き世帯が1,240万世帯、専業主婦世帯が571万世帯となっています（図表8-1）。

共働き世帯数を妻の就業時間別に見てみると、妻がフルタイム（週間就業時間35時間以上）の共働き世帯は、1993年以降ゆるやかに減少傾向で推移したのち、2015年以降は上昇傾向となります。2019年の世帯数（495万世帯）は、過去最多水準で500万世帯以上であった1990年から1994年の世帯数に迫っています。

一方、妻がパート（週間就業時間35時間未満）の共働き世帯数は、1985年以降おおむね一貫して上昇しています。2019年の世帯数（682万世帯）は、1985年当時の世帯数（229万世帯）より453万世帯増加し、約3倍になります。2019年の共働き世帯数は1980年と比較すると631万世帯増加していますが、増加の大部分は、妻がパートの共働き世帯数の増加によるものです（図表8-2）。

2　家事や育児を中心に担っているのは誰か

妻がフルタイムであるか、パートであるかの違いはありますが、共働き世帯数が専業主婦世帯数よりも多いという現状において、子育て家庭では家事や育児を中心に担っているのは誰になるのでしょうか。図表8-3は、仕事をしている人の「仕事のある日」の「家事時間」「育児時間」を示したものです。女性の場合、単独世帯なのか、夫婦のみの世帯なのか、夫婦と子ども（末子が就学前）のいる世帯なのかによって「家事時間」は大きく異なります。男性の場合は、単独世帯なのか夫婦と子ども世帯なのかといった家族類型により「家事時間」が変わらないという傾向があります。単独世帯では男女の差はほとんどありませんが、夫婦のみ世帯になると女性の「家事時間」は男性の2倍以上になります。

夫婦と子ども（末子が就学前）のいる世帯の「育児時間」を見ると、女性は男性の2.1倍程度になります。「仕事のない日」は、女性が男性の1.2〜1.3倍程度で、「仕事のある日」と比べると男女の差が縮まる傾向にあります（図表8-4）。共働き世帯は増加したといっても、妻がパートの共働き世帯の増加によるものです。家庭において家事や育児を担っているのは主に女性であるという傾向は変わらず、もっぱら家事や育児は女性の責任であり続けています。

3　「夫は外で働き、妻は家庭を守るべき」、今は

なぜ、男性の家事や育児への参加は進まないのでしょうか。家事や育児を担う中心が女性であり続けているのでしょうか。

「夫は外で働き、妻は家庭を守るべき」という性別役割分担についての意識を見てみましょう。「夫は外で働き、妻は家庭を守るべきである」に反対する者の割合（「反対」＋「どちらかといえば反対」）は、男女ともに長期

図表 8-3　1日当たりの家事等時間と仕事時間（有業者：仕事のある日）

■仕事等時間（学業、通勤時間含む）　■家事時間　■育児時間　■介護時間　■その他

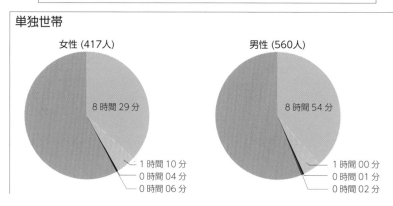

単独世帯

女性（417人）
8時間29分
1時間10分
0時間04分
0時間06分

男性（560人）
8時間54分
1時間00分
0時間01分
0時間02分

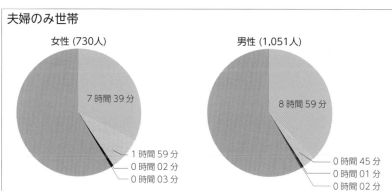

夫婦のみ世帯

女性（730人）
7時間39分
1時間59分
0時間02分
0時間03分

男性（1,051人）
8時間59分
0時間45分
0時間01分
0時間02分

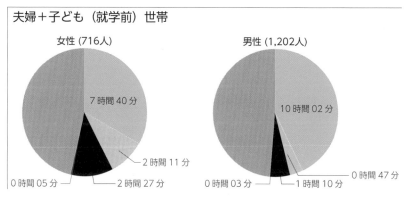

夫婦＋子ども（就学前）世帯

女性（716人）
7時間40分
2時間11分
0時間05分
2時間27分

男性（1,202人）
10時間02分
0時間47分
0時間03分
1時間10分

注：1）「家事等と仕事のバランスに関する調査」（令和元年度内閣府委託調査）株式会社リベルタス・コンサルティングより作成。
　　2）それぞれの用語の定義は以下のとおり。
　　　「家事時間」：食事の準備・後片付け、掃除、洗濯、衣類・日用品の整理片付けなどの家事に使う時間
　　　「育児時間」：乳幼児の世話、子どもの付き添い、子どもの勉強や遊びの相手、乳幼児の送迎、保護者会活動に参加などの育児に使う時間
　　　「介護時間」：家族や親族に対する日常生活における入浴・トイレ・移動・食事の手助けなどの介護に使う時間
　　3）「子ども」は末子の年齢により区分した。
出典：内閣府男女共同参画局調査課「『家事・育児・介護』と『仕事』のバランス ── 個人は、家庭は、社会はどう向き合っていくか：令和2年版男女共同参画白書から」『共同参画』137号、2020年をもとに作成
https://www.gender.go.jp/public/kyodosankaku/2020/202009/pdf/202009.pdf（2021年11月18日確認）

図表 8-4　1日当たりの家事・育児・介護時間と仕事等時間
(有業者：仕事のない日)

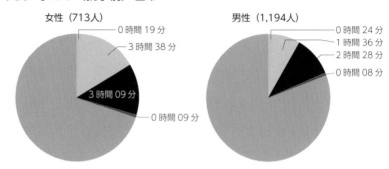

| ■仕事等時間（学業、通勤時間含む）　■家事時間　■育児時間　■介護時間　■その他 |

夫婦+子ども（就学前）世帯

女性（713人）
- 0 時間 19 分
- 3 時間 38 分
- 3 時間 09 分
- 0 時間 09 分

男性（1,194人）
- 0 時間 24 分
- 1 時間 36 分
- 2 時間 28 分
- 0 時間 08 分

出典：「家事等と仕事のバランスに関する調査」（令和元年度内閣府委託調査）株式会社リベルタス・コンサルティング『共同参画』137号、2020年

図表 8-5　男女別の「夫は外で働き、妻は家庭を守るべきである」という考え方に関する意識の変化

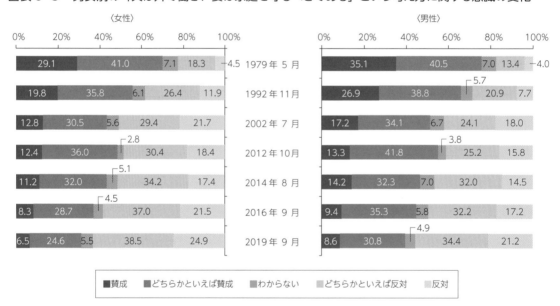

〈女性〉

年月	賛成	どちらかといえば賛成	わからない	どちらかといえば反対	反対
1979 年 5 月	29.1	41.0	7.1	18.3	4.5
1992 年 11 月	19.8	35.8	6.1	26.4	11.9
2002 年 7 月	12.8	30.5	5.6	29.4	21.7
2012 年 10 月	12.4	36.0	2.8	30.4	18.4
2014 年 8 月	11.2	32.0	5.1	34.2	17.4
2016 年 9 月	8.3	28.7	4.5	37.0	21.5
2019 年 9 月	6.5	24.6	5.5	38.5	24.9

〈男性〉

年月	賛成	どちらかといえば賛成	わからない	どちらかといえば反対	反対
1979 年 5 月	35.1	40.5	7.0	13.4	4.0
1992 年 11 月	26.9	38.8	5.7	20.9	7.7
2002 年 7 月	17.2	34.1	6.7	24.1	18.0
2012 年 10 月	13.3	41.8	3.8	25.2	15.8
2014 年 8 月	14.2	32.3	7.0	32.0	14.5
2016 年 9 月	9.4	35.3	5.8	32.2	17.2
2019 年 9 月	8.6	30.8	4.9	34.4	21.2

| ■賛成　■どちらかといえば賛成　■わからない　■どちらかといえば反対　□反対 |

注：1）総理府「婦人に関する世論調査」（1979年）及び「男女平等に関する世論調査」（1992年）、内閣府「男女共同参画社会に関する世論調査」（2002年、2012年、2016年、2019年）及び「女性の活躍推進に関する世論調査」（2014年）より作成。
　　2）2014年以前の調査は20歳以上の者が対象。2016年及び2019年の調査は、18歳以上の者が対象。
出典：図表 8-1 と同じ

的に増加傾向にあります。2019年の調査では、反対する者の割合が女性で63.4％、男性で55.6％となっています（図表8-5）。

　「夫は外で働き、妻は家庭を守るべきである」という考えに反対する者の割合は賛成の割合を上回り、増加しています。ただし、主に20歳から60歳までの世代の夫婦で見た場合、仕事をする妻は増えましたが短時間勤務の場合が多く、妻が仕事をする分、夫が仕事を減らしているわけではありません。夫も妻も「外で働く」ようになりましたが、働く時間は夫の方が

図表 8-6　年齢別就業時間が週60時間以上の男性就業者の割合

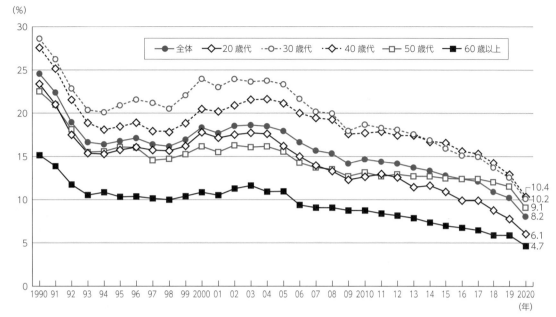

注： 1 ）数値は、非農林業就業者（休業者を除く）総数に占める割合。
　　 2 ）2011年の値は、岩手県、宮城県及び福島県を除く全国結果。
資料：総務省「労働力調査」をもとに作成。
出典：内閣府『令和 3 年版 少子化社会対策白書』2021年
https://www.8.cao.go.jp/shoushi/shoushika/whitepaper/measures/w-2021/r03pdfhonpen/r03honpen.html（2021年11月18日確認）

圧倒的に長い状態です（図表 8-6）。このことも、家事や育児がもっぱら女性の責任であるといった状況につながっています。

　子育て世代の男性の労働時間を見てみましょう。子育て世代の男性の仕事負担は重く、長時間労働になっています。週60時間以上の長時間労働をしている男性は、どの年齢層においても、2005年以降おおむね減少傾向にあります。しかしながら、子育て期にある30歳代、40歳代の男性については、2020年で、それぞれ10.2％、10.4％が週60時間以上就業しており、ほかの年齢層に比べ高い水準となっています（図表 8-6）。また、就業時間が週49時間以上の男性就業者の割合を見ると、27.3％（2019年）となっており、他国と比較して高い割合となっています（図表 8-7）。

　「夫は外で働き、妻は家庭を守るべき」といった意識が中心的な考えではありませんが、実際の行動としては、夫が稼得役割の多くを担い、妻が家庭を守る役割という分担は大きく変わっていません。

4　少子化対策と男性の育児参加

　日本における少子化対策は「1.57ショック*」をきっかけに本格化しました。さらに父親の育児や子育てへの参加を奨励することも、少子化対策の一環として行われてきました。1992年に施行された「育児・介護休業法」では、はじめて男性も育児休業の取得が可能になり「女性差別撤廃条約」（1979年）と国連の国際労働機構（ILO）第156号条約（家族的責任

8コマ目 子育てを取り巻く社会的状況

重要語句

1.57ショック

→1989年の合計特殊出生率が戦後の最低記録（1966年の1.58）を下回る1.57を記録したことを、マスメディアが一斉に報道したことにより、社会問題となった。

プラスワン

育児・介護休業法

正式名称は「育児休業、介護休業等育児又は家族介護を行う労働者の福祉に関する法律」である。

図表 8-7　男性就業者の長時間労働の割合（国際比較）

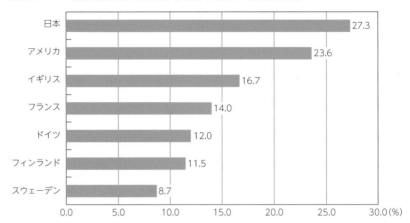

注：1）ここでいう長時間とは、ILOSTAT の労働時間別就業者統計において、本表掲載国に共通する最長の区分である週 49 時間以上を指す。原則、全産業、就業者（パートタイムを含む）が対象。
　　2）いずれの国も 2018 年のデータである。
　　3）アメリカは 16 歳以上が対象。
　　4）イギリス、フランス、ドイツ、フィンランド、スウェーデンは、フルタイム及びパートタイム労働者が対象。
資料：労働政策研究・研修機構「データブック国際労働比較 2019」（2019 年）をもとに作成。
出典：図表 8-6 と同じ

図表 8-8　育児休業取得率の推移

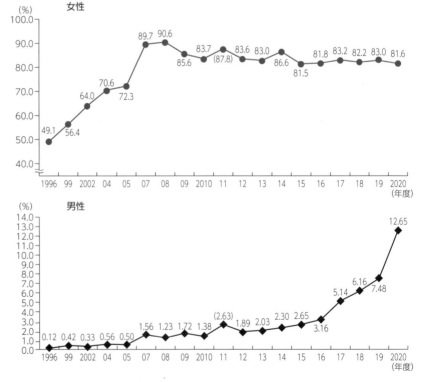

注：2011 年度の（　）内の割合は、岩手県、宮城県及び福島県を除く全国の結果。
出典：厚生労働省「令和 2 年度　雇用均等基本調査」2021 年
https://www.mhlw.go.jp/toukei/list/dl/71-r02/07.pdf（2021 年 11 月 18 日確認）

図表8-9　男女別・取得期間別の育児休業後復職者割合

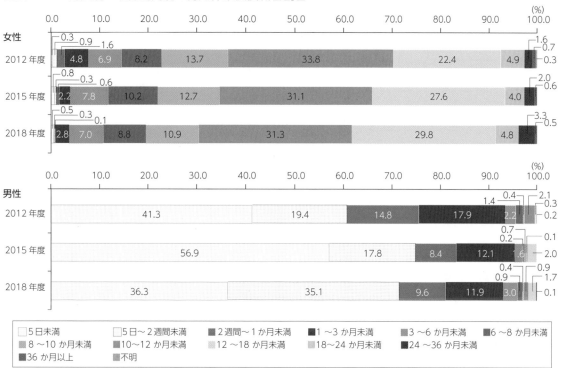

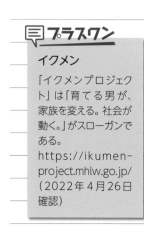

出典：厚生労働省「平成30年度　雇用均等基本調査」2019年をもとに作成
https://www.mhlw.go.jp/toukei/list/dl/71-30r/07.pdf（2021年11月18日確認）

を有する労働者条約）にある「家族的責任を男女がともに担う」という考え方を雇用の場で具体化することが可能になりました。法制化により男性の育児休業取得が出生率を高めることが大いに期待されたのです。その後、2007年には「ワーク・ライフ・バランス憲章」が策定されます。これも日本政府が少子化対策として父親の子育て参加を啓発していることの一例です。

　1999年春に行われた厚生省（当時）の少子化キャンペーンは、安室奈美恵の夫であったSAMを起用して、「育児をしない男を、父とは呼ばない」という当時としてはセンセーショナルなキャッチフレーズを使い、ポスターやテレビCMでPRを展開しました。さらに2010年には「イクメン」は「新語・流行語大賞トップ10」に選ばれます。流行語大賞をとった「イクメン」という用語を利用し、厚生労働省は2010年より「イクメンプロジェクト」を実施しました。イクメンプロジェクトのサイトには、企業の人事担当者向けに、育児休業制度の詳細や企業が男性の育児参加に取り組むべき理由「イクメン企業アワード4」を受賞した企業の取り組みを紹介するページが存在し、男性社員の育児休業取得や育児参加を推進するために、企業はどのような取り組みをすればよいのかわかるようになっています。

　ここで女性と男性別に育児休業の取得率を見てみましょう。育児・介護休業法とは労働者が請求すれば育児休業や介護休業、子の看護休暇が取得

プラスワン

イクメン

「イクメンプロジェクト」は「育てる男が、家族を変える。社会が動く。」がスローガンである。
https://ikumen-project.mhlw.go.jp/（2022年4月26日確認）

図表 8-10　パパ・ママ育休プラス

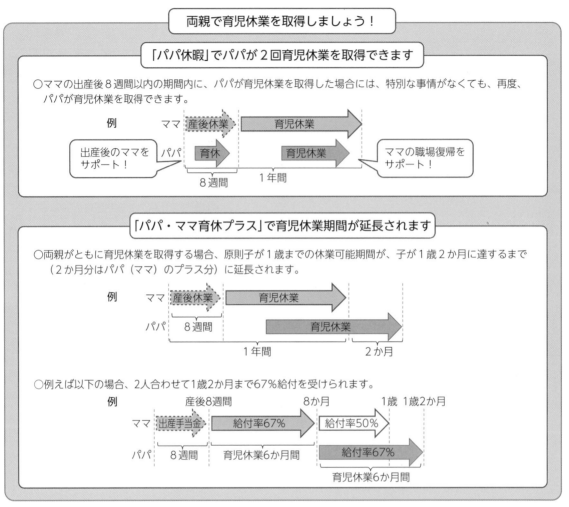

出典：厚生労働省「パパ・ママ育休プラス」
https://www.mhlw.go.jp/file/06-Seisakujouhou-11900000-Koyoukintoujidoukateikyoku/0000169713.pdf (2021年11月18日確認)

でき、事業主には育児休業の付与、労働時間の短縮などの対応が求められるものです。これまで、1日の所定労働時間が4時間以下の労働者は休暇を取得できませんでしたが、すべての労働者が取得できるようになりました。育児休業の取得率の推移は、図表8-8のとおりです。男性の育児休業の取得率は長く低い状況が続きました。2020年度の女性労働者の取得率は81.6%です。男性の取得率は12.65%と、上昇傾向にはありますが、女性に比べると低い水準です。

　また、復職した女性と男性の育児休業期間にも目を向けると、2017年4月1日から2018年3月31日までの1年間に育児休業をとった女性の育児休業期間は、「10か月～12か月未満」が31.3%と最も高く、次いで「12か月から18か月未満」が29.8%となっています。一方、男性は「5日未満」が36.3%と最も高く、2週間未満が7割を超えています（図表8-9）。

図表 8-11　育児休暇取得促進のために必要なこと

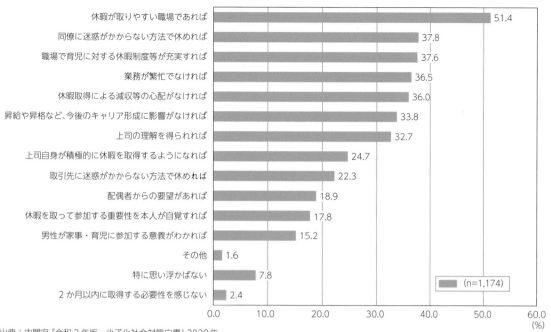

出典：内閣府『令和2年版　少子化社会対策白書』2020年
https://www.8.cao.go.jp/shoushi/shoushika/whitepaper/measures/w-2020/r02pdfhonpen/r02honpen.html（2021年11月18日確認）

図表 8-12　育児休暇取得のきっかけ

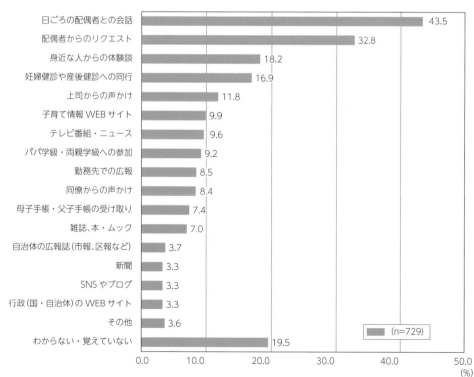

出典：図表8-11と同じ

育児・介護休業法は、これまでも数回の改正が行われ、専業主婦をもつ夫が育児休業を取得できるようになったり、パパ休暇やパパ・ママ育休プラスといった制度の拡充がなされています（図表8-10）。2021年6月の改正「育児・介護休業法」ではさらに出生時育休制度が加わりました（2022年10月から実施予定）。産後パパ育休とも呼ばれ、子どもの誕生直後8週間以内に、父親が育児休業を最大4週間を2回に分けて取得することができる制度です。

5　男性の育児休暇取得を後押しするもの

なかなか取得率が上がらない男性の育児休業ですが、どのようにしたら取得率が高まるのでしょうか。配偶者出産休暇制度に加え、男性の育児休暇取得を促進する勤務先の取り組みや、男性の家事・育児に理解のある上司がいるなど条件がそろっている職場では休暇の取得率が高くなります。逆に、制度はあるものの、勤務先での取り組みや上司の理解がない職場、制度そのものがない職場では取得率が低くなります。

また、休暇取得促進のために何が必要かと聞いたところ、約5割が「休暇が取りやすい職場であれば」と回答しています。職場環境の整備の重要性が示唆されました（図表8-11）。

休暇取得のきっかけは「日ごろの配偶者との会話」「配偶者からのリクエスト」などが多く、配偶者とのコミュニケーションも休暇取得の重要な要素となっていることがわかります（図表8-12）。

2　子育てと保育

1　増していく保育需要

子育て世帯にとっては、安心して働ける環境を整備することと同時に、保育施設が充実することも重要な施策です。子育て世代の女性の就業率の上昇にともない、保育需要も増しています。図表8-13は、就学前の子どもの保育所等利用率の推移を示しています。2020年4月1日現在の利用率は47.7%、なかでも1、2歳児は50.4%と上昇を続けています。

現在、子ども・子育て支援新制度*のもとで、子どもの保育・教育を行う施設整備や事業展開がなされています（図表8-14）。もともと、子ども・子育て支援新制度の下では、幼保連携型認定こども園に多くの保育所や幼稚園が移行することで、0歳から就学前の子どもの一貫した育ちの場が確保されることが期待されていました。しかし、実際には、制度の運用における制度設計がそれを進めるような内容で実施されなかったため、従来の保育所（厚生労働省）、幼稚園（文部科学省）がそのまま残り、新たに幼保連携型認定こども園（内閣府）を加えた三元化になっています。さらに3つの施設型事業だけでなく、現在の制度には、地域型保育事業や企業主導型保育事業等の複雑な保育事業が同時に存在しています。保育を必要とし

プラスワン

育児に活用できるその他の休暇制度

年次有給休暇以外に、特定の事情に対して付与される有給休暇や休暇を定めている企業もある。配偶者の出産の際に病院の入院、退院、出産などの付き添いなどのために男性労働者に与えられる配偶者出産休暇など。

保育所等利用率

就学前の子どもの人口に占める保育所等の施設・事業を利用する子どもの割合。2015年度の調査から従来の保育所に加え、各種認定こども園、特定地域型保育事業所が含まれている。

重要語句

子ども・子育て支援新制度

→子ども・子育て支援新制度とは、2012年8月に成立した「子ども・子育て支援法」「認定こども園法の一部改正」「子ども・子育て支援法及び認定こども園法の一部改正法の施行に伴う関係法律の整備等に関する法律」の子ども・子育て関連3法に基づく。

図表 8-13　保育所等待機児童数および保育所等利用率の推移

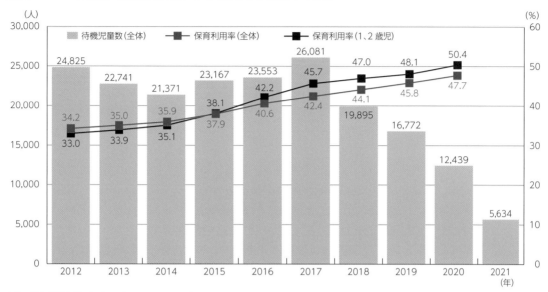

出典：厚生労働省「保育所等関連状況取りまとめ（令和3年4月1日）」2021年をもとに作成
https://www.mhlw.go.jp/content/11922000/000821949.pdf（2021年11月18日確認）

図表 8-14　子ども・子育て支援新制度の概要

市町村主体			国主体
子どものための教育・保育給付	**子育てのための施設等利用給付**	**地域子ども・子育て支援事業**	**仕事・子育て両立支援事業**
認定こども園・幼稚園・保育所・小規模保育等に係る共通の財政支援	新制度の対象とならない幼稚園、認可外保育施設、預かり保育等の利用に係る支援	地域の実情に応じた子育て支援	仕事と子育ての両立支援

子どものための教育・保育給付

認定こども園・幼稚園・保育所・小規模保育等に係る共通の財政支援

【施設型給付費】

認定こども園 0～5歳
幼保連携型
※幼保連携型については、認可・指導監督の一本化、学校及び児童福祉施設としての法的位置づけを与える等、制度改善を実施

幼稚園型	保育所型	地方裁量型

幼稚園 3～5歳	保育所 0～5歳

※私立保育所については、児童福祉法第24条により市町村が保育の実施義務を担うことに基づく措置として、委託費を支弁

【地域型保育給付費】
小規模保育、家庭的保育、居宅訪問型保育、事業所内保育

子育てのための施設等利用給付

新制度の対象とならない幼稚園、認可外保育施設、預かり保育等の利用に係る支援

【施設等利用費】

新制度の対象とならない幼稚園

特別支援学校

預かり保育事業

認可外保育施設等
・認可外保育施設
・一時預かり事業
・病児保育事業
・子育て援助活動支援事業（ファミリー・サポート・センター事業）

※認定こども園（国立・公立大学法人立）も対象

地域子ども・子育て支援事業

地域の実情に応じた子育て支援

・利用者支援事業
・地域子育て支援拠点事業
・一時預かり事業
・乳児家庭全戸訪問事業
・養育支援訪問事業等
・子育て短期支援事業
・子育て援助活動支援事業（ファミリー・サポート・センター事業）

・延長保育事業
・病児保育事業
・放課後児童クラブ

・妊婦健診
・実費徴収に係る補足給付を行う事業
・多様な事業者の参入促進・能力活用事業

仕事・子育て両立支援事業

仕事と子育ての両立支援

・企業主導型保育事業
⇒事業所内保育を主軸とした企業主導型の多様な就労形態に対応した保育サービスの拡大を支援（整備費、運営費の助成）

・企業主導型ベビーシッター利用者支援事業
⇒繁忙期の残業や夜勤等の多様な働き方をしている労働者が、低廉な価格でベビーシッター派遣サービスを利用できるよう支援

出典：図表8-6と同じ

ている子どもの受け皿は、従来からの認可保育所に加え、各種認定こども園や小規模保育事業などの地域型保育事業などと多様化しています。利用者が理解することの難しさだけでなく、保育者自身の職業意識や就労観にも大きな違いが現れることが予想されます。

2 待機児童の現状

　待機児童の問題について見ていきましょう。2021年4月1日現在の待機児童数は5,634人です（図表8-13）。年齢別に見ると0歳児が476人、1・2歳児は4,459人、3歳以上児は699人となっています。低年齢児（0～2歳）が全体の87.6％を占め、特に1・2歳児の割合は79.1％と依然として高いままです。

　全体的に見ると待機児童数は減少傾向にありますが、いわゆる認可保育所に入れなかったにもかかわらず待機児童と認定されない「隠れ（潜在的な）待機児童」の問題もあります。隠れ待機児童の数を見ていくと、保護者の実感や実態に見合った数としては、もっと多くの子どもが認可保育施設を利用できずにいる現実があるといえます。厚生労働省は、2017年4月の待機児童調査に当たり、待機児童の定義を示す「保育所等利用待機児童数調査要領」を変更し、現在もそれを踏襲しています。ここでは待機児童数や申込児童数についても新たな定義を示しています（図表8-15）。

　「児童福祉法」では、保育を必要とする子どもは保育所や認定こども園など認可基準を満たした施設において保育されることが基本となっています。これを踏まえるならば、待機児童とは認可保育施設に入所できなかった子どものことであり、その数でカウントすべきです。保護者の実感や実態に見合った数となるよう、待機児童の定義の再検討が必要です。

図表8-15　待機児童数、申込児童数の定義

申込児童数に含めないもの	①いわゆる"入所保留"（一定期間入所待機のままの状態であるもの）だが、利用希望がない場合 ②現在保育所を利用していて転園を希望している者 ③産休・育休明けの利用予約者
待機児童数に含めないもの	④ ・認可化移行運営費支援事業を受けている認可外保育施設を利用 ・幼稚園の一時預かり事業、預かり保育を利用 ・企業主導型保育事業を利用
待機児童数から除くもの	⑤育児休業中の保護者（復職意思が確認できない場合） ⑥他に利用可能な施設（開所時間が需要にこたえている、自宅から20～30分未満で登園可能な施設がある等）があるにもかかわらず特定の保育所等を希望している場合 ⑦地方公共団体における単独保育事業の保育施設を利用 ⑧求職活動を休止している場合
待機児童に含めるもの	⑨広域利用の希望があるが利用できない場合は、居住する市町村で待機児童に含める

3　子ども・子育て支援新制度の課題とは

　図表 8-14 で概要を見るとわかるとおり、保育所・幼稚園・認定こども園の一元化を目指すはずだった子ども・子育て支援新制度は、実質は「三元化」ともいわれ、そこに地域型保育事業など多様な保育・子育て支援事業もあるという複雑な状況になっています。さらにそれが、地方公共団体における関係機関や民間団体などの多様な担い手によって、複数の場所で実施されています。

　保育所・幼稚園・認定こども園の利用を決定するのは保護者であるため、保護者と事業提供者との間に契約や取り決めが必要であり、この制度を運用するうえで、法律や規制などの関与は必須です。しかし、最も重要なのは、「子どもの育ちを大切に考える」という根本の姿勢です。

　保育・幼児教育を受ける最終的な対象者は子どもです。改正「児童福祉法」に明記された「子どもの最善の利益」を考慮することが、保育・幼児教育におけるすべての子どもへの対応の基本とならなければなりません。「児童の権利に関する条約」の主旨を踏まえて、より子どもの権利擁護の視点で養育環境を確保することが大切です。

　しかし、現在の子ども・子育て支援新制度については、いくつかの問題点が指摘されています。たとえば、地域型保育事業では保育士資格の位置づけがゆるく、無資格でも研修を受講することによって保育士と同様の仕事ができるとされている事業や、保育者の半分は無資格でも可能であるものがあります。また、給食が外部からの搬入でもよいと認められるなど、認可保育所に比べて低い基準となっています。

　さらに、家庭的保育事業や小規模保育事業の場合、3 歳になれば原則退園して、新たな入園先を探さなければなりません。3 歳児の受け入れ先として入園を引き受けるという役割を担うのが、連携施設です。連携施設の確保は急増している小規模保育事業をはじめとする地域型保育の重要な課題といえます。

　もちろん、家庭的保育事業や小規模保育事業のよさも指摘されていますが、どの施設においても、保育が保障されるよう、設備・運営の基準は認可保育所と同等にすべきです。配置基準上の保育者はすべて保育士資格者であること、給食は自園調理とするなど、保育環境の改善が求められます。

4　こども家庭庁構想

　各省庁に分かれている子ども関連の施策を一元的に所管する「こども家庭庁」の創設に向けた議論が 2021 年においてにわかに活発化しました。2021 年 12 月 21 日に「こども政策の新たな推進体制に関する基本方針について」が閣議決定されました。この基本方針では常に子どもの最善の利益を第一に考え、子どもに関する取り組み・政策をわが国の社会の真ん中に据えて、子どもの視点で、子どもを取り巻くあらゆる環境を視野に入れ、子どもの権利を保障し、子どもを誰一人取り残さず、健やかな成長を社会全体で後押しする。そうした「こどもまんなか社会」を目指すための新たな司令塔として、こども家庭庁を創設すると述べられています（図表 8-16）。

図表 8-16　こども家庭庁の創設について（イメージ）

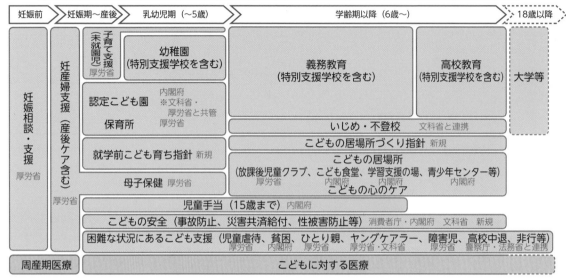

出典：内閣官房「こども政策の新たな推進体制に関する基本方針（概要）」
https://www.cas.go.jp/jp/seisaku/kodomo_seisaku/pdf/kihon_housin_gaiyou.pdf（2022年7月4日確認）

　こども家庭庁の創設により、子どもと家庭の福祉・保健その他の支援、子どもの権利利益の擁護を一元化することが示されています。保育・幼児教育に関係するところとしては、就学前のすべての子どもの育ちを担い、幼稚園、保育所、認定こども園、家庭、地域を含めた就学前の子どもの育ちに係る基本的な指針（仮称）を新たに閣議決定し、これに基づいて推進すると述べられています。

　子どもに関連する施策等については、現在、文部科学省、厚生労働省等に所管が分かれているので、それらを統合して不整合を是正するのは重要な政策判断といえます。乳幼児期の制度・政策については、課題である幼保一元化をどのように進めることになるのか、その際にこれまでの規制緩和推進によって生じているさまざまな格差を引き上げる方向での統一ができるかが問われています。

おさらいテスト

❶ 共働き世帯は増加しても、家庭において家事や育児を担っているのは［　　］である。

❷ 男性の育休取得率は2020年度は［　　］％と、上昇傾向にはあるが、女性に比べると低水準となっている。

❸ 「［　　］」が子どもの保育・幼児教育におけるすべての対応の基本とならなくてはならない。

演習課題

育児休業制度について調べよう

スウェーデン、ノルウェー、フランス、ドイツ、イギリス、アメリカ、韓国といった諸外国の育児休業制度や仕事と育児の両立支援にかかる政策について調べてみましょう。

ライフコースと仕事・子育て

今日のポイント

1. 第1子出産後も53.1％の女性が就業を継続している。
2. 一方で、第1子出産を機に離職する女性の割合はなお46.9％である。
3. 男女共同参画には、ワーク・ライフ・バランスの視点が大切である。

プラスワン

専業主婦

日本では、明治期に初めて家事に専念する専業主婦が生まれたといわれている。明治20年代には、内村鑑三などの啓蒙思想家が「家族団らん」に象徴される夫婦相互の敬愛に基づく西洋のホーム（home）という考え方と、その中心となる「主婦」という言葉を日本に紹介したが、まだこの段階では専業主婦はごく少数の存在であった。大正期になると、都市部を中心に誕生した「新中間層」と呼ばれるホワイトカラーのサラリーマンが、夫婦と少数の子どもからなる核家族を形成し、夫は職場に通い、妻は「主婦」として家庭で家事と子育てに専念するという性別役割分業を体現した。戦後の日本では「民法」のもと、男女平等な社会が目指される一方で、十分な労働人口を背景に（男は仕事、女は家庭という）性別役割分業が合理的とみなされていた。

1 女性と仕事

「働く女性が増えた」とよくいわれます。まずこれが適切な表現であるかを確認しましょう。15歳以上の人口のうち労働力とみなされる比率を示す労働力率は、第2次世界大戦後に労働統計がとられるようになりましたが、女性の労働力率は、1975年まで下がり続けていました。

すなわち、農業をはじめとする自営業において主に家族従事者として働いていた女性たちが、農業人口の縮小にともなって減り続けました。他方、雇われて働くという雇用者は増え続けましたが、減少が増加を上回り、女性の労働力率全体としてはマイナスになっていました。女性の労働力率が最も低かったのが、1975年の45.7％で、専業主婦が一般化していました。その後やや増加傾向が続き、90年の統計で50％を超えました（図表9-1）。

大森（2014）は、「『働く女性が増えた』というよりも、働き方が変わり、雇用者として働く女性が増えたにもかかわらず、性別格差が顕著であったという事実を踏まえて「男女雇用機会均等法」が必要とされたことを前史として確認しておく必要がある」と指摘しています。

男性も雇用労働への転換が進みましたが、女性雇用者は、高度経済成長期の当初、軽工業を中心に製造過程に吸収され、その後事務職が増えました。そして、1980年代以降には、サービス業の拡大に応じて商業やサービス業に数多く従事するようになり、女性雇用者が増え続けました。

1986年に「男女雇用機会均等法」が施行されて以降の時期については、景気拡大のもとでの労働力不足ともう一つの要因としての90年代後半から労働力が減少に転じるという人口の将来予測に基づき、女性労働者への期待や関心が高まりました。

厚生労働省がおよそ5年ごとに実施している「出生動向基本調査」（2015年）では、結婚退職や出産による退職が減少し、第1子出産後も

図表 9-1　わが国の就業率の推移

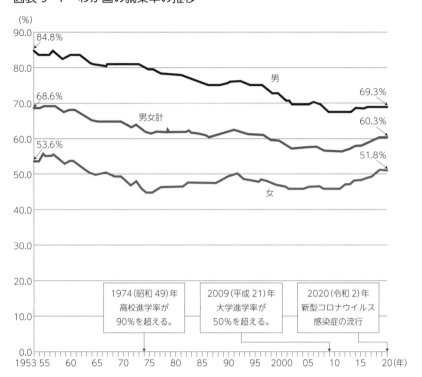

出典：全国保育士養成協議会『ひと目でわかる保育者のための子ども家庭福祉データブック2022』中央法規出版、2021年をもとに作成

プラスワン

男女雇用機会均等法（1986年施行）

「男女雇用機会均等法」では、募集・採用、配置・昇進などの雇用管理の各ステージにおける性別を理由とする差別の禁止や婚姻、妊娠・出産等を理由とする不利益取扱いの禁止等が定められている。また、上司・同僚からの職場におけるセクシュアルハラスメント、妊娠・出産等に関するハラスメント防止対策の措置を講じることが事業主に義務づけられている。

9コマ目　ライフコースと仕事・子育て

プラスワン

男性の正規雇用比率

男性の正規雇用比率は、1990年代半ばまで90％台を維持し、非正規雇用率が10％を超えたのは1997年である。女性の非正規雇用比率は1985年の時点で30％を超えている。数値は総務省「労働力特別調査（詳細集計）」による。

学校教育における男女の学習内容

学校教育においても、1970年代までは家庭科、技術・家庭科における男女の学習内容の差別化がなされていたが、1993年に中学校、1994年に高等学校で男女共修が実現した。

53.1％の女性が就業を継続しています。ただし、「男女雇用機会均等法」制定後に女性の就業として増加したのは非正規雇用です。近年では、男性の非正規雇用の増加も指摘されています。雇用労働者における非正規雇用労働者の割合を男女別に見てみましょう。2019年における非正規雇用労働者の割合は、女性は56.0％，男性は22.9％です。男性は「パート・アルバイト」に次いで「契約社員」「嘱託」が比較的多く、女性は「パート・アルバイト」が多くなっています（図表 9-2、9-3）。しかし雇用形態が多様化しているのは、性別で見ると圧倒的に女性側です。

　たとえば、育児や介護のためにパートや派遣などを選択する女性は多くいますが、非正規雇用は正規雇用に比べて、賃金や処遇、経験する業務の幅、将来の退職金や年金などに大きな格差が存在します。また、非正規雇用労働者のなかには補助的な業務ではなく、職場において基幹的な役割を果たす者も存在します。しかし、待遇が必ずしもその働きや貢献に見合ったものになっていない場合もあります。性別・雇用形態にかかわらず、働きや貢献に見合った公正な待遇を確保することが課題となっています。

　一方で、性別役割に対する価値観はゆるやかに変化しているといえます。1980年4月以降に生まれた世代は、男女共通必修の家庭科を学んだ（共修）世代といえます。共修世代の約8割は、「家事は『分担』ではなく、『シェア（共有）』するもの」と考えていることが報告されています（花王、2015）。

図表 9-2　非正規雇用労働者数の推移

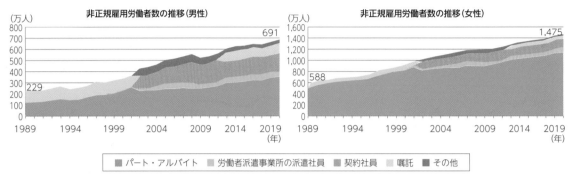

出典：厚生労働省『厚生労働白書　令和2年版』2020年

💬 **プラスワン**

家事の意識・実態に関するインターネット調査

花王は、2015年に家庭科共修世代（25～34歳）、別修世代（40～59歳）の既婚男性800名を対象に、家事の意識・実態に関するインターネット調査を実施した。家庭科共修世代の既婚男性は、「家事をするのは家族の一員として当たり前」という意識で家事実施率が高く、別修世代の意識・実態とは差が出る結果となった。

図表 9-3　非正規雇用労働者の割合の推移

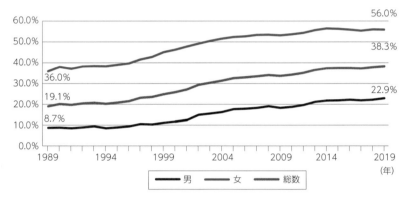

出典：図表 9-2 と同じ

　少子高齢化が進み、労働力人口が確実に減少するなか、労働力として女性が働くことはこれからも求められていくでしょう。女性だけではなく男女を含めて働き方や子育て支援といった社会的基盤をどのような方向で整えるべきか、引き続き模索することが必要といえます。

2　女性のライフコースと就業状況

　「ライフコース」とは、どのような考え方なのでしょうか。ライフコース研究は、1960年代に、当時主流だったライフサイクル研究から展開してアメリカで登場しました。ライフサイクル研究とは、夫婦や家族がたどる標準的な道筋を想定し、それぞれのライフステージでの課題などを観察し、説明するものです。たとえば「結婚→子どもの誕生→子どもの発達→巣立ち→夫婦の死別」といった道筋です。ライフサイクル研究は、この道筋を同時代の多くの家族、さらに子ども世代がたどること（サイクル）を前提としていました。

しかし、子どもをもたない夫婦、離婚する夫婦、再婚する夫婦など、現実の家族は多様な道筋をたどります。ライフコース研究は、この現実を観察する枠組みとして登場しました。つまり夫婦や家族単位ではなく、家族の個々人の生涯にわたる発達過程に注目し、個人のライフコースの束として、家族過程をとらえようとするものです。

ライフコース研究の第一人者であるエルダーによると、「ライフコースとは、個人が時間の経過のなかで演じる社会的に定義された出来事や役割の配列 (sequence) のことである」とされます。つまり、ライフコースとは、「個人が生涯にわたって演じる役割の経歴・道筋」です。

ライフサイクル研究からライフコース研究に変化してきたことにより、人にはいろいろな人生があること、人生とは選択できるものであることが確認されるようになりました。

では、女性のライフコースに対する意識を見てみましょう。近年の女性のライフコースは、図表 9-4 のライフコースの説明のように分類されるのが一般的です。国立社会保障・人口問題研究所が実施している「出生動向基本調査」では、1987年から、女性がみずからの結婚、出産、子育てと就業との関係について、理想ライフコースと実際になりそうだと考えるライフコース（予定ライフコース）を尋ねています。また男性には、パートナーとなる女性に望むライフコースをたずねています。

1987～92年頃における女性の予定ライフコースは、「再就職」「専業主婦」の順に多いものでした。しかし、その後「専業主婦」が大きく減少し、「再就職」も90年代後半から減少するなかで、「両立」「非婚就業」が増加した結果、「その他・不詳」を除くと2015年には「再就職」「両立」「非婚就業」「専業主婦」の順になっています。この傾向は、男性がパートナーに期待するライフコースにおいても「非婚就業」を除き同様となっています。

今の女性にとっては、「結婚して、家庭の主婦」というライフコースが、唯一の選択肢ではありません。かつては、個人は家族のなかでしか暮らしが成り立ちませんでした。そのような状況においては、家族のほかの成員のライフコースが個人に与える影響は大変大きいものでした。現代では、個人は必ずしも家族とともに暮らさなくても生活していくことができます。一人暮らしであっても、生活に大きく不便さはありません。家族のために個人があり、個人もまた家族のなかでしか生きられなかった時代から、家族は個人のためのものとなり、個人が一人で生きていくのか、どういう家族とともに暮らしていくのかを選択できる時代となったといえます。その結果として、家族としてではなく、個人のライフコースがより注目されるようになります。

確かに、現在の日本で人々の役割移行は、多様性を示しています。しかし、子育てをしながら働いている女性たちの多くは、仕事役割・母親役割の両方に充実感を抱けずにいます。他方、専業で子育てしている女性たちの多くは、社会からの疎外感に苦しめられています。その結果、家庭役割と仕事役割の内容が対立し、妻・夫、母親・父親たちを苦しめています。唯一の標準的なライフコースであった専業主婦までもが、「生きづらさ」を

エルダー
(Elder, G. H. Jr.)
1934年～
アメリカの社会学者・心理学者。大恐慌と第二次世界大戦の困難な時期による影響を受けた子どもと成人の縦断研究を通してのライフコース理論と方法の開発において先駆的な人物である。

9 コマ目　ライフコースと仕事・子育て

ともなう状況になっています。

　個人のライフコースが家族のライフコースに埋没していた時代からは大

図表 9-4　女性の理想ライフコース・女性の予定ライフコース・男性がパートナーに望むライフコース（調査別）

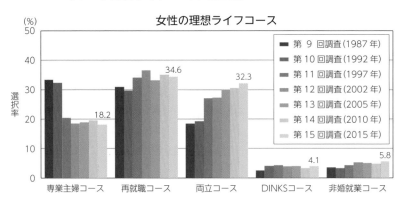

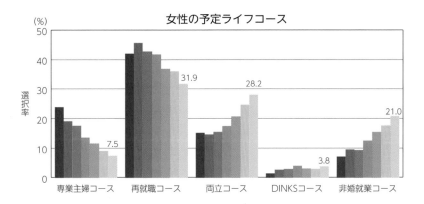

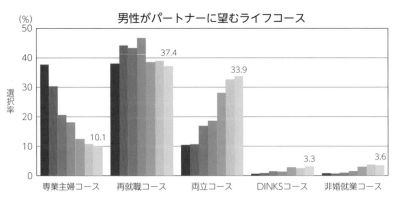

注：専業主婦コース：結婚し子どもをもち、結婚あるいは出産の機会に退職し、その後は仕事をもたない
　　再就職コース：結婚し子どもをもつが、結婚あるいは出産の機会にいったん退職し、子育て後に再び
　　仕事をもつ
　　両立コース：結婚し子どもをもつが、仕事も一生続ける
　　DINKSコース：結婚するが子どもはもたず、仕事を一生続ける
　　非婚就業コース：結婚せず、仕事を一生続ける
出典：国立社会保障・人口問題研究所「第15回出生動向基本調査結果の概要」2015年をもとに作成
http://www.ipss.go.jp/ps-doukou/j/doukou15/NFS15_reportALL.pdf（2021年11月19日確認）

きく変化したかもしれません。今もなお個人のライフコースは、社会のなかで家族やまわりの人々に支えられながら、それらの人々を支えるものとなっています。

3　依然として続く女性の就業継続の難しさ

　国立社会保障・人口問題研究所が2016年に公表した「第15回出生動向基本調査（夫婦調査）」によると、第1子出産前後に女性が就業を継続する割合は上昇しており、これまでは4割前後で推移していましたが53.1％となっています。就業を継続している人の状況を見ると、育児休業制度を利用している人の割合が28.3％（第1子出産前有職者に占める割合は39.2％）と大きく上昇しています。一方、第1子出産を機に離職する女性

図表 9-5　出産前有職者にかかる第1子出産前後での就業状況

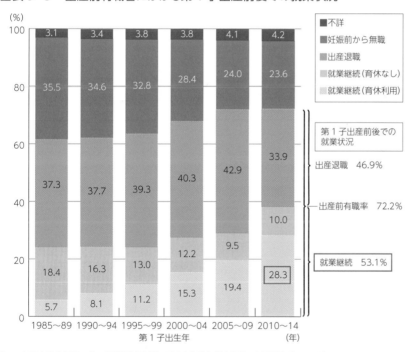

注：1）国立社会保障・人口問題研究所「第15回出生動向基本調査（夫婦調査）」（2016年）。
　　　（赤枠部分については内閣府男女共同参画局にて記入。）
　　2）第1子が1歳以上15歳未満の子をもつ初婚どうし夫婦について集計。
　　3）出産前後の就業経歴
　　　　就業継続（育休利用）―妊娠判明時就業～育児休業取得～子ども1歳時就業
　　　　就業継続（育休なし）―妊娠判明時就業～育児休業取得なし～子ども1歳時就業
　　　　出産退職―妊娠判明時就業～子ども1歳時無職
　　　　妊娠前から無職―妊娠判明時無職～子ども1歳時無職
出典：内閣府「仕事と生活の調和（ワーク・ライフ・バランス）レポート2018――社会で支える継続就業：『働きやすさ』も『働きがい』も」2019年をもとに作成
http://wwwa.cao.go.jp/wlb/government/top/hyouka/report-18/h_pdf/zentai.pdf（2021年11月19日確認）

図表 9-6　第 1 子妊娠前の従業上の地位別にみた妻の就業異動の状況（正規の職員、パート・派遣）

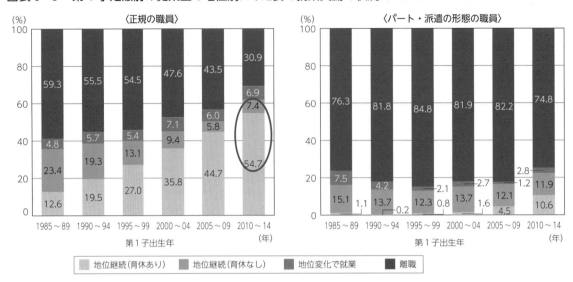

注：1）国立社会保障・人口問題研究所「第15回出生動向基本調査（夫婦調査）」（2016年）より作成。
　　2）第 1 子が 1 歳以上15歳未満の子をもつ初婚どうし夫婦について集計。
　　3）妊娠前に就業している場合、第 1 子 1 歳時の従業上の地位が同じ場合を「地位継続」、異なる地位で就業している場合を「地位変化で就業」、就業していない場合を「離職」とする。
出典：図表 9-5 と同じ

の割合は46.9％であり、就業を継続する割合は上昇しているものの、離職という道を選択する女性の割合も依然として高い状況になっています（図表 9-5）。

　次に、第 1 子出産前後の就業異動の状況について見てみると、就業を継続している人において、妊娠前に正規の職員として働いていた人は出産後も正規の職員として働き、妊娠前にパート・派遣の形態の職員として働いていた人は出産後もパート・派遣の形態の職員として継続している割合が高く、出産前後の就業形態の異動は少ないことがわかります。

　また、第 1 子妊娠前に正規の職員として働いていた人は、育児休業制度を利用して出産後も正規の職員として就業を継続する人が 6 割を超える一方で、第 1 子妊娠前にパート・派遣の形態の職員として働いていた人は、育児休業制度の利用率が低く、出産後、労働市場から離れてしまう人が大半を占めており、もともとの就業形態の差が、出産というライフイベントをまたいだ女性の就業状況に大きな影響を及ぼしていることがわかります（図表 9-6）。

 4 出産を理由とする離職と復職の状況

　総務省が2018年 7 月に公表した「平成29年就業構造基本調査」によると、過去 5 年間（2012年10月〜2017年 9 月）に出産・育児を理由に

離職した女性は、約101万1,000人に上ります。これは、同時期に離職した女性の離職者総数の9.2％を占め、この割合は多少の変動はあるものの、2007年以降も1割程度で推移しています。男性は、過去5年間（2012年10月～2017年9月）に出産・育児を理由とした離職は、同時期の男性離職者総数の0.15％にとどまっています。過去5年間に出産・育児を理由に前職を離職したが、調査時点で仕事に復帰している人の割合は、2007年時点の20.1％から2017年には29.9％に上昇しています。出産・育児を理由に一度離職しても、数年程度で再び仕事に就いている人が増えていることがわかります（図表9-7）。

　次に、実際に第1子の妊娠・出産を機に仕事を辞めた既婚女性へのアンケート調査を通じて、女性の意識面について見ていきます。第1子の妊娠・出産を機に仕事を辞めた理由としては、「子育てをしながら仕事を続けるのは大変だったから」が52.3％で最も高く、「子育てに専念したかったから」「自分の体や胎児を大事にしたいと考えたから」が続いています。本調査からは、実際に何が大変だったのか、どのようなことに負担を感じたのかという具体的な点まで分析をすることは難しいですが、仕事と子育ての両立への負担感が女性の離職の大きな理由となっていることがわかります（図表9-8）。

　ここからは、無業者の就業希望の状況についてみてみます。育児をしている女性の場合、いずれの年齢階級においても約55～68％と就業希望者の割合があるのに対し（図表9-9）、実際に求職活動をしている割合は低く20～30％台となっています。男性では、育児をしている男性は、無業者の男性全体と比べていずれの年齢においても割合が上昇しています。女性と男性で逆の傾向を示しています。なかでも10～20歳代に女性全体と育児をしている女性との差が大きく（図表9-10）、これらの年代で育児をしていることが、求職活動を行うにあたって大きな障壁になっているのではないかと推測されます。

　ちなみに、専業主婦になった女性たちは、どのような理由で再就業を希望しているのでしょうか。榊原（2015）は、「教育費や老後の資金など、将来に備えて貯金がしたいから」が7割を超えて最も多く、次いで「自分で自由に使えるお金がほしいから」が5割と、経済的理由が圧倒的に多く、経済的理由以外には、「仕事を通した社会との関わりがほしいから」と回答した人が約4割いたことを報告しています。

　専業主婦は、経済的な必要性とともに、社会との関わりを求めて高い再就業意欲をもっていますが、同時に多くの不安を抱えています。育児や家事といった家庭と両立できるのか、自分に働くための知識や技術があるのだろうか、就職・再就職活動がうまくいくかどうかなど、社会復帰への漠然とした不安などがあげられます。また、不安以前の問題として、子どもの預け先の確保の難しさもあります。たとえ保育所に入れたとしても、子どもが病気になったときにどうすればよいかなど、働くためには多くのクリアしなければならない問題が立ちはだかっています。

9コマ目　ライフコースと仕事・子育て

📑 **プラスワン**

無業者

総務省統計局が3年に1度行っている「就業構造基本調査」では、無業者の定義は以下のとおりである。
有業者……ふだん収入を得ることを目的として仕事をしており、今後も仕事をしていくことになっている者、及び仕事はもっているが、現在は休んでいる者、なお、家族従事者は、収入を得ていなくてもふだんの状態として仕事をしていれば有業者としている。
無業者……ふだん収入を得ることを目的として仕事をしていない者、すなわち、ふだんまったく仕事をしていない者及び臨時的にしか仕事をしていない者。

図表 9-7　出産・育児を理由とした離職と復職の状況

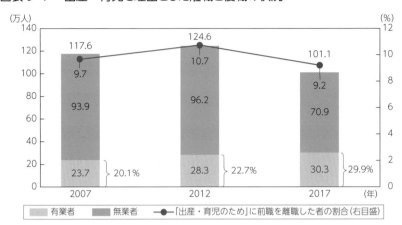

注：1）総務省「就業構造基本調査」より作成。
　　2）前職の離職理由についての選択肢は、2007年の調査では「育児のため」、2012年以降の調査では「出産・育児のため」となっている。
　　3）調査時点は、すべて調査年の10月1日。
　　4）各調査時点ともに、調査時点から遡って過去5年間に前職を辞めた者の人数及び割合。
　　5）「有業者」、「無業者」の人数は、小数点第2位で四捨五入しているため、離職者の合計人数とは必ずしも一致しない。
　　6）「出産・育児のため」に前職を離職した者の割合とは、離職者総数（女性）に占める「出産・育児のため」を理由とした離職者（女性）の割合。
出典：図表9-5と同じ

図表 9-8　第1子の妊娠・出産を機に仕事を辞めた理由

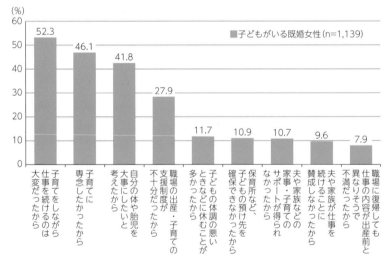

注：1）明治安田生活福祉研究所「出産・子育てに関する調査」（2018年6月）より作成。
　　2）全国の25〜44歳の男女1万2,221人を対象に、2018年3月に、WEBアンケート調査を実施。
　　3）本設問は、子どもがいる既婚女性のうち、第1子の妊娠・出産を機に仕事を辞めた女性1,139人が回答。
出典：図表9-5と同じ

図表 9-9　育児中の女性の就業を希望する者の割合

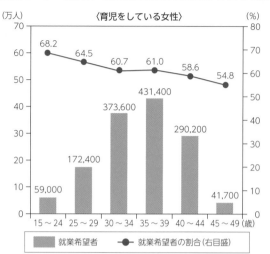

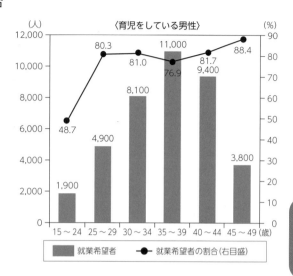

注：1）総務省「平成29年就業構造基本調査」より作成。
　　2）割合は、いずれも無業者のうち、「就業希望者＋非就業希望者」に占める「就業希望者」の割合。
　　3）「育児をしている女性」は、「子の育児をしていますか」との問に対して、「子の育児をしている」と回答をした無業者の女性。
出典：図表 9-5 と同じ

図表 9-10　女性（育児中・全体）の実際に求職活動を行っている者の割合

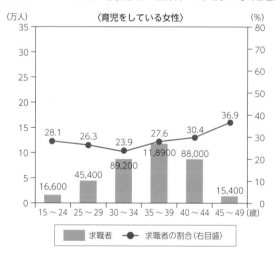

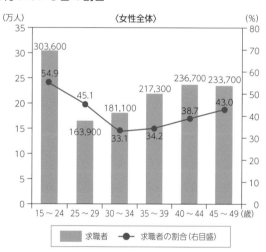

注：1）総務省「平成29年就業構造基本調査」より作成。
　　2）割合は、無業者で、就業希望者のうち、「求職者＋非求職者」に占める「求職者」の割合。
　　3）「育児をしている女性」は、「子の育児をしていますか」との問に対して、「子の育児をしている」と回答をした無業者の女性。
出典：図表 9-5 と同じ

5 ワーク・ライフ・バランスをどう考えるのか

2007年12月「仕事と生活の調和（ワーク・ライフ・バランス）憲章」（以下、憲章）「仕事と生活の調和推進のための行動指針」が策定され、男女共同参画を前提とした社会基盤の構築が目指されています。

「憲章」では、仕事と生活が調和した社会とは「国民一人ひとりがやりがいや充実感を感じながら働き、仕事上の責任を果たすとともに、家庭や地域生活などにおいても、子育て期、中高年期といった人生の各段階に応じて多様な生き方が選択・実現できる社会」と定義されています。具体的には、次のような社会を目指すべきだとされています。

就労による経済的自立が可能な社会、健康で豊かな生活のための時間が確保できる社会、多様な働き方・生き方が選択できる社会の3つです。多様な働き方と生き方が可能となる選択肢として、短時間勤務、短時間正社員制度、テレワーク、在宅就業などの導入が行動指針のポイントとして示されています。数値目標としては、就業率・労働生産性の向上、長時間労働の抑制、年次有給休暇および育児休業取得率の向上、6歳未満の子どもをもつ男性の育児・家事関連時間の増加等があげられています。

井田（2018）は、「これまで労働と家族との関係で注目されてきた『仕事と子育ての両立』は厳密には女性が仕事と子育てを両立できるかということであった」と指摘しています。男性は就業継続が当たり前であり、家庭の事情で仕事を辞める選択肢はありませんでした。しかし、共働きの増加により、仕事と家庭生活の両立は女性だけが奮闘すれば何とかなるものではなくなっています。さらに晩婚化・未婚化の進行により、未婚の息子が親の介護で離職するケースが生じるようになってきました。このことは、仕事と家庭生活との両立が男性にとっても他人事ではない社会問題であることを示唆しています。

ワーク・ライフ・バランスの視点をもつことにより、一人ひとり異なる価値観を尊重しつつプライベートな時間を充実させ、QOL（生活の質）を高めるライフデザインを描く力が求められます。制度や支援の選択肢を増やし、あらゆる職場で家族の世話と仕事を両立しやすい環境を整えることは、女性にも男性にも、既婚者にも未婚者にも必要なことといえます。

おさらいテスト

❶ 第1子出産後も［　　　］％の女性が就業を継続している。
❷ 一方で、第1子出産を機に離職する女性の割合はなお［　　　］％である。
❸ 男女共同参画には、［　　　］の視点が大切である。

プラスワン

就業の有無による母親のメンタルヘルス

労働政策研究・研修機構「調査シリーズNo.192 子どものいる世帯の生活状況および保護者の就業に関する調査2018（第5回子育て世帯全国調査）」（2019年）では、有業の母親のほうが無業の母親よりもメンタルヘルスが良好であることが報告されている。

演習課題 ✏

いろいろな立場の女性の話を聞こう

　女性の生き方も多様です。まわりの人と協力して、いろいろな女性の話を聞いてきましょう。子育てをしながら働く女性、家族の介護を抱えながら働く女性など、実際に話を聞かせてもらいましょう。保育者や大学の先生など、身近なところで話を聞かせてくれる方を探してみるといいでしょう。それぞれが聞いてきた女性の生き方を報告し合い、そこに基づいて、自分のライフコースをどうしていきたいかを考えてみましょう。

多様な家庭とその理解

10 コマ目

今日のポイント

1. 近代においては、夫はサラリーマン、妻は専業主婦、2、3人の子どもをもつという家族の画一化が進んだ。

2. ステップファミリーとは、「親の再婚または親の新しいパートナーとの生活を経験した子どものいる家族」のことを指す。

3. 乳幼児の貧困の3大要因として、保護者の低学歴、低年齢出産、離婚がある。

1 現在の子ども・家庭をめぐる状況

1 家族の個人化

近代*社会は、個人化の時代といわれています。ここでの「個人化」とは、自分勝手にふるまってよいとか、個人が孤立してしまうということではありません。イギリスの社会学者のギデンズは、近代を「自分で自分の人生をつくり出すことが必要になる時代」ととらえました。

近代以前の伝統社会では、人々は生まれによって自分の一生が決まっていました。それが近代化とともに、自分の人生は自分で決める社会に移行しました。伝統的な規範に従う必要はなくなり、人生のさまざまな局面で選択肢が提示され、どれを選ぶかは自分の意思によるものとなりました。

家族についても例外ではありません。伝統社会では、結婚相手や結婚後の同別居、夫婦の役割や子どもの育て方に至るまで、さまざまな家族に関する行動が伝統的規範にしばられていました。

近代化とともに、家族の領域にも個人化の波が押し寄せます。家族のあり方が自由に選択できるようになります。たとえば伝統社会では、長男と結婚した女性には夫の両親と同居することが求められました。しかし、戦後の日本社会では、個人化が進んだ結果として同居しないという選択が非難されるものではなくなってきました。近年では、共働きをするか、伝統的な専業主婦になるかも選択の対象となりました。家族、夫婦、親子は「このようなものでなくてはならない」という共通の了解が失われてきています。

一方で、家族が個人化することにより、家族をどのような形にするかという点で、家族間の調整の必要が生じます。たとえば、夫の両親との同居に際して、夫が望み、妻が拒否するという場合に、伝統社会においては妻が諦めるしかありませんでした。現在では、夫と妻とが選択を調整するこ

語句説明

近代

→一般的に日本では明治維新（1868年）以降を近代とすることが多い。

プラスワン

ギデンズによる近代のとらえ方

ギデンズはさらに、後期近代においては、自分のアイデンティティでさえも、自分でつくり出すことが必要になっていることを強調している。

日本でもいつ頃までそうだったでしょうか？たとえば、長男の嫁は夫の両親と同居することが当たり前だったのはいつまででしょうか？

とになります。しかしその際には、望みどおりの家族形態を実現できるとは限らないといった事態も生じます。

2　現在の子ども・家庭をめぐる状況

　とはいえ、近代までの社会は、基本的には「家族」を社会の基礎単位とする社会でした。現代においても、どの家庭も同じような、サラリーマンの夫と専業主婦の妻、2、3 人の子どもからなる家族の姿が一般的と考えられました。つまり行政用語でいえば「標準世帯」に所属しているはずだという前提のうえに、雇用システムも税制も年金制度も日常生活も組み立てられていました。たとえば、男性の職場での長時間労働も、家に主婦がいて子育て・家事・介護を担うことによって問題なく成り立っていたわけです。

　しかし、家族を取り巻く状況は変わり続けています。50 歳まで結婚しない人たちの割合は、2020 年には男性の 28.25％、女性の 17.81％となりました（国立社会保障・人口問題研究所「人口統計資料集」2022 年。総務省統計局「国勢調査報告」「50 歳時の未婚割合」）。子育て年齢の既婚女性の 7 割近くは家庭の外で働いています。

　かつては「女性よ主婦であれ」というのが社会の女性に対する要求でした。しかし今は「女性よ主婦にとどまるな」「女性活躍」という方向の社会の要求も生じてきました。「女性活躍推進法」、正式名称「女性の職業生活における活躍の推進に関する法律」は 2015 年 8 月に国会で成立し、2015 年 9 月に施行されました（2022 年 4 月改正）。これは、働きたい女性の個性と能力を発揮できる環境づくりのために、国、地方公共団体、民間企業などの責務を明らかにした法律です。

　では、現代の家族の特徴はどのようにとらえられるでしょうか。現代家族という用語は、現在の家族の平均像というよりも、出生率の低下や離婚率の上昇、婚姻率の低下、あるいは家族の個人化、多様化といった側面を指して使われます。家族の「個人化」というのは、婚姻の公的な意味づけの消失、一生を通じて、あるいは人生のかなりの期間に子どもや配偶者をもたないライフコースの一般化など、家族に属することが、人々の人生にとって、必ずしも当たり前のことでも必然でもない社会になったことを指し示しています。若い世代がそうした生き方を志向するばかりではなく、つれあいに先立たれた高齢者のように、そうした暮らしを余儀なくされる局面ももちろん出てきます。

　近代の個人化からさらに進み、現代は「家族の多様化」といわれます。現代の子ども・家庭をめぐる環境の変化はさまざまです。出生率の低下や少子化、夫婦関係の変化、婚姻のあり方など、さまざまな社会的な指標の変化があり、子どもが育つ家庭の変化を示しています。

　家族の多様化については、大きく 2 つの方向に整理されています。まず、ひとり親家庭やステップファミリーなど、同居する家族構成が多様化することといった方向です。もう一つが、婚姻のあり方や性別を超えたパートナーシップに対する社会的な承認といった方向です。"できちゃった婚"と

も呼ばれる結婚より妊娠が先になる「妊娠先行型結婚」、婚姻制度にとらわれることを嫌うことや、夫婦別姓のためにあえて婚姻届を出さない「事実婚」など、夫婦のあり方も一つではありません。パートナー関係を結ぶ相手も異性とは限りません。日本でも、2015年3月に東京都渋谷区と世田谷区でパートナーシップ制度＊がはじめて導入されました。その後各地で同様の制度の導入が進み、同性カップルの権利保障の整備に向けて動き始めています。結婚のありよう、夫婦のありようともに、社会の変化に合わせて変化しています。

2　ひとり親家庭

　2016年度の厚生労働省「全国ひとり親世帯等調査結果報告」によれば、母子世帯は123.2万世帯、父子世帯は18.7万世帯です。2020年の「国勢調査」では、20歳未満の子どもがいる世帯は1,280万世帯ですから、約1割がひとり親世帯です。ひとり親世帯となった理由としては、離別が母子世帯は79.5％、父子世帯は75.6％と大多数を占めています（➡調査の詳細は図表12-7を参照）。

　以上のように、ひとり親であることは、もはや珍しいことではありません。しかしながら、ひとり親家庭が日本社会において暮らしやすいといえる状況にあるとはいえません。ひとり親家庭が経験しやすい困難を3つ取り上げます。

　まず、経済面での困難です。親が離婚した場合に、日本では母親が親権者となるケースが多いですが、シングルマザーは就業率が高いにもかかわらず、収入が低い状況です。海外のひとり親家庭の就業状況と比較してみて、OECDトップクラスの就業率の高さであるにもかかわらずです。就業しているのに貧困であるという、その主な理由は、ほかの女性と同様に非正規雇用で働く人の割合の高さであると考えられています。また、父子家庭のシングルファーザーにも就業が不安定な人もいます。より収入の高い就業を可能にするための支援が必要とされています。

　次に家庭を運営する際の困難です。ひとり親の場合は、パートナーとの役割分担や協力して取り組むことが望めません。職場での仕事、家庭での家事労働、子どもの相手をすること（子どもの相手をできない場合の対応）を一人でこなさなくてはなりません。親自身の親（子どもにとって祖父母）と同居あるいは近隣に住んでいない場合には、困難さはより大きくなります。また、こうした家庭運営での困難は、それまで家庭内での家事労働を期待されてこなかったシングルファーザーにより重くのしかかると考えられます。

　3つめは、親子の関係に生じる困難です。親との離別は子どもにとって重大な出来事です。困難や戸惑いなどを感じさせるものです。ひとり親家庭になってからの同居する親と子どもとの関係は多様です。子どもはそこ

語句説明

パートナーシップ制度

→同性カップルを結婚に準ずる関係と公認し、異性間の結婚同様のサービスや配慮を受けやすくするための制度。パートナーシップ制度の内容や対象とする人は自治体によってさまざまである。

プラスワン

海外のひとり親家庭の就業率

ヨーロッパ諸国を中心に、38か国の先進国が加盟する国際機関であるOECD（Organisation for Economic Co-operation and Development：経済協力開発機構）の調査によると、ひとり親家庭の就業率は、アメリカ（66.4％）、イギリス（52.7％）、フランス（68.8％）、イタリア（71.6％）、オランダ（74.2％）、ドイツ（64.9％）、日本（85.9％）で、OECD平均（66.5％）である（OECD Family database［2011年の数値。日本の数値は2007年］）。

に複雑な感情を抱いたり、別れた親を求めたりすることで、同居する親との関係に難しさが生じることもあります。

3　ステップファミリー

1　ステップファミリーとはどのような家族なのか

　ステップファミリー（step family）とは、「親の再婚または親の新しいパートナーとの生活を経験した子どものいる家族」のことを指します。「子連れ再婚家族」と言い換えても同じと思われがちですが、そうではありません。確かに、ステップファミリーの多くはカップルのどちらかが再婚を経験していることが多いです。しかし、たとえば、結婚せずに子どもを出産して育ててきた母親が新しいパートナーと法律上の婚姻関係はないカップルとなり、同居して生活を継続する事実婚の場合もステップファミリーに含めます。この場合、一度も結婚せずにステップファミリーがつくられることになります。このように、ステップファミリーは「再婚家族」とは限らないのです。両親は離別か死別か、別居親との交流状況、同居継親との養子縁組の有無、子どもの年齢やきょうだい構成などを踏まえると、ステップファミリーにはさまざまなバリエーションがあります（図表10-1）。ただ、どのステップファミリーにも共通していることがあります。子どもと親の新たなパートナーとの間に「継親子」と呼ばれる関係が生じることです。ステップファミリーは血縁のない「継親子関係を含む家族」のことです。

　親の離婚や再婚のような家族の大きな変化の際には、弱い立場の子どもへの配慮を第一に考える必要があります。

2　初婚の家族とは異なる構造をもつ

　ステップファミリーは、初婚家族と同じようなものとしてとらえられることがありますが、その家族構造は、まったく異なることに注意が必要です。現代では、離婚後の親子が面会交流して関係を継続していくことが子

📝 プラスワン

家族多様化に関する研究

1980年代から1990年代初頭の「家族多様化」（論）についての論考を整理した望月（1993）は大きく2つの視点をあげている。一つは、同居者の家族構成が多様化することであり、もう一つは、婚姻関係や性別を超えたパートナーシップに対する社会的な承認である。婚姻関係に限定されないパートナー関係の例として、たとえば、スウェーデンでは、1960年代以降婚姻をともなわない同棲（サムボ：sambo）が急増した。1980年代後半には、彼らに対する法的保護を目的とした法律が制定されている。フランスでも類似した制度が1999年に成立し、PACS（市民連帯契約）と呼ばれている（善積、2008；2010）。

10
コマ目

多様な家庭とその理解

図表10-1　さまざまなステップファミリーの家族の形

再婚実父　初婚継母　　再婚実母　初婚継父　　　　子連れ同士　　　　　　初婚継父の　　再婚実父　　　　再婚実母
　　　　　　　　　　　　　　　　再婚後の子　　　　　　　　　　　　　別居の子　　　　　再婚後の子

別世帯

出典：SAJ・野沢慎司編、緒倉珠巳・野沢慎司・菊地真理『ステップファミリーのきほんをまなぶ──離婚・再婚と子どもたち』金剛出版、2018年、12頁をもとに作成

どもの人生にとって望ましいことと考えられるようになってきました。子どものこれからの人生では、離別した両親（さらには祖父母）の家を行き来して生活することになるでしょう。親が新しいパートナーと暮らすようになっても、両親との絆が途切れることはなく、複数の家庭を往復して生活するパターンが増えつつあります。その場合、子どもの視点から見れば、ステップファミリーは 1 つの家庭ではなく、複数の家庭にまたがる家族という形をとります。この点でも、ステップファミリーは、初婚の家族とは異なる独自性をもっています。仮に子どもと一方の親との関係が死別・離別によって途切れていたとしても、その親との関係は潜在的に続いており、将来いろいろな形で子どもの人生に関わる可能性があります。それらをなかったものとして、初婚の家族のような家族を目指してしまうことには大きなリスクが潜んでいます。

　野沢（2018）は、ステップファミリーは実の親子の関係が先にある中に、新たなパートナーや家族を迎えることにより、家族内に構造的な難しさが生じると述べています。子どもが生まれてから実の親子は長い期間を共有し、深い愛着のほかに暮らしのなかで培ってきた習慣や価値観をもっています。パートナーとの離別や死別によりその親子関係はさらに濃密になります。ステップファミリーになるにあたって、その実の親子関係に後から加わるメンバー（継親や継きょうだい）は、価値観の違いや交わることの難しさを感じます。自分の存在価値を不安に思うこともあります。

　また野沢（2018）によると、ステップファミリーの子どもには「 3 つの L」と呼ばれる共通点があります。Loss（喪失感）、Loyalty（親に対する忠誠心）、Lack of Control（死別・離婚・再婚など自分でコントロールできない状況）の 3 つです。特に思春期・青年期の子どもにありがちなストレス状況として、下記のものを示しています。ステップファミリーという家族の独自性や子どもの抱えやすいストレスについて、周囲がよく理解しておくことが必要です。

・実親同士の口論やお互いへの悪口を聞かされること（電話でも、家庭内でも）
・元の家族に戻りたいと思うこと、それが叶わないことだと我慢すること
・もっと実親に甘えたい、話したいのに、新しい家族にその時間を奪われたと感じること
・自分が要らない子だと感じること
・実親（継親）が、自分よりも継子（実子）を優先すること
・自分は気持ちの準備ができていないのに実親が継親との結婚や同居を決めてしまったこと
・継親を「お父さん／お母さん」「パパ／ママ」と呼ぶように言われたこと
・離れて暮らす実親と会えなくなったこと
・継親が親のように振る舞い、厳しく叱られること
・問題があると自分のせいだと非難されること
・継親との関係で自分が苦しんでいるときに実親が継親側に立ってしまっ

💬 **プラスワン**

ステップファミリーの課題

アメリカの心理学者パトリシア・ペーパーナウは、ステップファミリーが直面しやすい 5 つの課題をあげている。①インサイダー（部内者）／アウトサイダー（部外者）の家族構成、②子どもが抱える喪失と葛藤、③カップル間で生じるペアレンティング（子どもの養育）スタイルの対立、④家族文化の創造、⑤元配偶者（別居親）との関わり。

・て自分の味方になってくれないこと
・新しい家族がうまくいくために、自分は我慢しなければいけないと思うこと

3　離婚・再婚と親子関係のゆくえ

　欧米諸国では、1960年代より各国で進められた「離婚法」の改正により、離婚後の単独親権制から共同親権・共同監護制への変更が進められていきました。離婚によって夫婦関係は終結しますが、親子関係の終わりではなく、親子の継続性を支持する法制度です。別居・離婚後も両親との関わりを維持することが子どもの利益にかなうという共同養育理念が広まっているといえます。一方、日本では離婚後の単独親権制が維持されています。離婚後の共同養育に対する認識が広がっているとはいえません。養育費の支払いや面会交流権に法的な拘束力がないため、親権のない別居した親と子どもの関係はとぎれやすいといわれます。

　そこで「民法等の一部を改正する法律」が公布され、「民法」第766条が、2012年4月から施行されました。それにより、父母が協議離婚するときには面会交流と養育費の分担を協議すること、その際には子どもの利益を優先すべきことが明記されました。また、離婚届に、面会交流と養育費の分担を協議したかどうかをチェックする欄が設けられました。ただし、この欄への記入は義務づけられておらず、強制力はありません。

　子どもの利益の観点から、離婚後の親子関係維持を重視する方向へと日本の法制度が徐々に変化してきています。このような変化は、「児童の権利に関する条約」の第9条の「父母の一方又は双方から分離されている児童が定期的に父母のいずれとも人的な関係及び直接の接触を維持する権利を尊重する」という考え方とも一致します。

　ただし、親の離婚後の共同養育を方向づけるのであれば、家族間に暴力などのある家庭の現実を踏まえて、子どもの健康・安全・福祉、家族メンバーの安全をどのように確保するのかといった議論から始めることが必要です。

4　貧困が子どもに与える影響

　貧困は、成長過程にある子どもの心身の適切な発達のみならず、その後の健康に対しても悪影響を及ぼすことが危惧されています。たとえば、貧困によって食事における栄養が不十分な状態になることや、医療サービスへのアクセスが制限されることが考えられます。また、子どもの頃から身につけるべき健康に関する生活習慣や知識が形成されないことも考えられます。浅井（2016）は、乳幼児の貧困の3大要因として、保護者の低学歴、低年齢出産、離婚をあげています。特に乳幼児の貧困は、母子世帯にまずは現れてきます。

プラスワン

共同養育の課題点

原田（2017）は、日本において離婚後の共同親権や共同監護を方向づけていくのであれば、暴力を抱える家族の現実を踏まえて、離婚後共同養育でない家族モデルを考える必要があると述べている（原田綾子「家族関係の再編成の観点から見た家事調停の現状と課題——未成年の子がいる夫婦の離婚事件の処理に焦点を当てて」『家族社会学研究』29(1)49-62頁）。

プラスワン

貧困がもたらす健康格差

貧困がもたらす健康格差について、貧困の世帯に暮らす子どもに虫歯が多い・予防接種（自己負担なし）を受けていない割合が高いという調査結果がある（足立区・足立区教育委員会、国立成育医療研究センター研究所社会医学研究部、東京医科歯科大学大学院医歯学総合研究科国際健康推進医学分野[2017]『第2回 子どもの健康・生活実態調査　平成28年度報告書』）。

10コマ目　多様な家庭とその理解

「子供の貧困対策に関する大綱」

2014年策定。当面重点的に取り組むべき施策として、教育の支援、生活の支援、保護者に対する就労の支援、経済的支援があげられている。子どもの貧困に関する実態調査や研究を進める必要性も示された。2019年12月に改定され、「支援が届いていない、又は届きにくい子供・家庭に配慮して対策を推進する」との文言が追記された。

　しかしながら、現在の子どもの貧困問題は、学齢期の子どもに注目が集まっています。学齢期の支援事業としての「学習支援塾」や「こども食堂」などが全国に広がり、民間を中心とした具体的な取り組みが展開されています。それは、地域における子どもの貧困問題に対して子どもの権利を保障する問題として、専門家やボランティアの人々が学習権および健康と食の保障のために尽力している姿でもあります。

　こうしたなかで現在、子どもの貧困問題で取り残されているといえるのが、乳幼児期の対策です。学童期の子どもへの施策や取り組みは比較的成果も見えやすく、たとえば高等学校・大学進学率などの数字としての改善が見えることになりますが、一方で、乳幼児期の貧困対策は具体的成果が見えにくい状況だといえます。

　山野（2019）は、大阪府及び大阪府内全自治体を対象に行った「大阪府子どもの生活に関する実態調査」報告書（2017）のうち、就学前の子どもと貧困に注目して5歳児に対して子どもの実態調査を実施した4自治体の結果を分析しています。図表10-2は、子どもに経済的な理由でできなかった経験を困窮度別に見たものです。

　この調査では、所得について可処分所得＊を質問し、それについて世帯人数を考慮した等価可処分所得＊を算出し、困窮度をカテゴリー化しました。中央値を基準に、その50％水準未満を「困窮度Ⅰ」、60％水準未満を「困窮度Ⅱ」、中央値から60％ラインまでを「困窮度Ⅲ」の層として設定しています。これらの「困窮度」は、あくまでも所得の階層を示すものであり、実際の生活上の困窮状況を見て分類したわけではありません。生活のゆとりは、家計の状況によって左右されるものです。「困窮度」という語がミスリーディングにならないよう注意が必要です。

　5歳児の家庭の就労状況や経済状況については、基本的に困窮度が高まれば高まるほど就労状況が不安定になること、世帯構成では母子家庭が最も厳しい状況にあることが報告されています。

　「家族旅行」の項目において困窮度別に見ると、中央値以上が7.9％、困窮度Ⅰが34.9％とかなりの差があります。「どれにも当てはまらない」が、中央値以上群が76.1％を占めているのに対し、困窮度Ⅰではおおむね半分の38.8％となります。親の経済的状況が、子どもの生活を脅かす可能性を示唆しています。「子どものための本や絵本が買えなかった」項目においては、中央値以上が1.9％であるのに対し、困窮度Ⅰになると14.8％とその差が約7.8倍となり、最も高くなっています。まさに子どもの生活に直結する格差を生んでいることがわかります。

　図表10-3、図表10-4は、困窮度別に見た「子どもの朝食の頻度」と「就寝時間」です。朝食をとることや就寝時間は、5歳児では自分で対応することは困難で、まさに家庭の状況が影響してしまう、発達にとって重要な項目です。しかし、困窮度別に見ると、困窮度が高まるにつれ「必ず食べる」が中央値以上の92.5％から困窮度Ⅰの81.2％と減少します。「食べない」という家庭も存在しています（図表10-3）。

　就寝時間も同様に、「午後9時より前」が中央値以上の21.7％から困窮

図表10-2　困窮度別に見た、子どもへの経済的な理由による経験

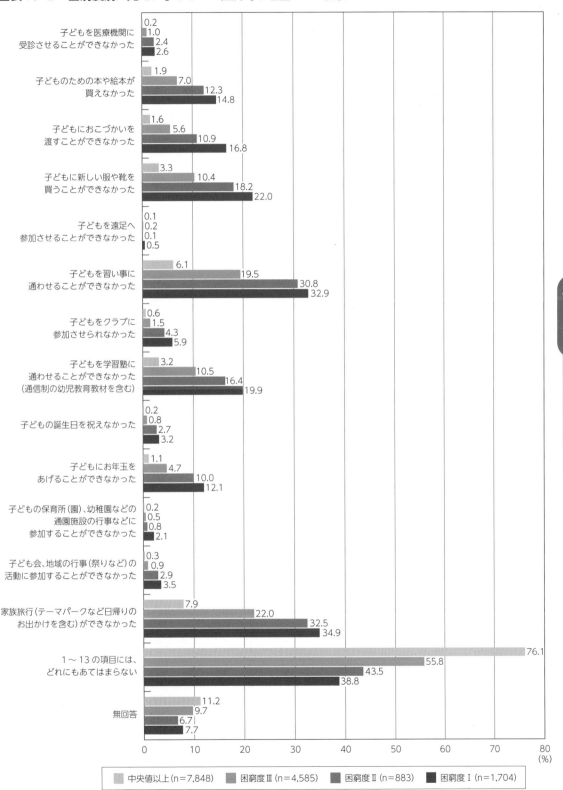

凡例：
- 中央値以上 (n=7,848)
- 困窮度Ⅲ (n=4,585)
- 困窮度Ⅱ (n=883)
- 困窮度Ⅰ (n=1,704)

出典：山野則子編著『子どもの貧困調査 ──子どもの生活に関する実態調査から見えてきたもの』明石書店、2019年；大阪府「子どもの生活に関する実態調査 (平成28年度)」2017年

10
コマ目

多様な家庭とその理解

語句説明

等価可処分所得

→世帯所得を世帯因数の平方根で割ったもの。世帯所得と世帯人員数で割ると簡単だが、世帯人員数が少ないほうが光熱費などの生活コストは割高になる傾向がある。

図表10-3 困窮度別に見た、朝食の頻度

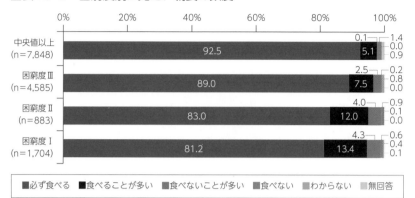

出典：図表10-2をもとに作成

図表10-4 困窮度別に見た、就寝時間

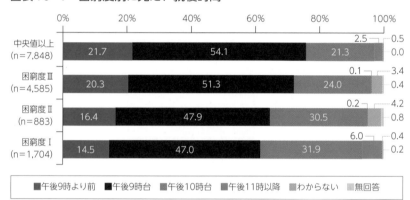

出典：図表10-2をもとに作成

度Ⅰの14.5％に減少しています。困窮度Ⅰでは「午後10時台」が31.9％に上り、「午後11時以降」が6.0％になっています。（図表10-4）。

　子どもの年齢が5歳という段階において、絵本の読み聞かせや基本的生活などで経済的状況がすでにさまざまな格差を生んでいることが明らかになっています。人生の早期という年齢でのこれらの格差の意味するものは大きく、国の責務として取り組むべき重要な課題です。

5 貧困問題への社会の関わり

　OECD教育委員会は、1998年に幼児教育・保育（Early Childhood Education and Care：ECEC［人生初期の教育とケア］）政策に関する調査に着手し、その報告書を「Starting Strong」（人生の始まりこそ力強く）として、2001年から刊行しています。

　OECDは、各国政府が就学前の教育・保育へ投資する理由の4つめに、

図表 10-5　SDGs

出典：国際連合広報センター「SDGs のポスター・ロゴ・アイコンおよびガイドライン」
https://www.unic.or.jp/files/sdg_poster_ja_2021.pdf（2022 年 6 月 27 日確認）
参照：https://www.un.org/sustainabledevelopment/
The content of this publication has not been approved by the United Nations and does not reflect the views of the United Nations or its officials or Member States.

子どもの貧困と教育上の不利益問題をあげています。すでに ECEC は、子どもの成長・発達、より公平な子どもの育ちと貧困の削減、出生率の向上、社会経済全体のよりよい発展など、子ども・親・社会にとって幅広い恩恵をもたらすことを多くの研究が明らかにしています（泉、2017）。

　SDGs（図表 10-5）は、2015 年の国連総会で全会一致で採択された「我々の世界を変革する　持続可能な開発のための 2030 アジェンダ」という文書の一部です。文書の「前文」には、この SDG s で何を目指すのか、17 の目標とは何かが書かれています。「わたしたちは、持続可能な世界を築くためには、極度の貧困をふくめ、あらゆる形の、そして、あらゆる面の貧困をなくすことが一番大きな、解決しなければならない課題であると、みとめます」と述べられています。貧困をなくそうという目標が 1 番に掲げられているのです。

　国全体で取り組みを推進するための実施体制の整備が必要です。

6　家庭への支援：新しい支え合いのしくみ

　川池（2020）は、乳幼児の親たちが求める「社会的ケア」に関する研究において、「子育て初期において、どんな困難をもち、そのことに対してどのような支援を受け、そのことをどう受けとめたのか」について質問紙調査とメール調査を行っています（「保育園児等の保護者調査」2017 年）。

　その調査において、親たちが「子育て支援」として望んでいることを次のように 3 つにまとめています。①「仕事と育児の両立」という生活を

強いる社会と経済的な状況が母親を追い込んでいるが、家族がともにある「時」を大切にできる支援が欲しい、②安心して子どもを産み育てるためには、子どもを育てる母親や保育者をリスペクトするとともに現実に即した職場の改革を望む、③子どもと子どもを育てることの価値を共有できる寛容な社会であれば、子どもを安心して育てられる、ということです。

　つまり、親たちは単に「子育て支援」や「保育の無料化や整備」だけを求めるのではなく、「子どもを育てることができる普通の生活」を望んでいるとまとめています。

　子育て問題に関するさまざまな研究は、親子や家族といった関係下での子育てを取り巻く社会のあり方を問題化し、家族による子育てへの社会的支援が妥当であること、何よりそれによって子どもの生育環境としての家族の安定性が担保されることを示してきました。子どもが欲しいという希望がかない子育てをしやすい社会にするため、国や都道府県、さらには地域をあげて子どもや家庭を支援する、新しい支え合いのしくみを構築することが求められています。

おさらいテスト

❶ 近代においては、夫はサラリーマン、妻は専業主婦、2、3人の子どもをもつという家族の [　　　] が進んだ。

❷ [　　　] とは、「親の再婚または親の新しいパートナーとの生活を経験した子どものいる家族」のことを指す。

❸ 乳幼児の貧困の3大要因として、保護者の低学歴、低年齢出産、[　　　] がある。

演習課題 ✏

「3歳児神話」という言葉について調べてみよう

戦後、「子育ては母親が行うべき」との考え方が広く浸透し、「3歳児神話」という言葉も生まれました。「3歳児神話」という言葉は何を表しているのかを調べるとともに、子育てをどのように担うことが可能であるのか、まわりの人と話し合ってみましょう。

特別な配慮を要する家庭

今日のポイント

1. 現代の保育においては集団とは多様なものだという視点が必要である。
2. 保育所での障害児の受け入れは年々増加を続けている。
3. 外国籍家庭等の子どもの保育にあたっては、国籍や民族だけで判断せず、どのような生活背景があるかを個別にていねいに確認することが大切である。

1 誰もが何らかのマイノリティをもつ

　これまでの日本の保育では年齢別にクラスが編成され、子どもは年齢に応じたふさわしいふるまいをすること、どの子どもも同じ日課を過ごし、同じ行事に参加することが求められてきました。そのため、配慮が必要な子どもの支援についても、その子どもが一斉保育の内容に適応し、段階を踏みながらしだいに同じ活動ができるようにと願う保育が一般的でした。

　日本全体で見れば、配慮が必要な子どもの数は少なくない数ですが、保育所や幼稚園でのクラス内という単位で見れば、そうした背景のある子どもは少数で、大多数の子どもは特別な配慮を必要としない子どもです。このため、大多数のそうした配慮を必要としない子どもと、特別な配慮を必要とする少数の子どもという割合を前提に、保育が考えられてきました。

　しかしながら、現在の状況はどうでしょうか。食物アレルギーのある子どもやひとり親家庭、そのほかにも配慮が必要な子どもの存在を考えると、何らかの配慮すべき少数の子どもが集団の多数を占めつつあります。こうした現状を踏まえると、現在の保育現場に求められる支援とは、集団とは多様なものだということを前提とする保育といえるでしょう。

　ある保育所の園長先生は、その子どもが障害があるかどうかにかかわらず、家庭以外のみんなの居場所として、その子がその子らしくいられる場でありたいとお話しされていました。

　とはいえ、すべての配慮が必要な子どもへの対応を含んだ保育の形を示すことは困難なことです。むしろ、保育のなかで、配慮が必要な子どもの支援を比較的積み上げてきた実践からヒントを得てそのときに必要な支援を考えていくべきといえます。ここでは、障害のある子どもの保育、外国籍家庭や外国にルーツのある子どもの保育を取り上げ、家庭への支援を学びます。

2 障害のある子どもの保護者に対する支援

1 障害児保育の発展：「児童福祉法」制定以降

　1947年に「児童福祉法」が制定され、その後障害の種別に応じて、施設が専門分化されていきました。1957年に精神薄弱児通園施設（当時）、1963年に肢体不自由児通園施設（当時）に通園療育部門が新設されましたが、利用する子どものほとんどは就学年齢に達している 6 歳児以上の年齢でした。その背景には、養護学校の義務教育化が実施されておらず、就学猶予・免除となった学齢期の子どもを通園施設で処遇しているという状況で、保育所での障害児保育は積極的に推進されることはありませんでした。障害のある未就学の子どもの保育や療育が前進した契機は、1979年に養護学校の義務教育化が開始されたことにあります。これにより、障害のある幼児期の子どもの福祉施策が発展する流れへと移行します。

　保育所における障害のある子どもの保育については、1974年に厚生省家庭局（当時）通知として「障害児保育事業要綱」が出され、障害のある子どもを保育所に受け入れて保育することに国が初めて言及しました。しかし、受け入れ可能な子どもは、①保育に欠けること、②おおむね 4 歳児以上、③障害の程度は軽度である知的障害または身体障害の児童とされました。また、受け入れる保育所にも、①定員がおおむね90人以上の施設、②障害児の定員は施設定員の 1 割程度であること、③保育士 2 人の配置及び経費補助で実施、④国や地方自治体の事前協議による指定保育所方式などの条件が課されているものでした。

　1978年には新たな障害児保育の方針が打ち出されます。障害児の保育は保育所の保育機能によって対応できる範囲で実施し、保育に欠ける中程度の障害児まで受け入れることとし、指定保育所方式を撤廃、助成対象児童は人数に応じて一定額の助成を行うなど障害児保育の前進がみられました。さらに1998年の「障害児保育対策事業実施要綱」では、①保育に欠ける児童であること、②集団保育が可能で日々通所できる者および特別児童扶養手当の支給対象児童（所得制限による支給停止の場合も含む）となり、対象とする子どもを拡大しました。

2 保育所における障害児保育の現状：増え続ける障害児受け入れと保育士配置

　1998年の「障害児保育対策事業実施要綱」においては、「障害児の保育を推進するため、障害児を受け入れている保育所に対し保母の加配を行うことにより、障害児の処遇の向上を図るとともに障害児保育を行うために必要となる設備整備等の助成することにより実施保育所の拡大を図る」と保育士の加配を中心とした対策をとってきました。障害児保育に対する加配については、1974年から2002年までは特別児童扶養手当支給対象 4 人に対し、保育士 1 人を加配できるような補助を行っていました。

プラスワン

「児童憲章」

1951年の 5 月に「児童憲章」が制定され、その第11条で「すべての児童は、身体が不自由な場合、または精神の機能が不充分な場合に、適切な治療と教育と保護が与えられる」と規定された。

プラスワン

障害のある子どもの日中活動の場

1969年に肢体不自由児通園施設の新設、1972年に重症心身障害児施設の新設、1975年に難聴幼児通園施設が新設され、障害のある子どもの日中活動の場が次々と設けられた。

11
コマ目

特別な配慮を要する家庭

図表11-1　障害児保育の実施状況の推移

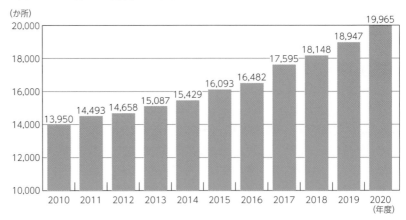

出典：厚生労働省「各自治体の多様な保育（延長保育、病児保育、一時預かり、夜間保育）及び障害児保育（医療的ケア児保育を含む）の実施状況について──実施状況の推移」をもとに作成
https://www.mhlw.go.jp/content/11900000/R 2 gaiyo.pdf（2021年11月19日確認）

　2003年より、障害児保育事業については補助事業から地方交付税による一般財源化措置へと移行しています。また、2007年以降は重度の障害児以外の特別な支援が必要な子どもに対しても補助算定対象を広げ、配置基準についても児童2人に対し保育士1人としました。

　保育所での障害児の受け入れは年々増加を続けています。受け入れ児童数は、2020年度は2011年度と比べて約1.4倍となっています（図表11-1）。今後は保育士加配や設備整備という物質的な側面だけではなく、障害児保育の質の向上に目を向ける必要があります。「障害者基本法」（2011年改正法）では、障害児・者への支援に対し「合理的配慮」という言葉を用いています。障害児の保育を「特別な支援」としてとらえるのではなく、理にかなった必要な関わりとして保育者は実践することが求められています。

■3■　障害のある子どもの保護者に対する支援

　子どもの障害に対する保護者の受け止め方は多様です。特に、保育所等では日々の保育のなかで、保護者よりも先に保育者が子どもの障害や発達上の課題に気づくことが多くありますが、これを保護者と共有することは必ずしも容易ではありません。

　このような場合には、まずは保護者自身が子どもをどのように理解しているかを把握していくことが大切です。あわせて、保育所等における子どもの姿を伝えたり、保育参加や保育参観といった機会をとおして実際に見てもらったりしながら、ていねいに共通理解を図っていく必要があります。その際には、保護者に無理に障害を認めさせようとすると、保護者がそれを受け入れられない場合もあります。

　保護者が、子どもの発達の課題を認め、専門的な助言を望んだときが、他機関との連携にふさわしい時期といえます。まず必要なのは、子どもの発達状況の確認をすることです。発達検査を実施している機関を紹介することが必要になります。

　障害がすでに明らかになっている場合にも、保護者はさまざまな場面で他児との違いを感じ、複雑な思いを抱きます。あるいは、他児と同じことができるようにと子どもに能力以上のことを要求したり、厳しい態度をとったりすることもあります。保育者は、こうした保護者の複雑な心情を受け止め、支えていく姿勢が求められます。また、日常の子どもの肯定的な姿や変化をしっかりととらえ、子どもの育ちをていねいに伝えることも大切です。

　1998年に、保育所と児童発達支援センターの並行通園が可能になりました。これにより、児童発達支援センターなどでの個別のより専門的な療育を受けつつ、保育所で子どもの集団と関わる機会を得ることができるようになっています。

　障害のある子どもの保育に関しては、個別の指導計画を立てることが「保育所保育指針」第1章3（2）キに明記されています。個別の指導計画は、障害のある子どもといってもその障害の状態がさまざまであること、発達課題にも個性性があること、支援の内容を検討するといったことから、その必要性があげられます。特に触れておきたいのは、個別の指導計画があることによって支援内容が具体的に決まっていき、職員間で共有することが容易になることです。さらには、程度の差はありますが、保護者とともに作成していくものであり、保護者から家庭の状況を聞いたり要望を聞いたりするなかで長期的な計画を立案していきます。このように保護者との協議で作成していくという意識が広がりつつあります。

　保護者とは、毎日の体調のことだけではなく、子どもの好きなことや得意なこと、できるようになったこと、家庭でのようすを聞き取り、同じように保育者も保育所でのようすを伝え合い共有していきます。障害のある子どもは医療機関での治療・通院を行っていることが多く、保育所においても病気やけがが起きた場合すぐに対応できるよう、日頃から連絡をとれる体制を心がけます。

　障害のある子どもの保育においては、かかりつけ医や保健センターなどとの連携をはじめ、さらには児童発達支援センター等の専門機関からの助言を受けるといった連携を行うことも重要です。障害のある子どもと家族のさまざまなニーズを単独の機関で解決することは難しく、保育所や幼稚園、認定こども園は、障害のある子どもに特化した施設ではないため、障害のある子どものよりよい支援を進めるためには、専門機関との連携や協働も欠かせません。図表11-2に示すように、障害のある子どもと家族を支援する機関は多岐にわたっています。障害のある子どもへの地域支援体制の整備が進められています。

　連携とは、同じ目的をもった人と連絡を取り合うことです。保護者や同じ保育所で働く職員間で、子どもの保育に関して支援に関して連絡を取り合うことをいいます。協働とは、同じ目的をもった人が協力して働くことです。障害のある子どもや特別な配慮を要する子どもに対しては、1人で対応するのではなく、子どもやその家族に関わる複数の人が子どもやその家族を支援するために目的と情報を共有し、連絡をとり、協力して仕事を

プラスワン

「保育所保育指針」第1章3（2）「指導計画の作成」キ

「障害のある子どもの保育については、一人一人の子どもの発達過程や障害の状態を把握し、適切な環境の下で、障害のある子どもが他の子どもとの生活を通して共に成長できるよう、指導計画の中に位置付けること。また、子どもの状況に応じた保育を実施する観点から、家庭や関係機関と連携した支援のための計画を個別に作成するなど適切な対応を図ること」

11 コマ目　特別な配慮を要する家庭

プラスワン

「保育所保育指針」第4章2（2）「保護者の状況に配慮した個別の支援」イ

「子どもに障害や発達上の課題が見られる場合には、市町村や関係機関と連携及び協力を図りつつ、保護者に対する個別の支援を行うよう努めること」

図表11-2　地域における児童発達支援センターを中核とした支援体制のイメージ（案）

児童発達支援センターが専門的支援のノウハウを広く提供することにより、身近な地域で障害児を預かる施設の質の担保と量的な
拡大に繋がることを期待。

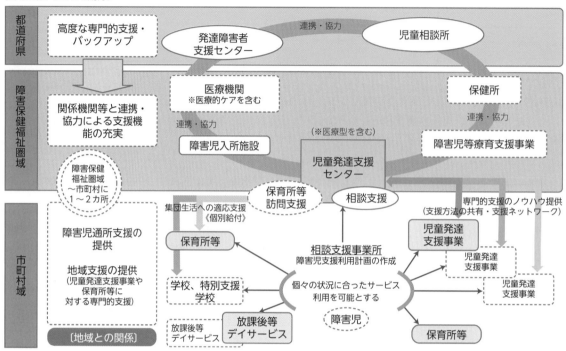

出典：厚生労働省「障害児支援の強化について」
https://www.mhlw.go.jp/seisakunitsuite/bunya/hukushi_kaigo/shougaishahukushi/kaiseihou/dl/sankou_111117_01-06.pdf（2021年
11月19日確認）

することが必要になります。子どもの個人情報や相談内容をほかの職員と
共有するときは、保護者に伝えて了承を得ておきます。子どもとその保護
者や家族に関するプライバシーの保護には十分に留意することが必要です。
また、ほかの子どもの保護者に対しても保育所の方針や取り組みをていね
いに説明します。子どもがお互いに育ち合う姿をとおして、障害等につい
ての理解が深まるような配慮をします。

プラスワン

「保育所保育指針」
第4章2（2）「保護
者の状況に配慮し
た個別の支援」ウ

「外国籍家庭など、特
別な配慮を必要とする
家庭の場合には、状
況等に応じて個別の
支援を行うよう努める
こと」

3　外国籍家庭や外国にルーツをもつ家庭

　ひと口に外国籍家庭等の子どもといっても、両親ともに外国籍で子ども
自身も海外出身、親の国際結婚により両親の国籍が異なる子ども、外国籍
だけれども生まれも育ちも日本の子ども、外国にルーツのある子どもや海
外での生活が長い子どもなど、その背景は実に多様です。こうした子ども
たちの保育にあたっては国籍や民族だけで判断せず、どのような生活背景
があるかを個別にていねいに確認することが大切です。
　厚生労働省の子ども・子育て支援推進調査研究事業で実施された調査
（三菱UFJリサーチ＆コンサルティング、2020）では、市区町村を対象とし

図表11-3　保育所等の抱える課題についての自由回答の抜粋

①入園申し込みまでの課題
・日本語で保育制度を説明するが、十分に伝わっているかがわからない。その場では「わかった」と回答があるが、どこまで理解されているか不安になることがある。
・来日後すぐの場合に、日本語の就労証明書の提出が難しく、保育要件を満たしているか確認することが難しい。

②入園の際の課題
・子どもの発達やアレルギーに関する聞き取りを行う際に、言語面で課題がある。
・保育制度について目まぐるしく変わるなかで、多言語化した説明資料がすぐに使えなくなり、その都度作り直しが必要になる。
・入園にあたって「なぜ」その手続きが必要なのか、「なぜ」そのような制度になっているのか、その根拠を十分に伝えないと理解してもらえない。

③在園時の課題
・日常の連絡事項について意思疎通が難しい。
・緊急のトラブルが発生した際に、保護者と連絡を取ることが難しい。連絡が取れたとしても、言語面で障壁があり、トラブルの内容を適切に伝えることができない。
・食事について、文化的背景に起因する個別配慮について、どのような配慮が必要なのか保護者と十分にコミュニケーションが取れない。

④卒園の際の課題
・日本の義務教育の制度について十分に理解してもらうことが難しい。
・放課後児童クラブの制度について十分に説明することが難しい。　　　　　／等

出典：三菱UFJリサーチ＆コンサルティング「保育所等における外国籍等の子どもの保育に関する取組事例集」（厚生労働省　令和元年度子ども・子育て支援推進調査研究事業）2020年
https://www.murc.jp/wp-content/uploads/2020/04/koukai_200427_1_3.pdf（2022年7月8日確認）

たアンケート調査の結果を見ると、回答団体（1,047団体）のうち約7割が外国籍等の子どもが入園している保育所等があると回答しています。図表11-3は、保育所等の抱える課題について自由回答を抜粋したもので、そこから次のことが読み取れます。①入園申し込みまでの課題として、「入園手続きや準備」を保護者に対して説明することや文化的背景に対する具体的な配慮に関する知識不足について、課題を抱えていることがわかります。②入園の際の課題として、「保育所等での過ごし方やルール等」を保護者に対して説明することについて課題があることがうかがえます。③在園時の課題として、「言語的な障壁から保護者等とのコミュニケーションが難しい」ことが最も多くあげられています。そのほか、「子どもの気になる行動が言語的な障壁によるものか、または発達的な課題によるものか判断することが難しい」という課題もあげられています。④卒園の際の課題として、保護者に対して「小学校の制度や生活」について説明することが難しいことがうかがえます。そのほか、「小学校生活を見据えた言語やコミュニケーションに関する支援」が十分にできていないことが課題としてあげられています。

　また、厚生労働省の「保育所等における外国籍等の子どもの保育に関する取組事例集」（2020年3月）では、外国籍家庭や外国にルーツをもつ家庭の子どもが直面しうる課題とそれに対する配慮のポイントについて、言語面と文化面から整理しています。

11コマ目

特別な配慮を要する家庭

1 言語面に関する課題と配慮のポイント

以下に、言語面に関する課題と配慮のポイントを見ていきます。

① 子ども

【課題】

・来日したばかりの子どもの場合、日本語がほとんど理解できず、保育所等での生活に大きな不安を抱えてしまうこともあります。

・一方、ある程度日本での生活経験があり、日常会話は問題がないようにみえても、学習するための言語能力の発達が十分でない場合、小学校入学後に学習到達に困難が生じる可能性があります。

【配慮のポイント】

・来日したばかりの子どもや、日本語の理解が難しい子どもには、まずは母語で話しかけることで安心感を与えるとよいでしょう。

・日本語の理解力に合わせて、イラストや写真等を用いてコミュニケーションをとることも有効です。

・徐々に日本語に慣れてきたら、日常言語だけでなく、学習言語の育成も意識して支援を行うとよいでしょう。

② 保護者

【課題】

・日本語での説明が十分に伝わっておらず、必要な情報が届いていないこともあります。理解できていなくても「わかった」と言ってしまう人もいます。

・言葉の壁により保育所との信頼関係が築けないことで、大きなトラブルに発展してしまうこともあります。

・文化や習慣の違いから、日本人の間では当たり前とされるような子どもへの関わりが、保護者に受け入れられないこともあります。

【配慮のポイント】

・日々のやり取りは、わかりやすい日本語や母語を交えたイラスト、翻訳機器等を活用したり、実物を見せて説明することが大切です。

・文書だけでは伝わりづらい可能性があるため、口頭でも確認するとよいでしょう。

・面談や行事など日本語による細かい説明を必要とする場合には、通訳など母語と日本語の両方がわかる人を介したやり取りが確実です。

・送迎時等の積極的な声かけにより、話しやすい雰囲気づくりをしてみましょう。

2 文化面に関する課題と配慮のポイント

以下に、文化面に関する課題と配慮のポイントを見ていきます。

① 子ども

【課題】

・日本の食事になじみがなく給食が食べられないなど、文化や食習慣の違いからも子どもが保育所等での生活に不安を感じることがあります。

・日本文化や生活習慣に親しむ一方で、日常生活のなかで母国の文化に触

れる機会が少なくなってしまうこともあります。

【配慮のポイント】

・食事や生活習慣など、母国との違いが大きく慣れるまでに時間がかかることもあるため、日本のやり方を強制せず、保護者とも相談しながら接するとよいでしょう。

・自身のルーツである母国文化への愛着や誇りをもてるよう、あいさつや歌など日々の生活のなかで外国籍等の子どもの文化に触れる機会を設けることも重要です。

② 保護者

【課題】

・子どもに対し、宗教上の理由で豚肉を食べさせてはいけない、着替えの際は肌を見せてはいけないなど、国や地域によって多様な習慣・決まりがある場合があります。

・文化や生活習慣等の違いから、外国籍等の保護者が孤立してしまうことも課題となっています。

【配慮のポイント】

・各国の習慣や宗教によってタブーとされることや望ましいとされることは異なるとともに、考え方についての個人差もあるため、入園時の面談や、日々のやり取りのなかで細かく確認することが重要です。

・行事等については、宗教上の理由等により参加が難しいこともあるため、イラスト等を用いて趣旨や内容をわかりやすく伝えたうえで、参加のしかたについて相談するとよいでしょう。

・保護者同士でも多文化理解を進めるため、お互いの文化を紹介するイベント等を実施したり、保護者間の交流を促したりすることも有効です。

・相手の文化を尊重するとともに、日本の保育所等におけるルールや保育に対する考え方などについても保護者にわかりやすく説明することが重要です。

　外国籍家庭や外国にルーツをもつ家庭では、日本語のコミュニケーションや読み書きに困難が生じやすいことがあります。また、文化や風習の違いから、日本ではごく当たり前に行われることが、外国籍家庭にとっては問題になることがあります。そのため、保育においては、各家庭の実情や保護者の意向を踏まえることが大切です。さらに、日々の伝達においては、写真などを用いて視覚的に子どもの姿を伝えたり実物を示したりするなど、それぞれの保護者が理解できるような工夫が求められます。

4 家庭が抱えるニーズへの気づきと多面的な理解

　保育所には、ひとり親家庭、外国籍の親、里親家庭*や養子縁組家庭*など、配慮を必要とするさまざまな家庭があります。休日や深夜に働く保護

重要語句

里親家庭

→「児童福祉法」第6条の4により定められている制度で、保護者のいない児童、保護者の養育が不適当とされる児童を、里親もしくは保護委託者に委託する。施設入所が長期にならないよう里親による家庭的な環境での養育が推進されている。

養子縁組家庭

→親子に血縁関係がない者の間で、法律的に親子関係を成立させる制度である。縁組によって法的な親子関係が認められる。近年では保護者がいないもしくは育てられない児童と、子どもをもてない夫婦への福祉の意味が強い。

11 コマ目

特別な配慮を要する家庭

→基本的に保育時間を11時から22時までの11時間としている。夜間保育は、主に民間保育所が良好な環境に配慮して実施している。

→夜間（20時以降）に及ぶ保育、あるいは宿泊を伴う保育を行っている営利を目的とした認可外保育施設である。死亡事故などが問題となり、行政の指導監督や年に一度以上の立ち入り調査などが行われている。

者のなかには、保育所以外に夜間保育*やベビーホテル*などを利用する重複した保育を必要としている家庭もあります。このような状況は、保育所に入所する前に把握している場合もありますが、入所後に家庭の状況が変化して、新たに問題が発生することもあります。保育所は、常に子どもや家庭の変化に気を配り、生活実態を把握しておく必要があります。

　保育所における子育て支援は、乳幼児を育てる保護者が親として育っていく道のりを支える「保育所を利用するすべての家庭を対象とした支援」と、特別なニーズをもつ家庭への「個別的な支援」に大きく分けてとらえることができます。

　前者は、離乳食をどのように進めるのか、排泄の自立の時期や子どもの自己主張にどう向き合うかなど、乳幼児を育てる多くの家庭が直面する困りごとに取り組む保護者への支援です。後者の例としては、子どもの障害や発達に課題がみられる家庭、外国籍家庭や外国にルーツをもつ家庭、保護者に育児不安等がみられる家庭、不適切な養育が疑われる家庭があげられています（「保育所保育指針解説」第4章2（2）イ、ウ、2（3））。

　前者でも後者であっても、いずれにおいても保育者が保護者のニーズに「気づく」ことが第一歩として必要です。そして、そのニーズを多面的に理解していくことが、支援の適切さにつながるといえます。保育者は、日常のなかで継続的に保護者と接する機会をもつからこそ、そのような保護者の「いつもと違う」ようすに気づくことができます。保育者は、そうした意味で、保護者が困っていることに「気づける」機会をたくさん有する専門職といえます。保護者との日常的なやり取りをとおして、不安や負担感を捉えること、また大きな困りごとは解決できなくても日々の小さな不安や負担感を取り除くことが、保育所の子育て支援の大半の働きといえます。

　そのためには、保護者が素直に自分の気持ちを表現できるような保育所の雰囲気づくりが必要になります。職員全体で、保護者の思いに「気づく」、状態や状況を「気にかける」という雰囲気をつくっていくことが必要です。

おさらいテスト

❶ 現代の保育においては集団とは［　　　］なものだという視点が必要である。

❷ 保育所での障害児の受け入れは年々［　　　］を続けている。

❸ 外国籍家庭等の子どもの保育にあたっては、国籍や民族だけで判断せず、どのような［　　　］があるかを個別にていねいに確認することが大切である。

演習課題

外国籍家庭の支援について考えてみよう

①外国籍家庭の保護者に、保育所での行事を説明する資料を作成してみましょう。たとえば遠足について、お弁当などの持ち物やいつもの保育とはどこが違うのかなどをイラストや簡単な文章で伝えるお知らせをつくってみましょう。遠足やお弁当の文化がない国の保護者にも伝わるように、工夫しましょう。

　　ヒント：
　　以下のような取り組み例もあります。ホームページを参考にしてみてください。
　　三菱ＵＦＪリサーチ＆コンサルティング「保育所等における外国籍等の子どもの保育に関する取組事例集」厚生労働省　令和元年度子ども・子育て支援推進調査研究事業　2020年
　　https://www.murc.jp/wp-content/uploads/2020/04/koukai_200427_1_3.pdf
　　（2022年4月26日確認）

②外国籍家庭の保護者の子育てを支援する、公的なサポートとして各自治体ではどのような取り組みがなされているのかを調べてみましょう。

11
コマ目

特別な配慮を要する家庭

第4章

子どもの精神保健と
その課題

この章では、現代の子どもが抱える課題について、
精神保健という観点からみていきます。
子どもの生活には現代社会が抱えるさまざまな問題が影響しています。
ときにそれは子どもの精神状態にも影響し、そのストレスが、
心身の症状として現れる場合もあります。子どものまわりの環境と、
それが心身に与える影響について理解していきましょう。

子どもの生活・生育環境とその影響①

今日のポイント

1. 遺伝的要因と環境的要因が相互に関わり合って発達が促進される。

2. 核家族、少子化、子どもの貧困などの今日的な社会問題は子どもの心身の発達に影響を及ぼす。

3. 乳幼児のデジタルデバイスの適切な利用について考える必要がある。

1 発達と環境

1 遺伝か環境か

　発達に影響を与える要因にはどのようなものがあるでしょうか。その人が置かれている環境や経験によって生じる変化を心理学では学習と呼びます。練習などによってできなかったことができるようになったり、うまくいかなかったことが上手になったり新たな行動パターンを得るのです。

　一方、環境にかかわらず遺伝的な身体内部の働きによって生じる変化のことを成熟といいます。発達は、学習と成熟によって促進され、この背景には環境的要因と遺伝的要因の相互作用があると考えられています。

　しかし、古くは、発達に大きな影響を及ぼすものは「生まれ（遺伝的要因）か育ち（環境的要因）か」といった二元論的な考え方でとらえられていました。それぞれの発達に対する考え方をみていきましょう。

① 環境優位説

　哲学者のロックは、17世紀に、生まれたばかりの乳児を「タブラ・ラサ」と表現しました。これは、まだ何も書かれていない石板を意味します。つまり生まれたばかりの乳児は、まっさらな白紙の状態にも似て、日々を過ごすうちにそこに経験したことが書き加えられていくと考えました。このようなとらえ方を経験主義と呼びます。

　20世紀に入り、心理学の世界では学習心理学が発展し、経験による行動変容に研究の焦点が当たりました。そのなかで、行動主義心理学の創始者であるワトソン*は、「私に1ダースの健康な赤ちゃんと彼らを育てる環境を与えてくれれば、その子の祖先がどうであろうと、その子を弁護士でも芸術家でもドロボウでも何者にでもしてみせよう」（Watson,J.B.,1924）と述べています。

ワトソン
(Watson, J.B.)
1878〜1958年
アメリカの心理学者。精神分析を中心とする心理学のあり方に異を唱え、客観的に観察することができる行動に焦点を当てて、人間を理解しようとした。幼児を対象とした情動条件づけ（恐怖条件づけ）の実験も有名。

② 成熟優位説

1）双生児による研究

　環境優位説とは異なり、発達において経験よりも生物学的な成熟を重視するのが成熟優位説であり、アメリカの心理学者であり小児科医でもあるゲゼルは一卵性双生児を被験者とした実験を行いました（図表12-1）。

図表12-1　ゲゼルの階段上り実験

被験者：一卵性双生児の乳児（ここでは仮にA児とB児とする。） 手続き：①まずA児が、生後46週から52週にかけて階段上りの訓練を受ける。 　　　　②次にB児が生後53週から55週にかけて同様の訓練を受ける。 結　果：両者の訓練が終了した生後56週目に、階段上りの速さを測定したところ、A児とB児の成績に大きな差はみられなかった。

　このゲゼルの実験から何がわかるでしょうか。A児は早期から訓練を始めましたが、56週の時点で、訓練の開始が遅く期間も短かったB児に追いつかれています。このことから、ゲゼルは、学習が効果的に成されるには生物学的成熟、つまり学習するための準備体勢が整っている必要があると考えました。この学習の準備体勢のことをレディネスといいます。

2）家系による研究

　生得的な要因を重視する研究として、遺伝学者のゴールトンによる家系研究があります。ゴールトンは家系研究によって、優れた人物の家系からは同様に優れた人物が多く輩出されていることを見出しました。また、心理学者のゴダードは、カリカックという人物の2つの家系の調査から、発達に及ぼす遺伝的要因の大きさについて報告しています（図表12-2）。

図表12-2　ゴダードによる家系研究

被験者：カリカック（男性） 手続き：カリカックと2人の女性との間に生まれた子孫をそれぞれ追跡調査した。 結　果：知的水準が低い女性との間に生まれた子孫にはアルコール中毒者や犯罪者が見出されたが、結婚した地元の名士の娘との間に生まれた子孫には、前者のような者は見出されなかった。

　ただし、この研究は、一事例に基づくものであり普遍性に乏しいといえます。また、現代ではこのような研究は倫理面で問題となるでしょう。

2　遺伝も環境も

　ここまでで2つの説を概観してきましたが、それぞれの説で重視している遺伝的要因と環境的要因は、実際には明確に切り分けて考えることが難しいものです。たとえば、ワトソンが重視している経験は、発達のうえで大変重要ですが、環境を整え適切な経験をさせれば思うように子どもが育

ゴールトンは遺伝学者であり、また進化論を唱え「種の起源」を著したダーウィンの従兄弟でもあります。

つというものではありません。

　また、ゴダードの家系研究では、2人の女性の差異は知的水準だけでなく生活水準にもあったと考えられます。そうであれば、生活の苦しさから盗みを働くなどの行動につながったかもしれず、必ずしも遺伝的要因だけが原因とはいえなくなります。遺伝的要因も環境的要因も、どちらか一方だけでなく相互に関わりながら発達に影響を及ぼしているのです。

① 輻輳説

　発達には遺伝的要因と環境的要因の両者が大きく関わるという考えは心理学者のシュテルンとルクセンブルガーの輻輳*説にも現れています。輻輳説は、発達には2つの要因が足し算のように関わり合うと考えます。ルクセンブルガーの図式（図表12-3）によれば、いずれの機能も遺伝的要因と環境的要因の影響を受けますが、その割合（相対的寄与率）はそれぞれ異なります。機能は図の対角線上で表され、遺伝的要因が大きい場合も、環境的要因が大きい場合もあります。

図表12-3　ルクセンブルガーの図式

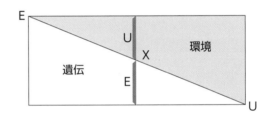

出典：岡田敬藏「遺傳と環境」井村恒郎・懸田克躬・島崎敏樹・村上仁責任編集『異常心理學講座』第1巻第5冊、みすず書房、1954年をもとに作成

② ジェンセンの環境閾値説

　心理学者のジェンセンは、個人がもつ遺伝的特性はある一定の水準以上で発揮されるが、その水準以下では発揮されないと考え、遺伝的要因と環境的要因の関連について言及しました。また、閾値*は遺伝的特性によって異なるとし、たとえば特性Aは環境が劣悪であっても顕在化しやすく、特性Dは、かなり整った良好な環境条件下でないと顕在化しないと考えました（図表12-4）。特性Aは身長の高さ、特性Dは器楽の演奏などがその例です。

　身長の高さは、両親が高身長であれば、よほど栄養状態が悪い環境でない限り遺伝的に高身長になることが期待できます。しかし器楽演奏は、楽器を購入したり器楽演奏の教師に師事したりできる経済的な豊かさがないと才能を開花させることは難しいでしょう。

語句説明

輻輳

→異なるものが1か所に集約されること。

語句説明

閾値

→ある反応を生じさせるための最小限の刺激。

図表12-4　ジェンセンの環境閾値説

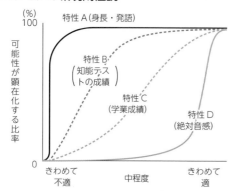

出典：東洋「知的行動とその発達」岡本夏木・古沢頼雄・高野清純・波多野誼余夫・藤永保編『認識と思考』金子書房、1969年、20頁をもとに作成

③ 相互作用説

　シュテルンやルクセンブルガーらの輻輳説は、2つの異なる要因が足し算のように関わり合うという考え方でしたが、遺伝的要因と環境的要因がかけ算のように相乗的に関わり影響し合うと考えるのが相互作用説です。

　たとえば、運動能力が大変高い子どもがいたとしましょう。この子どものもって生まれた運動能力の高さは、その子どもに適したトレーニングを整った設備や優秀なコーチのもとで行うことができる環境を用意することでさらに伸ばすことができるでしょう。反対に、どんなに整った環境を用意しても、十分な遺伝的要因がなければ一流のアスリートになることは困難だといえます。このように遺伝的要因と環境的要因が互いに影響を及ぼし合い、相乗的に関わり合って発達が促進されるのです。現在では、この相互作用説が発達の主流な考え方とされています。

2　現代的な生育環境

　前項では、遺伝的要因と環境的要因が相互に関わり合って発達が促進されることについて述べました。環境的要因は発達に大きな影響を及ぼしますが、子育てにおける現代的な環境の要因について次に概観していきましょう。

1　核家族・ひとり親家庭

① 核家族

　世帯には、一人暮らしである単身世帯と2人以上の世帯構成員から成る親族世帯があります。核家族*は親族世帯の一形態です。図表12-5は、親族世帯数に占める核家族世帯数の比率の推移を示しています。1920年では核家族の占める割合は6割ほどでしたが、およそ100年後の2020年に

重要語句

核家族
→夫婦のみ、夫婦とその子ども、ひとり親家庭（父子世帯、母子世帯）のいずれかで構成される。

図表12-5　親族世帯数に占める核家族世帯数の比率の推移

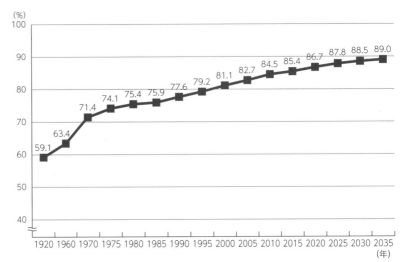

出典：総務省「人口動態・家族のあり方等社会構造の変化について」をもとに作成
https://www.soumu.go.jp/main_content/000452791.pdf (2021年10月26日確認)

は8割を超え、今後も増加が見込まれています。

　国民的なテレビアニメの「サザエさん」は、1969年に放映が開始されました。「サザエさん」に登場する磯野家は、当時の典型的な一家族として表されていますが、放映開始当時は三世代同居は一般的でした。しかし、年月を経て核家族化が進み、現代では三世代世帯数は著しく減少傾向にあります。

　図表12-6は、「国勢調査」に基づいて三世代世帯数の推移を示したものですが、15年間に一般世帯数に占める三世代世帯数の割合は半分近くま

図表12-6　一般世帯数に占める三世代世帯数の割合

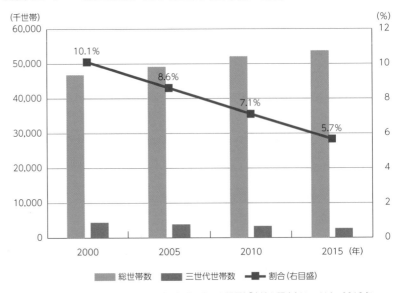

出典：三瓶朋秀「三世代の同居・近居の現状と推進に向けた課題」『立法と調査』No. 416、2019年

で減少しています。

　核家族においては、親世代が祖父母世代からの影響を受けにくく、自分たちの価値観や生活パターンを保つことが容易です。その半面、慣れない育児に向き合うときに、祖父母からは、経験や知識に基づいた助言や必要に応じた手伝いというサポートが得にくい面があります。育児に関わる文化の継承も難しくなるでしょう。また、家族の形態だけでなく地域とのつながりが希薄な場合は、子育ては閉鎖的になり養育者の孤立が進みます。

② ひとり親家庭

　両親のうちどちらか片方と子どもから構成されている世帯を単親世帯またはひとり親家庭と呼びます。図表12-7 は、2017年に厚生労働省が発表したひとり親家庭の調査結果です。

　厚生労働省によれば、母子世帯におけるひとり親世帯になった理由は、1983年の調査では配偶者との死別が36.1%、離婚が49.1%であったのに対し、2017年では死別8.0%、離婚79.5%となり、死別の割合が減少する一方で離婚の割合が増加しています。

　両親の離婚は、子どもに片親との別居による喪失感や対立する両親との間に立つ情緒的なストレスのほか、引越しにともなう環境の変化など多大な影響を及ぼします（Kelly & Emery, 2003）。また、自己肯定感の低下や抑うつ状態に陥るなどの心理的な危機につながることもあります（Baker, 2007）。また、ひとり親家庭では世帯収入が低く、経済面での不安も生じ

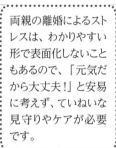

両親の離婚によるストレスは、わかりやすい形で表面化しないこともあるので、「元気だから大丈夫！」と安易に考えず、ていねいな見守りやケアが必要です。

図表12-7　母子世帯と父子世帯の状況

	母子世帯	父子世帯
1　世帯数［推計値］	123.2万世帯 （123.8万世帯）	18.7万世帯 （22.3万世帯）
2　ひとり親世帯になった理由	離婚 79.5%　（80.8%） 死別 　8.0%　　（7.5%）	離婚 75.6%　（74.3%） 死別 19.0%　（16.8%）
3　就業状況	81.8%　（80.6%）	85.4%　（91.3%）
就業者のうち正規の職員・従業員	44.2%　（39.4%）	68.2%　（67.2%）
うち自営業	3.4%　　（2.6%）	18.2%　（15.6%）
うちパート・アルバイト等	43.8%　（47.4%）	6.4%　　（8.0%）
4　平均年間収入［母又は父自身の収入］	243万円（223万円）	420万円（380万円）
5　平均年間就労収入［母又は父自身の就労収入］	200万円（181万円）	398万円（360万円）
6　平均年間収入［同居親族を含む世帯全員の収入］	348万円（291万円）	573万円（455万円）

注：1）（　）内の値は、前回（平成23年度）調査結果を表している。
　　2）「平均年間収入」及び「平均年間就労収入」は、平成27年の1年間の収入。
　　3）集計結果の構成割合については、原則として、「不詳」となる回答（無記入や誤記入等）がある場合は、分母となる総数に不詳数を含めて算出した値（比率）を表している。
出典：厚生労働省「平成28年　全国ひとり親世帯等調査結果の概要」2017年
https://www.mhlw.go.jp/file/05-Shingikai-12601000-Seisakutoukatsukan-Sanjikanshitsu_Shakaihoshoutantou/0000190571.pdf
（2021年10月26日確認）

ます。収入を得るための就労と子育てを両立させていくうえで、親自身にも心身の負担が大きくのしかかっています。「ひとり親家庭の現状と支援施策について」（厚生労働省、2020）では、ひとり親家庭等の自立支援策として、①子育て・生活支援、②就業支援、③養育費確保支援、④経済的支援の4本の柱を立て、多様なニーズをワンストップでキャッチして必要な支援につなぐ相談支援体制の構築を強調しています。

2 少子化

　1970年代の第二次ベビーブーム以降出生数が減少に転じ、日本社会は少子化の問題を抱えることになりました。合計特殊出生率は、1971年の2.16から2005年の1.26まで著しい落ち込みを見せています。近年、多少の上昇傾向にありますが、人口の維持に必要とされる（人口置換水準）2.08にはまだまだ及びません。

　出生率低下の要因として「晩婚化」と「夫婦出生児数の減少」があげられますが（図表12-8～12-10）、この2つの現象が加速した1990年代後半は、本来であれば第二次ベビーブームで生まれた子どもたちが親世代になる時期でもありましたが、第三次ベビーブームには至りませんでした。

　国立社会保障・人口問題研究所が行った「2015年　社会保障・人口問題基本調査（結婚と出産に関する全国調査）」では、結婚の意思がある未婚者に、1年以内に結婚する場合の障害について尋ねていますが、最も多かった回答が「結婚資金」であり、女性においては「職業や仕事上の問題」をあげる者が多いという結果になりました（図表12-11）。

　結婚、出産時の経済面の不安を軽減するためには、仕事と家庭の両立支援策が必須ですが、「厚生労働白書」（2021年）によれば、近年、育児休業制度の定着化が図られてきている一方で、第1子出産後の継続就業割合は半数程度にとどまっています。また、男性労働者のうち、育児休業制度の利用を希望していたにもかかわらず取得できなかった者は約4割にも上ります。晩婚化、少子化の問題を解決するには、まだまだ課題が多く残っているといえるでしょう。

　少子化は、子どもの発達にどのような影響を及ぼすでしょうか。発達の過程で、他者と関わり合いながら適応的な新しい行動パターンを学習することは大変重要です。なかでも観察学習（モデリング）は、試行錯誤などの実体験に基づく学習と異なり、効率的で現実場面に即した学習方法といえます。観察学習では観察対象（モデル）の存在が不可欠ですが、少子化の進行は、身近な日常生活のなかで自分と近い年齢のモデルの行動を参照する機会を子どもから奪ってしまうことになります。

　子どもが多かった時代は、きょうだいとの関わりを通して学ぶことが多く、また近所の子どもたちと遊ぶ際も、同年齢の友だちだけでなく友だちのきょうだいも含めた異年齢集団での活動が日常的に展開されていました。近年では少子化により、これらの経験を得ることが難しく、幼稚園や保育所等での集団活動が大切な経験の場となっています。

🗨️ プラスワン

第二次ベビーブーム

第二次世界大戦後の1947～49年に、戦争終結の安心感や戦地から成人男性が帰国したことにより、前後の時期と比較して出生数が増加した。これを第一次ベビーブームという。この第一次ベビーブーム世代が成人して結婚、出産の時期を迎えたことにより再び出生数が増加した時期を、第二次ベビーブームという。

男性の育児休業については、8コマ目を参照しましょう。

図表 12-8　出生数、合計特殊出生率の推移

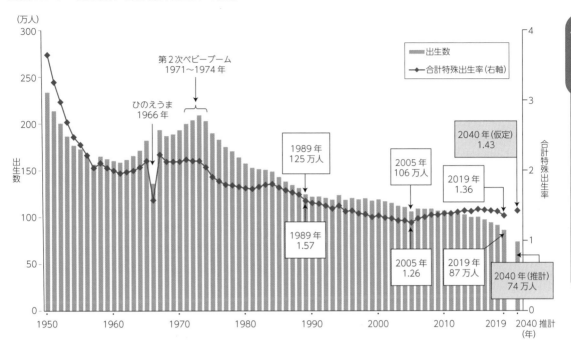

出典：厚生労働省『令和 2 年版　厚生労働白書』2020 年
https://www.mhlw.go.jp/content/000735866.pdf (2021 年 10 月 26 日確認)

図表 12-9　年齢別未婚率の推移

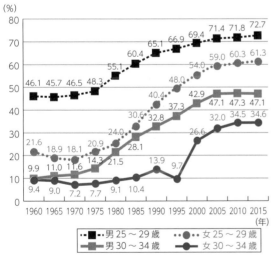

出典：内閣府『令和 3 年版　少子化社会対策白書』2021 年をもとに作成
https://www8.cao.go.jp/shoushi/shoushika/whitepaper/
measures/w-2004/html_g/indexg.html (2021 年 11 月 2 日確認)

図表 12-10　妻の年齢別に見た平均出生児数の推移

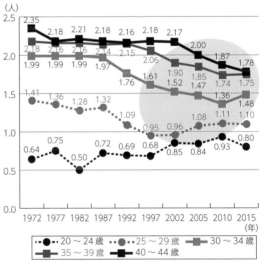

出典：図表 12-9 と同じ

図表12-11　男女別の結婚の障害の内容

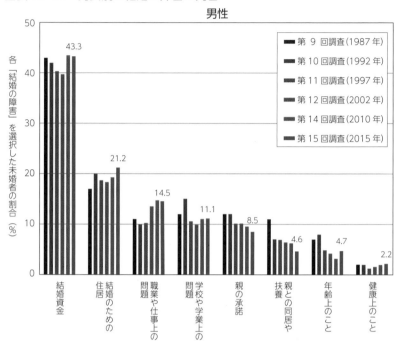

男性

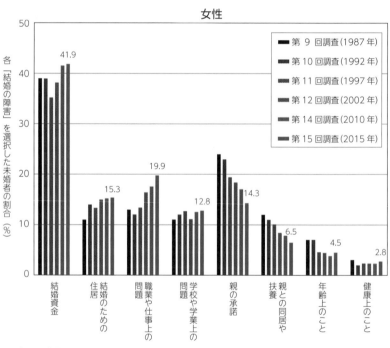

女性

注：グラフの数値は第15回調査のもの。
出典：国立社会保障・人口問題研究所「2015年　社会保障・人口問題基本調査（結婚と出産に関する全国調査）」2015年
http://www.ipss.go.jp/ps-doukou/j/doukou15/NFS15_reportALL.pdf（2021年11月24日確認）

3　貧困

　貧困とは、社会生活を送るうえで必要となる資源（衣食住、医療、教育等）が十分に得られない状態を示します。貧困には絶対的貧困*と相対的貧困*があります。絶対的貧困とは、地域や時代にかかわらず、「生きていくうえで必要な食料を手に入れることができない」といった種類の貧困をいいます。それに対して相対的貧困は、「ほとんどの幼児が就学前に幼稚園や保育所などに通うのに、生活費に余裕がないため通うことができない」といった状況を指し、貧困かどうかの基準は他者との比較によって決まるため、社会的な背景と関連します。

　前者は貧困という概念を生物的な視点からとらえ、後者は社会的な視点からとらえているといえるでしょう。両者を比べたとき、生命の維持に関わる絶対的貧困のほうが大きな問題と考えられがちですが、生活している地域や時代に即した活動が貧しさによって果たせないということは、周囲の人よりも社会参加の機会が失われることになり、絶対的貧困と同様に大きな問題と考えられます。

　子どもの貧困は、①身体的発達、②情緒面の安定性、③教育等の機会、④アイデンティティの形成などにマイナス面での影響を及ぼします。また、貧困が長期にわたった場合は、その子どもが成人して親になったときにも貧困が繰り返される可能性があります（貧困の連鎖）。

　図表 12-12 は、1985 年以降の相対的貧困率の推移を表しています。相対的貧困率、子どもの貧困率はともに 1985 年から 2012 年にかけて右肩上がりに上昇しています。この状況を踏まえ、2013 年に「子どもの貧困対策の推進に関する法律」が制定されました。この法律は、国および地方公共団体に子どもの貧困対策（教育支援、生活支援、就労支援、経済的支

重要語句

絶対的貧困

→生活するうえで必要最低限の基準が満たされない状態のこと。

相対的貧困

→その人が住んでいる地域の生活水準と比較したときに、他の大多数の者よりも貧しい状態のこと（等価可処分所得の中央値の 50％を下回っている所得水準）。

12 コマ目　子どもの生活・生育環境とその影響①

プラスワン

貧困の連鎖

貧困が複数の世代にわたり長期化した状態を指し、「貧困の世代的再生産」と呼ぶこともある。

図表 12-12　相対的貧困率の推移

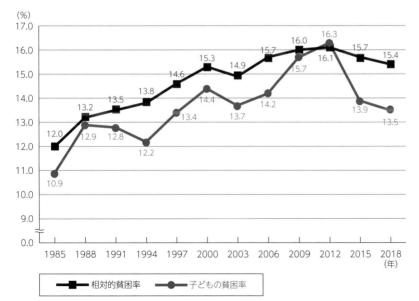

出典：厚生労働省「2019 年　国民生活基礎調査結果の概況」2020 年

援）を義務づけています。

　貧困の問題では、経済的な支援だけでなく心理的なケアやサポートも必要になります。保育所等においても、保護者や子どものようすを日頃からていねいに観察し、何らかの変化（サイン）に気づいたらすぐに適切な対応ができるように心がけておくとよいでしょう。

4　デジタルメディア

　ここ数十年における大きな変化として、日常生活へのデジタルメディア*の浸透があげられます。2019年に実施された「幼児視聴率調査」（山本、2019）によると、調査対象となった幼児（2〜6歳）の1日当たりのテレビの平均視聴時間（リアルタイム視聴）は63分、録画やDVDによる視聴は25分、インターネット動画視聴は16分と、幼児の生活にもデジタルメディアが根を下ろしていることがわかります。

　橋元ら（2017）が行った調査では、保護者が子ども（1〜6歳の第1子）に使用させている情報機器のなかでは、ほかのデバイスと比較してスマートフォンが最も多く（図表12-13）、また、スマートフォンやタブレット端末でよく利用しているサイトやアプリケーションで最も多かったのはYouTubeで、調査対象となった0〜6歳のいずれの年齢においても抜きん出て利用率が高い結果となっています（図表12-14）。

重要語句

デジタルメディア
—————————
→デジタル化された画像・動画・音声、ウェブサイト、SNS等のソーシャルメディア、電子書籍などを指す。

図表12-13　乳幼児の年齢別情報機器の状況

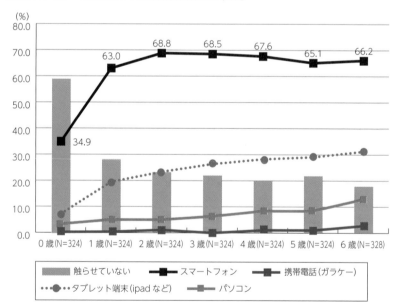

出典：橋元良明・久保隅綾・大野志郎「育児とICT──乳幼児のスマホ依存、育児中のデジタル機器利用、育児ストレス」2017年
https://www.iii.u-tokyo.ac.jp/manage/wp-content/uploads/2019/03/35_2.pdf（2021年11月2日確認）

図表12-14　乳幼児の年齢別「YouTube」「LINE」「ゲームアプリ」の
利用状況

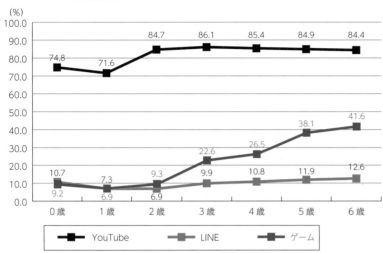

出典：図表12-13と同じ

図表12-15　乳幼児のスマートフォンへの依存傾向

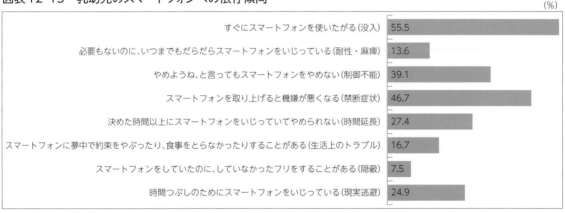

出典：図表12-13と同じ

　乳幼児のデジタルデバイスやネット利用に対する保護者の認識とはどのようなものでしょうか。「子守り代わりになる（静かにさせる、あやす）」「ネットからさまざまな情報を得ることができる」といったメリットをあげる反面、「使いすぎによる心身への悪影響」「使いすぎによる家族間のコミュニケーションの減少」などのデメリットも心配しています。子どもにスマートフォンを利用させている保護者を対象に、前述の橋元らがスマホ依存の傾向を調査したところ、図表12-15のような結果になりました。すでに乳幼児期からスマートフォンへの依存傾向が見て取れます。

　このように、デジタルデバイスと適切な距離感をもって使用することは容易なことではありませんが、使用者が子どもの場合だけでなく、大人の場合にも問題が生じます。マクダニエルとラデスキーは、保護者のデジタ

ルデバイス使用が親子間の交流を阻害することをテクノフェレンスと名づけました。このテクノフェレンスは、子どもの抑うつや攻撃性、多動性などの問題にも関連するとし、警鐘を鳴らしています。

　デジタルデバイスは、その利便性から今後ますます生活のあらゆる側面で活用されるようになるでしょう。しかし、子どもの健全な発達と安全を考えて、その利用のあり方に配慮や工夫が必要です。

おさらいテスト

❶ [　　　] 要因と [　　　] 要因が相互に関わり合って発達が促進される。
❷ [　　　]、少子化、子どもの貧困などの今日的な社会問題は子どもの心身の発達に影響を及ぼす。
❸ 乳幼児の [　　　] の適切な利用について考える必要がある。

発達と環境について考えを深めよう

①自分が得意とするものについて、遺伝的要因と環境的要因の視点から考えワークシート
に記入し、グループで発表し合いましょう。

得意なもの
例：バレーボールが得意

遺伝的要因
例：両親に似て背が高いので、背の高さをプレーに生かすことができる。

環境的要因
例：入学した高等学校に専門のコーチがいるバレー部があった。

②本コマ第1節「発達と環境」で学習したことに基づいて、幼児の早期教育についてディ
スカッションしてみましょう。発展的学習としてブルーナーの学習優位説について調べ
てみましょう。

ディスカッション①

　本コマ第2節「現代的な生育環境」第1項～第3項で学習したことをもとに、現代の子どもを取り巻く環境に配慮した保育についてディスカッションしてみましょう。

①三世代世帯と核家族世帯のそれぞれの特徴を考えてみましょう。また、三世代世帯で生活する子どもの視点を理解するために、三世代世帯で幼少期を過ごしたことのある人にインタビューしてみましょう。

②少子化が進む現代において、幼児期の子ども同士が触れ合う機会は減少しつつあります。そのような社会背景を考慮して、保育の場ではどのようなことに留意すればよいか話し合ってみましょう。

ディスカッション②

乳幼児のデジタルメディアの利用について考えましょう。

①乳幼児期の子どもの健全かつ安全なデジタルメディアの利用についてディスカッションしましょう。

②現在小学生以上の年齢で問題となっている「ゲーム依存症」について調べてみましょう。そこでわかったことをもとに、乳幼児期の保育でどのようなことに留意すればよいか話し合ってみましょう。

子どもの生活・生育環境と その影響②

今日のポイント

1. 虐待は「身体的虐待」「性的虐待」「ネグレクト」「心理的虐待」の4種類に分けて定義づけられている。
2. 虐待の背景を理解するためには、多角的な視点で検討する必要がある。
3. 発達期に愛着が適切に形成されないと愛着障害が生じる場合がある。

1 虐待

1 虐待とは

虐待とはどのような行為でしょうか。殴る、蹴るといった身体への暴力行為がすぐに思い浮かぶと思いますが、「児童虐待の防止等に関する法律」（2000年制定）では虐待を、「身体的虐待」「性的虐待」「ネグレクト*」「心理的虐待」の4種類に分けて定義しています。具体的には図表13-1のとおりです。つまり、直接的に身体に危害を加える「身体的虐待」「性的虐待」のみならず、「ネグレクト」や「心理的虐待」も虐待の概念に含まれます。身体のみならず子どもの心を傷つける行為も見過ごされるべきではないのです。実際の事例では、これらの種別が単独のものや複数の虐待が重なっているものも報告されています。

重要語句

ネグレクト

→幼児や高齢者のような社会的弱者に対して、養育義務や保護を果たさずに放任すること。

最近では「不適切な養育」といった、より広義の概念である「マルトリートメント（maltreatment）」という表現が使われることがあります。

図表13-1 児童虐待の定義

身体的虐待	殴る、蹴る、叩く、投げ落とす、激しく揺さぶる、やけどを負わせる、溺れさせる、首を絞める、縄などにより一室に拘束する　など
性的虐待	子どもへの性的行為、性的行為を見せる、性器を触る又は触らせる、ポルノグラフィの被写体にする　など
ネグレクト	家に閉じ込める、食事を与えない、ひどく不潔にする、自動車の中に放置する、重い病気になっても病院に連れて行かない　など
心理的虐待	言葉による脅し、無視、きょうだい間での差別的扱い、子どもの目の前で家族に対して暴力をふるう（ドメスティック・バイオレンス：DV）、きょうだいに虐待行為を行う　など

出典：厚生労働省ホームページ「児童虐待の定義と現状」
https://www.mhlw.go.jp/stf/seisakunitsuite/bunya/kodomo/kodomo_kosodate/dv/about.html
（2021年10月27日確認）

　図表13-2 は、厚生労働省が発表した2020年度の児童虐待相談対応件数の推移を表したグラフです。20万5,044件の相談対応が行われ、過去最高の値となっています。このデータを、単に、年々右肩上がりに相談対応件数が増加しているととらえるだけでなく、「増加の背景には、虐待への問題意識の高まりという社会的変化があり、カウントされる件数が増加したこと（数値が低かった時期も潜在的に虐待がもっと存在していた可能性があること）」「ここに現れている数値は『相談対応件数』であり、まだ相談対応につながっていない虐待があるかもしれないこと（実数としてはもっと高い数値である可能性があること）」も念頭に置く必要があるでしょう。

　2020年度の虐待相談の内容別件数を虐待の種別で見ると、最も多いのが「心理的虐待」、次いで「身体的虐待」「ネグレクト」「性的虐待」の順になっています（図表13-3）。

　また、死亡に至った事例では、「子ども虐待による死亡事例等の検証結果等について（第17次報告）」によれば、「ネグレクト」「身体的虐待」の割合が高く、年齢別にみると 3 歳未満ではネグレクトの割合が高いのに対し、3 歳以上では 4 割以上が「身体的虐待」によるものとなっています（図表13-4）。死亡事例での主たる加害者は、3 歳未満でも 3 歳以上でもともに実母が最も多く、4 割以上を占めています。

13
コマ目

子どもの生活・生育環境とその影響②

図表13-2　児童虐待相談対応件数の推移

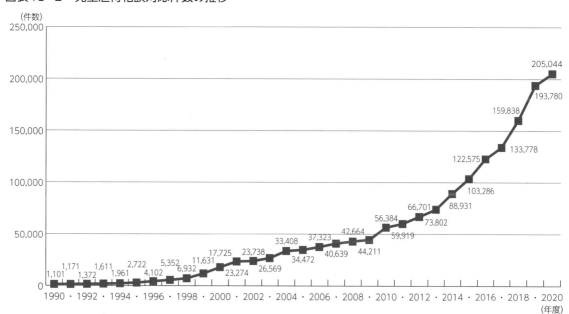

出典：厚生労働省「令和 2 年度　児童相談所での児童虐待相談対応件数」2021年をもとに作成
https://www.mhlw.go.jp/content/000863297.pdf (2022年 6 月 6 日確認)

図表13-3 児童相談所での虐待相談の内容別件数の推移

	身体的虐待	ネグレクト	性的虐待	心理的虐待	総　数
2009年度	17,371 (39.3%)	15,185 (34.3%)	1,350 (3.1%)	10,305 (23.3%)	44,211 (100.0%)
2010年度	21,559 (38.2%)	18,352 (32.5%)	1,405 (2.5%)	15,068 (26.7%)	56,384 (100.0%)
2011年度	21,942 (36.6%)	18,847 (31.5%)	1,460 (2.4%)	17,670 (29.5%)	59,919 (100.0%)
2012年度	23,579 (35.4%)	19,250 (28.9%)	1,449 (2.2%)	22,423 (33.6%)	66,701 (100.0%)
2013年度	24,245 (32.9%)	19,627 (26.6%)	1,582 (2.1%)	28,348 (38.4%)	73,802 (100.0%)
2014年度	26,181 (29.4%)	22,455 (25.2%)	1,520 (1.7%)	38,775 (43.6%)	88,931 (100.0%)
2015年度	28,621 (27.7%)	24,444 (23.7%)	1,521 (1.5%)	48,700 (47.2%)	103,286 (100.0%)
2016年度	31,925 (26.0%)	25,842 (21.1%)	1,622 (1.3%)	63,186 (51.5%)	122,575 (100.0%)
2017年度	33,223 (24.8%)	26,821 (20.0%)	1,537 (1.1%)	72,197 (54.0%)	133,778 (100.0%)
2018年度	40,238 (25.2%)	29,479 (18.4%)	1,730 (1.1%)	88,391 (55.3%)	159,838 (100.0%)
2019年度	49,240 (25.4%)	33,345 (17.2%)	2,077 (1.1%)	109,118 (56.3%)	193,780 (100.0%)
2020年度	50,035 (24.4%) (+795)	31,430 (15.3%) (−1,915)	2,245 (1.1%) (+168)	121,334 (59.2%) (+12,216)	205,044 (100.0%) (+11,264)

注：1）割合は四捨五入のため、100%にならない場合がある。
　　2）2010年度は、東日本大震災の影響により、福島県を除いて集計した数値である。
出典：図表13-2と同じ

図表13-4 死因となった主な虐待の類型（3歳未満と3歳以上）（心中以外の虐待死）

区分	3歳未満		3歳以上		不明	
	人数	構成割合	人数	構成割合	人数	構成割合
身体的虐待	11 （4）	32.4%	6 （1）	40.0%	0 （0）	0.0%
ネグレクト	10 （3）	29.4%	2 （1）	13.3%	1 （1）	12.5%
心理的虐待	0 （0）	0.0%	1 （1）	6.7%	0 （0）	0.0%
性的虐待	0 （0）	0.0%	0 （0）	0.0%	0 （0）	0.0%
不明	13 （11）	38.2%	6 （6）	40.0%	7 （6）	87.5%
計	34 （18）	100.0%	15 （10）	100.0%	8 （7）	100.0%

出典：社会保障審議会児童部会児童虐待等要保護事例の検証に関する専門委員会「子ども虐待による死亡事例等の検証結果等について（第17次報告）」2021年
https://www.mhlw.go.jp/content/11900000/000825392.pdf（2021年10月27日確認）

2　虐待が子どもに及ぼす影響

　人間の子どもは、ほかの哺乳類と比較しても、大変無力な状態で生まれてきます。そのため、養育者の存在は不可欠です。その命綱ともいえる養

育者から虐待を受けることは、子どもの心身に多大な悪影響を及ぼします。

① 心的外傷と解離

　トラウマという言葉を耳にしたことがありますか。心的外傷を指す専門用語ですが、最近ではかなり一般的に使われるようになってきました。トラウマとは、何らかの激しい衝撃（ショック）を伴う経験をしたことで、その後の生活や行動に精神的あるいは身体的な問題を生じさせてしまうことです。トラウマを経験すると、不眠、情緒不安定、過覚醒、頻脈、集中力の低下といった症状が現れます。これはPTSD（Post Traumatic Stress Disorder：心的外傷後ストレス障害）と呼ばれます。PTSDには、フラッシュバックといってトラウマを想起させる出来事や場所、もの、人物に触れることで辛い体験を心理的に再体験する症状も出現し、トラウマを連想するものを避けるようになります。

　虐待は長期間にわたって行われることが多いため、子どもは日常的にトラウマ体験を繰り返すことになりますが、自力でそのつらい日常から脱出することはほとんど不可能です。そこで、子どもによっては、解離（かいり）の症状を見せることがあります。

　解離とは、たとえば過酷な体験をしている身体から意識を切り離したり、痛みを感じないように感覚を遮断したりすることをいいます。これらは子どもが意図的に行っているわけではありませんが、自分自身を守るための心の働き（防衛機制）といってよいでしょう。大ケガをするほど殴られたり性的行為を強いられているときに、子ども自身がその情景をあたかも他人事のように離れたところから見ているといったイメージをもつ経験が、解離の症状の一つです。

　また、解離性健忘（かいりせいけんぼう）は、通常の物忘れでは説明がつかないような、特定の出来事（トラウマにつながる体験など）を思い出すことができないという限局的な健忘を指します。

② 脳の変容

　健常児と比較すると、小児期に虐待を受けた人の脳には、大きなダメージが生じているという研究結果が報告されています。被虐待児は、社会・心理学的発達が抑制されるものの、その治療は可能であるととらえられてきましたが、近年、研究が進み、虐待によって、子どもの脳に器質的な変容が生じることがわかってきました。

　友田（2009；2011）によれば、小児期に虐待を受けたPTSD患者では、健常者と比較して、脳の海馬*や扁桃体*、前頭前野*に変容がみられたとのことです。また、暴言による虐待を受けた子どもは聴覚野、性的虐待を受けた子どもは視覚野に異変が生じたとの報告もあります。成長期に虐待を受けると脳の発達が阻害され、その影響は成人になってからも続くことになるのです。

　3　　虐待の要因

　虐待には、さまざまな要因が関与するため、虐待の背景を把握するためには多角的な視点で検討をする必要があります。

つらい体験を実感したり、何度も思い出したりしないように自分を守っているのね。

📝 重要語句

海馬

→大脳辺縁系の一部であり、記憶や学習に関わる。

扁桃体

→大脳辺縁系の一部であり、記憶、情動反応に関わる。

前頭前野

→段取りよく円滑に行動するためのワーキングメモリー、プランニング、衝動性の制御、行動の切替えなどの実行機能をつかさどる。

① 養育者の要因

「虐待の連鎖」という言葉がありますが、養育者の生育歴は子どもを育てるうえで大きな影響を及ぼします。養育者自身が不適切な養育を受けて育っていると、育児に当たり、自分の親の養育のしかたをなぞってしまったり、親と似たタイプの配偶者を選んでしまったりすることがあります。

また育児は思いどおりにいかずストレスの多いものですが、ストレス耐性が低い養育者だと心理的な余裕を保つことが難しくなり、虐待に至ることもあります。さらに、養育者の信念体系（こうあるべきといった判断基準や価値観）がかたくなであったりゆがんでいたりしても虐待につながりやすくなります。

② 子どもの要因

同じ養育者であっても、子どもがもつ気質によって育児の負担は大きく変わります。もし、多動傾向があり、眠りが浅く、一定の生活リズムを形成しにくい子どもであれば、そのような傾向のない子どもよりも養育者の心身の負担は増加します。子どもの発達にアンバランスさがみられる場合は、行動の面（多動性、衝動性の高さ、行動の切り替えの悪さなど）、社会性の面（環境の変化や他者に対しての拒否感、他者への関心が薄い、コミュニケーションがとりにくいなど）、感覚の面（抱っこやおんぶの拒否、過度の偏食、音や光、においへの過敏性やこだわりなど）に特異な問題が出やすく、育てにくさが生じます。

プラスワン

過敏性
発達障害の一つである自閉スペクトラム症（ASD）では、聴覚や触覚などに過敏性を見せる例が少なからずある。

事例	子どもの要因が養育スタイルに影響し虐待に至った例

マホさんは 3 歳のミオちゃんのお母さんです。大変まじめで努力家であり、学生時代はコツコツ勉強をして難易度の高い資格をとるなど、周囲から高く評価されました。結婚後も仕事を続けながら、家事に育児にがんばっています。しかし、ミオちゃんの子育てでは、なかなか思うようにいかないことが多く、特に神経質なミオちゃんが、外出時に道にあおむけになって金切り声をあげながら駄々をこねるのには閉口しています。子育て仲間に相談しても、育児書を何冊か読んでも、これといった解決には至りません。マホさんは、それまでの人生で「努力は裏切らない」ことを実感していましたが、子育てでは自分の努力が空回りをしている気がして虚しさを覚えています。

最近は、やさしく言い聞かせても効果がないので、声を荒げるようになってきました。それでも駄々がやまないことが多いので、先日はついに、軽くミオちゃんの頭を叩いてしまいました。ミオちゃんはビックリして一度泣きやみましたが、その後ますます大声で泣き叫びました。周囲の視線に耐えられず、早く静かにさせようともう少し強く叩いたところミオちゃんは泣きやみました。マホさんは、ほっとした反面、今後自分の行動がエスカレートするのではないかと不安になりました。

上記の例は、まだはっきりとした虐待には至っていないかもしれませんが、先行きが心配です。マホさんのもつ生真面目さは長所ですが、ミオちゃんの気質の前ではマイナスに働いています。もしマホさんが、「ミオには泣

くだけの理由があるのだろう。イライラするけれどこらえよう。子どもが泣き叫んでバツが悪いけれど、子育てはこのようなものだ」といったポジティブな開き直りができれば、周囲の目を過度に気にして叩くという行為はとらずにすんだかもしれません。このように、養育者側の要因と子ども側の要因が関わり合い、影響し合って虐待が形成されていくことがあります。

③ 環境的要因

育児が行われている環境も重要な要因です。虐待への支援を始める前に、家庭環境にどのようなリスク要因があるかアセスメント*をする必要があります。リスクの高い環境とは、ひと言でいえば家庭内の人間関係に問題があるケースです。「ひとり親家庭」「内縁者や同居人がいる家庭」「夫婦の不和」「家族間のDV」などはリスク要因となりえます（図表13-5）。

また、家庭の経済状況や就労状態の悪さも養育者のストレスにつながり、虐待の原因になることがあります。

図表13-5　虐待に至るおそれのある要因 （リスク要因）

1. 保護者側のリスク要因
・妊娠そのものを受容することが困難（望まぬ妊娠、10代の妊娠）
・子どもへの愛着形成が十分に行われていない。（妊娠中に早産等何らかの問題が発生したことで胎児への受容に影響がある。長期入院）
・マタニティブルーズや産後うつ病等精神的に不安定な状況
・元来性格が攻撃的・衝動的
・医療につながっていない精神障害、知的障害、慢性疾患、アルコール依存、薬物依存
・被虐待経験
・育児に対する不安やストレス（保護者が未熟等）　　　等
2. 子ども側のリスク要因
・乳児期の子ども
・未熟児
・障害児
・何らかの育てにくさを持っている子ども　　　等
3. 養育環境のリスク要因
・未婚を含む単身家庭
・内縁者や同居人がいる家庭
・子連れの再婚家庭
・夫婦関係を始め人間関係に問題を抱える家庭
・転居を繰り返す家庭
・親族や地域社会から孤立した家庭
・生計者の失業や転職の繰り返し等で経済不安のある家庭
・夫婦不和、配偶者からの暴力等不安定な状況にある家庭
・定期的な健康診査を受診しない　　　等

出典：厚生労働省ホームページ「子ども虐待対応の手引き」
https://www.mhlw.go.jp/bunya/kodomo/dv12/02.html (2021年10月27日確認)

13 コマ目
子どもの生活・生育環境とその影響②

📝 **重要語句**

アセスメント

→一般には、評価、評定、査定などを意味するが、ここでは実態把握とそこから得られた情報を分析することを指す。

マタニティブルー（ズ）は、7コマ目を参照しましょう。

179

■4 虐待と家庭支援

　虐待は、ときに命に関わる問題ですが、家庭という外から見えにくい環境で発生するため防止が難しい側面があります。また、前述のように、虐待の死亡事例では実母が加害者であることが最も多いことが報告されています。核家族化で祖父母などの手助けや助言が得にくいこと、ひとり親家庭であることや夫婦がそろっていても配偶者が仕事に追われ、一人で育児を担わなければならないことなどの現代的な社会のあり方が、母親（主た

図表13-6　子ども虐待による死亡事例等を防ぐためのリスクとして留意すべきポイント

養育者の側面
○妊娠の届出がなされておらず、母子健康手帳が未発行である
○妊婦健康診査が未受診である又は受診回数が極端に少ない
○関係機関からの連絡を拒否している 　（途中から関係が変化した場合も含む）
○予期しない妊娠／計画していない妊娠
○医師、助産師の立会いなく自宅等で出産
○乳幼児健康診査や就学時の健康診断が未受診である又は予防接種が未接種である 　（途中から受診しなくなった場合も含む）
○精神疾患や抑うつ状態（産後うつ、マタニティブルーズ等）知的障害などにより自ら適切な支援を求められない
○過去に自殺企図がある
○養育者がDVの問題を抱えている
○子どもの発達等に関する強い不安や悩みを抱えている
○家庭として養育能力の不足等がある若年（10代）妊娠
○子どもを保護してほしい等、養育者が自ら相談してくる
○虐待が疑われるにもかかわらず養育者が虐待を否定
○訪問等をしても子どもに会わせない
○多胎児を含む複数人の子どもがいる
○安全でない環境に子どもだけを置いている
○きょうだいなどによる不適切な養育・監護を放置している

生活環境等の側面
○児童委員、近隣住民等から様子が気にかかる旨の情報提供がある
○生活上に何らかの困難を抱えている
○転居を繰り返している
○社会的な支援、親族等から孤立している（させられている）
○家族関係や家族構造、家族の健康状態に変化があった

子どもの側面
○子どもの身体、特に、顔や首、頭等に外傷が認められる
○一定期間の体重増加不良や低栄養状態が認められる
○子どもが学校・保育所等を不明確・不自然な理由で休む
○施設等への入退所を繰り返している
○一時保護等の措置を解除し家庭復帰後6か月以内の死亡事案が多い
○きょうだいに虐待があった
○子どもが保護を求めている、または養育が適切に行われていないことを示す発言がある

援助過程の側面
○関係機関や関係部署が把握している情報を共有できず、得られた情報を統合し、虐待発生のリスクを認識及び同一の支援方針による対応ができていない
○要保護児童対策地域協議会（子どもを守る地域ネットワーク）における検討の対象事例になっていない
○家族全体を捉えたリスクアセスメントが不足しており、危機感が希薄である
○スクリーニングの結果を必要な支援や迅速な対応に結びつけていない
○転居時に十分な引継ぎが行えていない
○転居や家族関係の変化の把握ができていない
○ネグレクトの継続が事態の悪化だと捉えられていない
○子どもの発言等をアセスメントや支援方針に活かせていない
○継続的に支援している事例について、定期的なアセスメントが適切に行われていない

注：子どもが低年齢・未就園である場合や離婚・未婚等によりひとり親である場合に、上記ポイントに該当するときには、特に注意して対応する必要がある。
　　（下線部分は、第17次報告より追加した留意すべきポイント）
出典：図表13-4と同じ

図表13-7　保護者援助のイメージ図

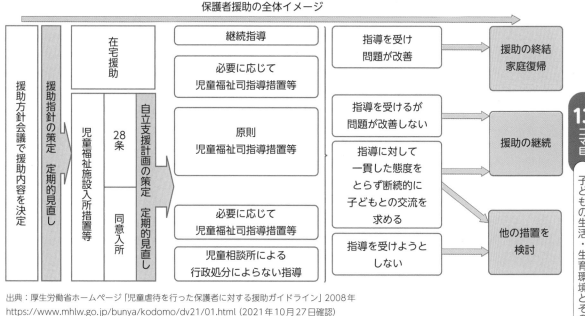

出典：厚生労働省ホームページ「児童虐待を行った保護者に対する援助ガイドライン」2008年
https://www.mhlw.go.jp/bunya/kodomo/dv21/01.html（2021年10月27日確認）

13
コマ目

子どもの生活・生育環境とその影響②

る養育者）を外の世界から孤立させ、その心身の負担を増やしている可能
性があります。

　社会保障審議会児童部会児童虐待等要保護事例の検証に関する専門委員
会による「子ども虐待による死亡事例等の検証結果等について（第17次報
告）」では、死亡事例を防止するための虐待事例について調査をし、国や地
方公共団体に対して提言を行っています。

　図表13-6では、死亡事例に至るサインを見逃さないためのリスク要因
と留意点がまとめられています。

　また、虐待を行ってしまった養育者に対しては、「児童虐待を行った保
護者に対する指導・支援は、子どもの最善の利益を保障するために実施す
る」という考えのもと、「児童虐待を行った保護者に対する援助ガイドライ
ン」が作成され、子どもへのサポートのみならず養育者へのサポート体制
も整えられています（図表13-7）。

■5■　虐待と保育者

　保育者は、どのように「虐待」という問題と向き合えばよいのでしょう
か。

　子どもが家庭以外で長く時間を過ごすのは保育所や幼稚園等です。園で
の子どものようすを日頃からしっかりと観察し、通常と異なるようすがみ
られないか注意するとよいでしょう。少しでも虐待のサインがみられるよ
うであれば事実の確認をしたり、子どもの安全や安心感を損なうことなく
話を聞くことも大切です。子どもは、家庭外の人に現状を訴えたくてもう
まく説明できなかったり、話すことに罪悪感をもったりすることがありま

図表13-8　虐待への対応の留意点

子どもへの対応	保護者への対応
・安心して自己表現できる環境を整える ・保育者を困らせる行動への理解と心構えをもつ ・子どもが楽しめる活動をとおして他者とのコミュニケーションの機会をつくる ・子どものうそを責めない（追い詰めない） ・子どもの前で保護者を悪く言わない ・子どもの話（証言）を聞くときは安全な場所で、信頼できる保育者が聞き取る（安易に「誰にも言わないから」といった約束をしない）	・虐待者だと決めつけない ・保護者を責めるのではなく、子どもの問題に焦点を当てる ・解決策を一緒に考える協力者としてのスタンスをとる ・保護者が発する言葉だけでなく、保護者の態度にも注目する

す。また、そもそも他者に話すだけのエネルギーがない場合もあります。十分な配慮をしながら情報を集めて整理し、必要に応じて通告の準備をします。その際の留意点は図表13-8のとおりです。

　虐待を発見した場合、「児童福祉法」（第25条）や「児童虐待の防止等に関する法律（児童虐待防止法）」（第6条）で通告が義務づけられています（図表13-9）。特に重篤な身体的虐待や性的虐待、保護者の精神状態がきわめて不安定な場合は自殺等のおそれもあるため通告が急がれます。まずは予防、そして通告による早期発見が子どもを虐待から守るカギになります。

図表13-9　虐待の発見に関する法律

「児童福祉法」第25条
　要保護児童を発見した者は、これを市町村、都道府県の設置する福祉事務所若しくは児童相談所又は児童委員を介して市町村、都道府県の設置する福祉事務所若しくは児童相談所に通告しなければならない。

「児童虐待防止法」第6条
　児童虐待を受けたと思われる児童を発見した者は、速やかに、これを市町村、都道府県の設置する福祉事務所若しくは児童相談所又は児童委員を介して市町村、都道府県の設置する福祉事務所若しくは児童相談所に通告しなければならない。

2　愛着障害

1　愛着とは

　愛着という言葉は、普段の生活では人に対してだけでなくものに対しても使いますが、心理学において愛着対象は人物ととらえ、特定人物と愛着対象（人物）との間に形成される、安全、安心、保護への欲求に基づいた

図表13-10　子どもと養育者間の愛着の関係

絆を意味します。

　養育者は子どもに一貫した安心感や保護を与え、子どもはそれらを与え
てくれる養育者に対して愛着をもちます（図表13-10）。

　心理学者のボウルビィ（➡ 5コマ目を参照）は愛着理論を唱え、子ども
が不安を感じたときに全幅の信頼を寄せる他者（主たる養育者）との物理
的距離を縮めることで安心感を得ること、またそのような経験を十分に積
むことが、子どもの社会性の発達に大きく寄与すると述べました。

　子どもの発達にとって、養育者はどのような役割を担うのでしょうか。
成長のために栄養（母乳や食べ物）を与えることだけが、その役割でしょう
か。発達には養育者のぬくもりが非常に重要であることを示す実験が、ア
メリカの心理学者であるハーロウによって行われました（図表13-11）。

図表13-11　ハーロウの実験

被検体：生後まもないアカゲザルの赤ちゃん。
手続き：母ザルから引き離し、実験室で飼育を行う。その際、人工的につ
　　　　くられた母ザル（代理母）を実験室内に 2 体用意する。1 体は、針
　　　　金でできた骨組みの人形であり、もう 1 体は、柔らかい布で覆わ
　　　　れた人形である。2 体のうちどちらかには哺乳瓶を取りつけ哺乳
　　　　機能をもたせる。子ザルが、どちらの母ザルの人形のもとで過ご
　　　　す時間が長いか観察を行う。
結　果：子ザルは、哺乳機能の有無に関わらず、布製の肌触りのよい人形
　　　　に触れて過ごすことが多かった。さらに、不安場面においても布
　　　　製の人形のほうにしがみついた。

ハーロウの実験で、ア
カゲザルの赤ちゃん
は、飢えを満たす以
上にぬくもりを欲した
のですね。前節の虐
待の問題と絡め、愛
着形成の大切さをし
っかり理解したいもの
です。

幼い子どもは、不安、恐怖、悲しみなどを感じたときに、母親（主たる養育者）のもとに駆け寄って抱きつくことが多いものです。これは母親を安全基地として、スキンシップをとることで自分の気持ちをなだめ安心感を得ているのです。

第4段階の発達を経て、お母さんと離れて園生活を楽しめるようになるのですね。

2 愛着の発達

ボウルビィによれば、愛着は乳幼児期に徐々に育まれるとし、愛着の発達を4つの段階に分けて説明しています。図表13-12は、各段階の特徴を整理したものです。

図表13-12　愛着の発達段階

第1段階 （出生～3か月頃）	主たる養育者とほかの者を区別しない。空腹や不快感を感じたときに泣くなどの信号行動によって周囲の注意をひき、特定の人物からの対応でなくても安定する傾向がある。
第2段階 （3～6か月頃）	身近な人物とそれ以外の人物を区別するようになる。ほかの人物と比較して身近な人物には、ほほえむなどの反応を見せることが多くなる。
第3段階 （6か月～2、3歳頃）	特定の人物（大体において主たる養育者）とそれ以外の人物を明らかに区別し、愛着の対象とする。愛着対象となった者以外から触れられたり、話しかけられたりすると警戒心を強める「人見知り」が出現する。愛着対象を安全基地とし、接近することで安心感を得る。
第4段階 （3歳～　　）	表象機能の発達にともなって、主たる養育者と物理的に接近していなくても、その温かいイメージを思い描けるようになる。愛着行動は減少し、行動範囲が広がっていく。

ボウルビィは、発達が進むにつれ、子どもはそれまでの母親（主たる養育者）との関わりに基づいて、母親の頼もしく温かいイメージを心の中に形成し、母親が近くにいなくても不安場面に対処できるようになると述べています。ボウルビィはこの愛着対象についてのイメージを、内的ワーキング・モデル*と呼びました。これが健全に形成されることで、その後、情緒的な安定性や相手への信頼感をもって他者と関係を構築することができるようになるのです。

3 愛着障害とは

これまで述べてきたように、愛着の形成は子どもの発達に非常に重要ですが、何らかの要因で愛着が適切に形成できない場合に子どもの情緒の安定や対人関係に問題が生じることがあります。これを愛着障害といいます。
アメリカ精神医学会による精神疾患の診断マニュアルである「DSM－5」では、愛着障害を、心的外傷およびストレス因関連症候群に分類し、反応性アタッチメント障害／反応性愛着障害、脱抑制型対人交流障害の2つに類型化しています。

重要語句

内的ワーキング・モデル

→乳児期に主たる養育者との相互的な交流を通して育まれる認知的な枠組み（スキーマ）のことで、子どもはこれを基盤として外界と関わることになる。

① 反応性アタッチメント障害／反応性愛着障害

「DSM-5」によると、この障害の子どもは「大人の養育者に対する抑制された情動的にひきこもった行動の一貫した様式」を呈するとしています。つまり、一般的には、子どもが不安や苦痛を感じたときに愛着対象との近接性を求めるといった愛着のシステムが活性化されますが、反応性アタッチメント障害の場合は、不安や苦痛を感じる場面において最小限にしか養育者に対して安心感や保護を求めようとしません。

② 脱抑制型対人交流障害

反応性アタッチメント障害が養育者に対しての反応が抑制的に働くのに対し、脱抑制型対人交流障害は、新奇な人物に対しても身近な人物同様に接近し、交流をもとうとします。また、社会常識的なレベルを逸脱して、年齢やその地域の文化にそぐわない過度のなれなれしさをみせます。その一方、不安な場面などで養育者を目で追って確認するといった行為の欠如がみられます。

この2つの愛着障害の背景には、ともに、情動の基本的欲求（安心、愛情など）が養育者によって十分に満たされなかったり、主たる養育者が頻繁に交代したりする不適切な環境があるとされています。すなわち、愛着障害は、後天的にこうむる障害です。

また、愛着障害はその状態像から、発達障害と混同されることもあります。愛着障害と発達障害は類似した状態を示しますが、まったく異なる障害のため注意が必要です。保育者は、ていねいなアセスメントによって子どもの実態把握を正確に行わなければなりません。

おさらいテスト

❶ 虐待は「[　　　]」「性的虐待」「ネグレクト」「[　　　]」の4種類に分けて定義づけられている。

❷ 虐待の背景を理解するためには、[　　　]な視点で検討する必要がある。

❸ 発達期に愛着が適切に形成されないと[　　　]が生じる場合がある。

13 コマ目　子どもの生活・生育環境とその影響②

プラスワン

愛着障害と発達障害の違い

現象面から見ると似通っているが、発達障害の場合は愛着障害と比較して、場面や相手、時間などで問題行動の有無が左右されにくい傾向がある。

ディスカッション

　虐待の早期発見のためには、子どもが出す虐待のサインを見落とさないことが重要です。次のワークシートに取り組んだあと、小グループに分かれてディスカッションしましょう。

①子どもが出す虐待のサインにはどのようなものがあると思いますか。

②虐待を受けている子ども、あるいは虐待を受けていると思われる子どもに対して、園生活のなかでどのような配慮をすればよいでしょうか（園内の気づきや支援体制の構築も合わせて考察しましょう）。

演習課題

調べてみよう

- -

　「チャウシェスクの落とし子（ルーマニアの孤児）」について調べてみましょう。調べた内容を13コマ目で学んだことと関連づけて、グループでディスカッションしてみましょう。

子どもの心の健康に関わる問題①

今日のポイント

1. 障害観が医学モデルから社会モデルに変化した。
2. 保護者の障害受容は容易ではなく、心理的変遷を経て受容に至る。
3. それぞれの障害種特有の困難さを理解して支援する。

1 障害のとらえ方と障害受容

1 社会モデルとしての障害

① 障害とは

　障害とは何でしょうか。皆さんはどのように定義づけしますか。たとえば「ショウガイ」という言葉を表記するとき、どのように表記しますか。

　「障害」「障がい」「障碍」「しょうがい」などさまざまな表記の方法がありますが、おそらく「障害」または「障がい」と表記する人が多いのではないかと思います。「障害」という言葉に含まれる「害」の字は、「害する」「害悪」などの言葉に用いられ、よいイメージはありません。障害のある当事者にとって不快な思いを抱く表現ともいえるでしょう。

　そのような配慮から、近年、パンフレットやポスター、Webページなどでは「害」を平仮名にして「障がい」と書くことが増えています。このような配慮は、それらがまったく考慮されなかった時代から考えると大きな進歩だといえるでしょう。もし皆さんが「障害」の概念について述べたいときは、皆さんそれぞれのとらえ方や考え方に基づいて、自由に表記のしかたを選択するとよいと思います。先に述べた考えから「障がい」の表記を選んでも問題ありません。

　ただし、レポートや何らかの書類などに、概念ではなく診断名などの固有名詞として表記したいときは、定められている表記に従うことが大切です。現在、さまざまな診断名には「○○障害」の名称がつけられています。その場合は固有名詞ですから、「○○障がい」と表記するのは誤りになります。診断名については、今後、時代を反映して修正や変更がなされつつありますが、このことを心に留めて表記のしかたを選択しましょう。

　障害の定義を考えるうえで、WHOによる障害のとらえ方の変遷を参照にしてみたいと思います。

たとえば発達障害の一つであるASD（Autism Spectrum Disorder）は、Disorderを当初「障害」と訳して「自閉症スペクトラム障害」といわれてきましたが、最近ではDisorderを「症」と訳して「自閉スペクトラム症」と呼ばれたりします。診断名はそのときどきで変更されますので、最新の情報に敏感でありたいですね。

② ICIDH（国際障害分類）

　WHO（世界保健機関）は1980年に「ICIDH（国際障害分類）」を刊行しました。その背景には、先進国における長寿とそれによる慢性疾患の増加、第二次世界大戦後の身体障害者の増加などがありました。このICIDHは、個人的な要因である疾病などが身体の機能や形態の障害を引き起こし、それが諸々の能力の障害につながり、ひいては社会的な不利を生じさせるととらえています（図表14-1）。

図表14-1　ICIDHの概念

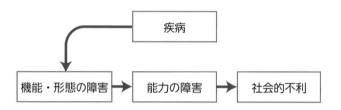

　ICIDHの考え方の例をあげましょう。大ケガや大病などで片脚を失った人がいるとします。片脚を失いましたので、脚の機能や形態に障害が生じます。さらにほかの人と比べて、どこかに移動するときに時間がかかったり、そもそも移動することが困難になったりといった能力の障害も引き起こされます。そのことは、行きたい場所に行けない、参加したい活動に参加できないといった社会的不利につながります。障害をこのようにとらえているのがICIDHです。機能訓練や治療等を行うことで、個人に生じる社会的不利を減じさせようという姿勢であり、医学モデルと呼ばれます。

③ ICF（国際生活機能分類）

　このICIDHの考え方に、個人を取り巻く環境要因の視点を盛り込んだものが、2001年の世界保健機関総会にて採択されたICF（国際生活機能分類）です。ICIDHが障害というマイナス面から考えているのに対し、ICFは「生活機能」という障害の有無に関わらないプラス面からアプローチしています。

　ICFの概念は図表14-2になります。ICIDHの概念との大きな違いは、それぞれをつなぐ矢印が双方向になっていることです。各要因は互いに影響を与えながらつながっています。

　図表14-2の中段、「心身機能・身体構造」「活動」「参加」は、ICIDHの「機能・形態の障害」「能力の障害」「社会的不利」に対応します。しかし、ICFはそれらが一方通行だけではなく、ほかの要因ともリンクしています。障害のある人もない人も、何らかの行動をとったり活動に参加したりするとき、能力などだけでなく、その日の健康状態に左右されることもあるでしょう。また、個人がもつ要因やその人が身を置いている環境の要因も大きく影響を与えることと思います。

ICIDHと違ってICF
には「障害」の表現が
ないのですね。

図表14-2　ICFの概念図

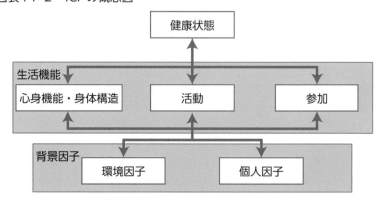

　先に述べた片脚を失った人の例をもう一度思い出してみましょう。機能
訓練をして身体のほかの部分を鍛えたり、個人的に車いすを用意したりと
いう方法で活動参加のバリア（障壁）となる事柄に対応するのも一つの方
法ですが、もしもその活動がオンライン上からも参加できるように企画さ
れていれば、訓練も車いすも必要はなくなります。

　ICFでは、障害の有無にかかわらず、活動への参加（社会への参加）が
可能になるよう環境を整備していく必要性があるという考え方が打ち出さ
れました。ここに障害は、個人的な問題ではなく社会全体で考えていくも
のというように大きな転換が成されました。ICIDHが医学モデルと呼ばれ
るのに対して、ICFは社会モデルと呼ばれています。

④ もう一度、障害とは

　文部科学省が2012年に公表した報告書のなかに、高等教育を受ける障
害のある者への支援についてまとめられた「障がいのある学生の修学支援
に関する検討会報告（第一次まとめ）」があります。その後の検討会で話し
合われた内容は、「第二次まとめ」として5年後に公表されましたが、そ
のときの題目が「障害のある学生の修学支援に関する検討会報告（第二次
まとめ）」でした。

　着目すべきは「障害」の部分です。一般には、標記に変更がある場合、
「障害」の表記が当事者への配慮から「障がい」に改められることが多いの
ですが、ここでは逆の変更となっています。これは、「障害」という概念の
とらえ方が、特定の個人を指すものから社会に生じる障害物（バリア）を
指すものへ変換したことを示しています。「障害」の表記については、一律
にどれが正解というものではありませんが、それぞれがこのような社会的
な背景も念頭に置きながら何が適切なのか考えていくことが大切です。

2　障害受容と保護者支援

① 保護者の抱えるストレス

　育児とは、たとえかわいいわが子であっても、保護者にとっては大きな
ストレスとなりうるものですが、障害児をもつ保護者には、健常児を育て
ている保護者とはまた異なるストレスが生じます。

図表14-3　障害児を育てている保護者が抱える悩み

- わが子に合った育て方や対応がわからない
- わが子の言動を理解することが難しい
- わが子がほかの子どもたちと交流をする機会が制限される
- 保護者がほかの保護者と交流する機会が制限されたり心理的負担が生じたりする
- 社会への参加や外出が制限される
- わが子と健常児との比較をしてしまう
- きょうだい児の養育にあてる時間やエネルギーが制限される
- わが子の将来への不安

育児にともなう一般的なストレスとしては、「肉体的な疲労」、「自由な時間の制限」、「自由な行動の制限」、「社会参加の機会の制限」などがあげられます。障害児を育てるうえでは、これらの疲労や制限が増大する傾向があります。さらに、子どもに合った育て方や対応のしかたがわからないという問題も出てきます。育児書は大概、標準的な発達の子どもを想定して書かれていますので参考にならないことが多く、周囲の者（実家の両親やきょうだい）も的確な知識をもっていないことがほとんどです。また、祖父母や配偶者からの心理的プレッシャーを感じて、「自分の育て方がいけないのだ」、「障害のある状態で産んでしまったのは自分のせいだ」などと、自責の念を強める場合もあります（図表14-3）。

子どもが幼児期になり、保育所や幼稚園等の同年齢集団に参加するようになると、保護者は、他児とわが子の差を意識せずにはいられなくなります。場合によっては、集団のなかでのわが子のようすから、はじめて障害に気づくこともあるでしょう。障害特性や発達の遅れなどへの不安から、保護者自身が精神的に不安定になったり、他児の保護者と良好な関係を築けず過度のストレスを抱えたり孤立したりすることもあるため、保育者は気をつけて見守る必要があります。

② 障害受容のプロセス：段階的なとらえ方

精神科医であるキューブラー・ロスの1960年代の著作に『死ぬ瞬間——死とその過程について』があります。キューブラー・ロスは、このなかで、死に至る不治の病に罹患した者の心理的な過程を図表14-4のように説明しました。

> 身近な存在として、保育者が、悩んでいる保護者に対して適切な専門機関を紹介したり、保育者自身が正しい知識を身につけていることがよいサポートになります。

図表14-4　キューブラー・ロスによる死の受容過程

第1段階	第2段階	第3段階	第4段階	第5段階
否認・隔離	怒り	取引	抑うつ	受容

出典：キューブラー・ロス、E.／鈴木晶訳『死ぬ瞬間——死とその過程について』中央公論新社、2020年をもとに作成

14 コマ目　子どもの心の健康に関わる問題①

自分が重篤な病であり回復の見込みがないと知ったとき、人はまず、「この私に限ってそのようなことはない」とその受け入れがたい事実を否定し、不安が増すような情報や事柄から距離を置こうとします。これが第1段階の「否認・隔離」です。次に、いよいよその事実が動かしがたいものであるとわかったときに、「なぜ自分がそのような目にあわなければならないのか」といった怒りが生じます（第2段階「怒り」）。そして「過酷な治療に耐えているのだからきっと回復するはずだ」といった考えや宗教などに頼り、「これだけ祈ったのだから、これだけ献金したのだからきっと治るに違いない」といった、いわば運命と交渉するような心理的状態になります（第3段階「取引」）。しかし、どれだけつらい治療に耐えても、どれだけ祈りを捧げても、運命が変わらないことに気づいたとき、人はなすすべを失い無気力状態に陥ります（第4段階「抑うつ」）。キューブラー・ロスはこれらの心理的変化を経てはじめて、現実をありのままに受け入れる「受容」（第5段階）に至ると述べています。

　つらい現実を受け入れるプロセスとして、障害の受容にも同様のことが考えられます。ドローターらは、先天性奇形をもつ子どもの誕生に対する親の反応を図表14-5のようにまとめました（Drotar et al.,1975）。「第1段階：ショック」「第2段階：否認」「第3段階：悲しみと怒り」「第4段階：適応」「第5段階：再起」という5つの心理的プロセスは、キューブラー・ロスの考えと共通するものがあります。ドローターらは、これらのプロセスを「どのような心理的状態を経るのか」といった視点だけでなく、「各段階の心のありようがどのくらいの強さで生じるのか」「その状態がどのくらいの期間維持されるのか」といった視点からも説明しています。

　図表14-5によれば、はじめて事実に直面したときのショックは大変強く、その衝撃を緩和するために、長い時間をおかず否認の状態に入っています。その後の悲しみと怒りの段階では、事実を受け入れ心を立て直すためにある程度の時間が必要であることがわかります。

図表14-5　ドローターらの先天奇形をもつ子どもの誕生に対する親の正常な反応のプロセス

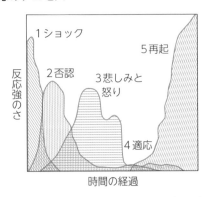

出典：中田洋二郎『子どもの障害をどう受容するか──家族支援と援助者の役割』大月書店、2002年をもとに作成

③ 障害受容のプロセス：らせん的なとらえ方

　前項では、障害受容の心理的過程の段階的な考え方を示しましたが、心理学者の中田（1995）は、障害受容を段階としてとらえないこと、課題としてとらえないこと、悲哀やジレンマが異常な反応ではなく通常の反応であるという理解を促すモデルを考える必要性に言及し、障害受容の過程をらせん状に示しました（図表14-6）。

図表14-6　障害の受容の過程

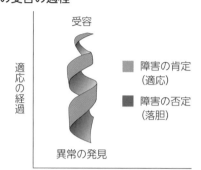

出典：中田洋二郎「親の障害の認識と受容に関する考察――受容の段階説と慢性的悲哀」『早稲田心理学年報』27、1995 年をもとに作成

　中田は、親の内面には障害を肯定する気持ちと否定する気持ちの両方の感情が常に存在するとし、双方は表裏を成していると考えました。つまり、保護者の内面では、障害に対して肯定的かつ適応的にとらえる時期と否定的で落胆する時期が交互に繰り返され、徐々に適応に向かっていくととらえています。

　ソルニットとスタークは『障害児の誕生と喪』（1961 年）のなかで、「障害児の誕生は、『期待した子どもの死』である」と表現し、その喪の過程をしっかりと経なければ、期待していた健康な子どもへの切望が、家族がその子どもを受け入れなじむことを妨げ続けると述べています。障害の受容には時間が必要です。子どもの年齢がまだ低い段階では保護者の障害受容はまだ十分ではないことも多く、保育者はこのことを心に留めておく必要があるでしょう。保護者の障害受容のプロセスをせかすことなく見守り、サポートしていくことが求められます。また保育者は、保護者が障害のマイナス面だけにとらわれないように、その子どもが保育活動のなかで世界を広げていく機会をつくり、保護者とともに成長を実感できるよう努めることが大切です。

④ 見えにくい障害の受容と保護者支援

　障害には、「見えやすい障害」と「見えにくい障害」があります。前者はたとえば肢体不自由や視覚障害です。車いすを利用している人や視覚障害があり白杖を使用している人を前にしたとき、障害者に関わる専門家でなくても、これらの人がどのような場面でどのような障害（バリア）にぶつかるかは容易に想像がつきます。想像ができるということは、困難さの理解や支援行動につながりやすいということでもあります。

一方、後者の例は発達障害などの障害です。知的能力も標準かそれ以上を有し、障害を示す外見上の特徴もありません。それゆえ、障害特性による困難さを「努力不足」「性格上の問題」「親のしつけが悪い」などととらえられ、周囲からの理解を得ることが難しくなる場合があります。

事例　「見えにくい障害」と保護者の心理的負担

　マリさんは、自閉スペクトラム症の5歳の男の子ケンタちゃんのお母さんです。ケンタちゃんは、3歳頃から文字が読めるようになり、大好きな電車の名前もたくさん知っているため、よく「頭のよい子」とほめられます。しかし、同年齢の子どもとコミュニケーションをとることが苦手で、こだわりが強く日常のパターンが崩れることを嫌うといった障害特性をもっています。

　ある朝、マリさんがケンタちゃんを連れて保育所まで向かっていると、いつも通る道で道路工事が行われていました。突然大きな機械の音が鳴り響き、聴覚過敏のあるケンタちゃんは耳をふさいで泣き出しました。通行するにも道が狭くなっていましたので、マリさんは迂回しようとケンタちゃんの手をとって横道に入りかけました。

　ところが、ケンタちゃんは、いつもと違う道に行くことを全身で拒みました。大きな音と通園の道順のパターンが崩れたことで、ケンタちゃんはパニック状態になって金切声を上げながら地面にひっくり返って泣き叫びました。このような状態になってしまうと、ケンタちゃんは何を言っても聞く耳をもちません。手を引いても動こうとしません。そのようすを目にした同じ保育所に通う別の保護者が通り過ぎながら、「頭がよくても、しつけがなっていない子なのね」とささやき合っているのをマリさんは耳にしてしまいました。マリさんは自分自身が泣きたくなりました。

　この事例では、周囲の人に、ケンタちゃんの障害ゆえの困難さへの気づきや理解はありません。ケンタちゃんの行動を親のしつけ不足と判断しています。

2　さまざまな障害を抱えた子どもたち

1　身体障害

① 視覚障害

　視覚障害と聞くと、明るさをまったく知覚することができない全盲の状態を思い浮かべる人が多いかもしれませんが、視覚障害は、大きく分けて盲と弱視に分類することができます。

　盲は、何らかの行動をとる際に、視覚情報を活用することができませんので、触覚や聴覚情報を手がかりにします。弱視は、視機能の低下のため視覚の活用が十分に行えず、生活上の困難さが生じている状態です。視機能の低下とは、ものがぼやけて見える屈折異常やコントラストの低下、視野狭窄や中心暗点を指します。弱視児のなかでも視力が0.01未満の者は、

💬 プラスワン

視野狭窄

見える範囲が狭まり、全体をつかみにくくなる状態を指す。

中心暗点

視野の中心が見えにくくなる状態。

図表14-7　点字

ア	イ	ウ	エ	オ	カ	キ	ク	ケ	コ
サ	シ	ス	セ	ソ	タ	チ	ツ	テ	ト
ナ	ニ	ヌ	ネ	ノ	ハ	ヒ	フ	ヘ	ホ
マ	ミ	ム	メ	モ	ヤ		ユ		ヨ
ラ	リ	ル	レ	ロ	ワ(ヰ)			(ヱ)ヲ	

撥音符（ン）　　促音符（ッ）　　長音符（ー）

出典：社会福祉法人日本点字図書館ホームページ「点字一覧表」
https://www.nittento.or.jp/images/pdf/information/braille_lists.pdf（2022年5月2日確認）

点字*（図表14-7）使用が多くなります。

　「学校教育法施行令」第22条の3には、視覚障害者を「両眼の視力がおおむね0.3未満のもの又は視力以外の視機能障害が高度なもののうち、拡大鏡等の使用によつても通常の文字、図形等の視覚による認識が不可能又は著しく困難な程度のもの」と定義しています。

　視覚情報を活用することができない、あるいは制限される視覚障害児を育てるうえでは、触覚情報や聴覚情報を十分に受け止め利用できるような働きかけが必要でしょう。また、床にものを置かない、物の置き場所を不用意に変えないといった環境整備をすることは移動の際の危険を防止し、安心して積極的に外界に働きかける素地をつくります。

　盲と弱視といった視機能の視点からだけでなく、その障害が先天的なものか後天的なものかといった視点も、視覚障害の子どもを理解するうえで大切です。後天的な障害、つまり中途視覚障害の場合、言語を習得後であれば視覚表象（ビジュアル的なイメージ）を言語と結び付けて概念を獲得しているため、その経験が視覚障害が生じた後にプラスに働くこともあります。しかし、それまでの視覚情報に頼った生活が一変することは大きな喪失感をともないます。この喪失感を乗り越えるためには、周囲の障害理解とサポートが不可欠でしょう。

② 聴覚障害

　聴覚障害は、聞こえに関する聴力の障害に代表されます。一般に、補聴器を用いても音声言語を聞き取ることに困難な場合を聾、補聴器によってある程度聴力を補い、音声情報を活用できる場合を難聴と呼びます。難聴は、重度難聴、高度難聴、中等度難聴、軽度難聴に分けられます。難聴の程度が重い場合は、聾者と同様に手話*をコミュニケーションの手段とす

✎ 重要語句

点字

→印刷物の文字を目で読むことの代わりに、紙に凹凸をつけて指先でたどり情報を得るもの。

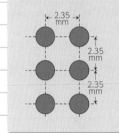

💬 プラスワン

視覚障害児・者との会話の留意点

視覚障害児・者は聴覚情報を活用できるといっても、会話のなかで指示語（あれ、それなど）を使用すると、何を指しているかわかりづらいので避けるなどの配慮は必要である。

✎ 語句説明

手話

→主に聴覚障害者が用いるコミュニケーション手段であり、身ぶり、表情などを使った視覚言語である。

14 コマ目　子どもの心の健康に関わる問題①

ることがあります。前述の「学校教育法施行令」第22条の3によれば聴覚障害者とは「両耳の聴力レベルがおおむね60デシベル以上のもののうち、補聴器等の使用によつても通常の話声を解することが不可能又は著しく困難な程度のもの」とされています。

難聴は、伝音性難聴、感音性難聴、混合性難聴の3つに大別されます。伝音性難聴は、外耳や中耳の音を伝える機能（伝音機構）の障害によるものですので、補聴器などで音を大きくすることで改善されることがあります。一方、感音性難聴は、内耳や聴神経の障害のため、音の感じ方に障害が出ます。たとえば、音がひずんで聞こえたり、子音が明瞭に聞き取れなかったりするため、単に音を大きくすれば聞き取りやすくなるというものではありません。そのため短絡的に「難聴児は補聴器の装用で聞こえの問題が解決する」と考えるのは誤りです。

手話だけでなく、聴覚障害の子どもは、話し手の口元を観察し、その口形から話の内容を把握する口話（こうわ）という方法を用いることもあります。そのため、聴覚障害の子どもとコミュニケーションをとる場合は、その子どものほうに顔を向けて口をしっかり開けて明瞭に発音し、話の内容に合わせて表情などの非言語的なサインも添えることが大切です。

聞こえに障害がある場合、言語発達にも大きな影響が及びますので、聴覚障害の子どもの支援を行うにあたり、その障害がどの発達段階で生じたかを把握することは重要です。障害が生じたのが3歳以前の場合、音を手がかりにしたコミュニケーションの基盤が築けず、視覚情報や触覚情報を主として言語を獲得することになります。乳児期の喃語（なんご）は、乳児の感覚的な一人遊びでもあり、喃語を発することにより養育者からの反応を引き出したり、他者とのやり取りの経験をしたりすることにもつながりますが、聴覚障害児の場合、それらの機会を失うことになります。3歳以降に障害が生じた中途失聴の場合は、すでにある程度の言語獲得がなされ、音声を媒介としたコミュニケーションの経験もあるため、日本語獲得のうえで重篤な問題にはつながらないことが多いといえます。それでも集団に参加したときに、他者とうまくコミュニケーションがとれずに孤立感を味わうことも少なくないため、教育的なサポートのみならず心理的なケアや配慮が必要となります。

③ 肢体不自由

肢体不自由とは、上肢（両腕）、下肢（両足）から成る四肢と体幹の運動機能に永続的な障害があるものをいいます。「学校教育法施行令」第22条の3に示される就学基準では、肢体不自由者を「①肢体不自由の状態が補装具の使用によつても歩行、筆記等日常生活における基本的な動作が不可能又は困難な程度のもの②肢体不自由の状態が前号に掲げる程度に達しないもののうち、常時の医学的観察指導を必要とする程度のもの」としています。

肢体不自由のある多くの人は、車いすを利用しています。車いすというと両足の機能障害のイメージがありますが、それだけでなく、腹筋や背筋などの体幹の問題を抱えていたり、下肢だけでなく上肢にまひがあったり

と、どのような困難さがあるかは人によりさまざまです。困難さの種類によって利用する車いすも異なります。車いすは「介助用」と肢体不自由児・者本人が操作する「自走用」に大別され、さらに手動タイプや電動タイプなどがあります。

　肢体不自由児・者の困難さは、「歩く」「走る」などの移動に関わることだけでなく、手先を使った細かい動作の苦手さ、首や眼球運動の障害による視野の制限、両眼視がうまくいかないための空間認知能力の弱さにも現れます。

　肢体不自由児が幼児期に入り集団参加するようになると、他児と同じような行動がとれないために、もどかしさや自信喪失を味わうことが少なくありません。また、自力での行動に制限がかかるため、他者への依存傾向が強まることもあります。また、脳性まひ*などで言語表出がうまく行えない場合などは、自分の考えを他者に伝えることにも障害が生じます。そのような場合はAAC*（Augmentative & Alternative Communication：拡大・代替コミュニケーション）を用いて他者との意思疎通を円滑に行えるよう工夫します。

　肢体不自由児・者は、排泄、食事、入浴、更衣などの日常的な生活動作を行う際にも困難にぶつかります。それらのときにプライベートな面を含む行動を、自分の力で行うことができず他者の手伝いを必要としなければならないことは、けっして小さくはないストレスとなるはずです。また、それらのケアを行う保護者にとっても心身の負担は大きいものです。その子どもの障害の程度や特性に合わせて、サポートの手段を選択し、環境を整えていく必要があります。

2　知的障害

　文部科学省によると、知的障害とは知的機能の発達に明らかな遅れと適応行動の困難性を伴う状態が発達期に起こるものと定義されています。適応行動の困難性とは、他人との意思の交換、日常生活や社会生活、安全、仕事、余暇利用などが年齢相応に行えないことを表しています。

　また、医学における診断の一つの指標とされる米国精神医学会の『DSM-5（精神疾患の診断・統計マニュアル第5版）』では、知的能力障害（知的発達症／知的発達障害）の診断に3つの基準を設けています。まず、①標準化された知能検査によって測定された知的機能の低さ、②日常生活活動におけるコミュニケーションや社会参加、自立した生活といった機能の限定、③それらの知的および日常生活の適応状態の問題が成人後ではなく発達期に生じることが基準としてあげられています。

　診断に際しては、過去には、知能検査から得られる数値を重視する傾向が長期にわたってみられましたが、近年では、検査結果の数値のみならず適応状態も含めた総合的な観点から診断がなされています。また、知的障害の状態は一生涯を通じて不変ということではなく、適した教育や環境条件の整備により適応的な状態に変化しうるものです。すなわち、どのような教育の場、どのような家庭環境で日々を過ごすのかが大変重要になりま

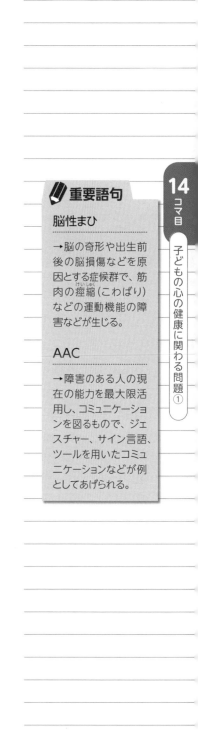

✏️ 重要語句

脳性まひ

→脳の奇形や出生前後の脳損傷などを原因とする症候群で、筋肉の痙縮（こわばり）などの運動機能の障害などが生じる。

AAC

→障害のある人の現在の能力を最大限活用し、コミュニケーションを図るもので、ジェスチャー、サイン言語、ツールを用いたコミュニケーションなどが例としてあげられる。

14 コマ目　子どもの心の健康に関わる問題①

す。保育所・幼稚園等や学校で適切な教育を行うことができるように研修の機会を設けることのほか、家庭環境を整える意味で、関係諸機関と連携しながら保護者への支援を行っていくことも不可欠でしょう。

知的障害とは知的能力の障害ですが、知的能力とひと言でいってもこの言葉に内包される能力の種類は、言語の能力（言語理解力、言語表出力など）、視覚認知の能力（見たものを正しくとらえる力）、ワーキングメモリ*の力（情報を一時的に記憶して活用する力）など多岐にわたります。知的障害児とひとくくりにせずに、一人ひとりの子どもの能力の水準と特性をていねいに把握していく必要があります。

保育の場は、保護者がはじめてわが子を同年齢の集団に参加させる機会です。毎日の送り迎えや行事のときに、他児とわが子の成長や能力の差を感じ、不安を覚えることもあるでしょう。そのため子どもそれぞれの発達のペースやもち味を見落として焦りを募らせることがあります。保育者は保護者と異なり、集団のなかでの子どものようすをていねいに観察し、援助的に介入することが可能です。医療や福祉と連携を取りながら、子どもの発達に合った適切な対応を心がけ成長を促していくとよいでしょう。

3 発達障害

発達障害の定義は一様ではありません。「発達障害者支援法」第2条によれば「『発達障害』とは、自閉症、アスペルガー症候群その他の広汎性発達障害、学習障害、注意欠陥多動性障害その他これに類する脳機能の障害であってその症状が通常低年齢において発現するものとして政令で定めるもの」と表されています。また、厚生労働省のe-ヘルスネット（https://www.e-healthnet.mhlw.go.jp、2022年7月5日確認）では、「脳の機能的な問題が関係して生じる疾患であり、日常生活、社会生活、学業、職業上における機能障害が発達期にみられる状態」とされています。

広義では、知的障害も知的能力の発達の障害と考え、発達障害のなかに含む考え方もありますが、この項では、知的発達水準は標準かそれ以上を有しながら発達のアンバランスさをもつために集団活動等で何らかの不適応を起こしている状態を取り上げます。

発達障害に含まれる主な障害として、LD（学習障害／学習症）、ADHD（注意欠如多動性障害／注意欠如・多動症）、ASD（自閉症スペクトラム障害／自閉スペクトラム症）があげられます（図表14-8）。しかし、これらはそれぞれ明確に独立しているものではなく、一人の発達障害児・者に併存していることも少なくありません。また、発達段階によって、どの領域の困難さがクローズアップされるかが変わってくることもあります。さらに、同じ診断名がついていたとしても、一人ひとりの困難さ（何が活動参加に際しバリアになるか）は異なり、本人の能力や資質だけでなく、どのような環境に身を置いているかといった要因も、困難さの程度に大きく影響を与えます。

育児は子どもの障害の有無にかかわらず大変な労力をともなうものですが、ときに保護者自身が子どもと同様に、対人コミュニケーション、時間

図表 14-8　主な障害の定義

学習障害 (Learning Disabilities：LD)	学習障害とは、基本的には全般的な知的発達に遅れはないが、聞く、話す、読む、書く、計算する又は推論する能力のうち特定のものの習得と使用に著しい困難を示す様々な状態を指すものである。 学習障害は、その原因として、中枢神経系に何らかの機能障害があると推定されるが、視覚障害、聴覚障害、知的障害、情緒障害などの障害や、環境的な要因が直接の原因となるものではない[2]。
注意欠如・多動症 (Attention-deficit/hyperactivity disorder：ADHD)	ADHDとは、年齢あるいは発達に不釣り合いな注意力、及び／又は衝動性、多動性を特徴とする行動の障害で、社会的な活動や学業の機能に支障をきたすものである。 また、7歳以前に現れ、その状態が継続し、中枢神経系に何らかの要因による機能不全があると推定される[3]。
高機能自閉症 (High- Functioning Autism) [1]	高機能自閉症とは、3歳くらいまでに現れ、①他人との社会的関係の形成の困難さ、②言葉の発達の遅れ、③興味や関心が狭く特定のものにこだわることを特徴とする行動の障害である自閉症のうち、知的発達の遅れを伴わないものをいう。また、中枢神経系に何らかの要因による機能不全があると推定される[4]。

注：1) ASDに含まれる（筆者注）。
　　2) 文部省「学習障害児に対する指導について（報告）」1999年。
　　3) 文部科学省「今後の特別支援教育の在り方について（最終報告）参考3」2003年。
　　4) 注3) と同じ。

14 コマ目　子どもの心の健康に関わる問題①

管理の苦手さ、集中の困難さなどの特性をもっていることがあり、場合によっては、保護者自身はそのことに気づいていないことも少なくありません。成人の発達障害者は、障害の自覚の有無にかかわらず、幼少期からの失敗経験等から劣等感をもったり他者に不信感をもったりしていることがあります。また、発達障害といったもともとの一次的な障害だけでなく、情緒障害などの二次的障害にも苦しんでいる場合があります。保育者は、子どもの問題をともに考えて対応していく姿勢をとることで保護者が孤立することを防ぎ、必要に応じて医療、心理、福祉などの関係諸機関を紹介していくとよいでしょう。

　第1節第2項④「見えにくい障害の受容と保護者支援」で述べたように、発達障害は「見えにくい障害」です。それゆえ周囲からの理解が得られず保護者が心理的に追い詰められることもあります。また、思いどおりの育児ができないことで自責の念を強めたり、ほかの保護者と比較して劣等感をもったりすることもあるでしょう。障害児へのサポートは、子ども自身と家庭（保護者）へのものとの2本立てで対応していく必要があります。

おさらいテスト

❶ 障害観が医学モデルから [　　　] モデルに変化した。
❷ 保護者の障害受容は容易ではなく、[　　　] を経て受容に至る。
❸ それぞれの [　　　] 特有の困難さを理解して支援する。

ディスカッション

ICFの考え方を参考にして、保育活動のなかで次にあげる子どもへどのような支援や配慮を行えばよいか、環境整備の観点から考え、グループで話し合いましょう。

①外遊びの場面で車いすに乗った子どもへの支援や配慮

②製作活動の場面で集中力が続かず多動傾向のある子どもへの支援や配慮

③音楽の活動の場面で聴覚障害の子どもへの支援や配慮

演習課題

バリアフリーについて調べよう

身近な施設（大学など）のなかには、どのようなバリアフリーの環境整備があるでしょうか。また、どのような立場にとってのバリアがあるでしょうか。施設内を探索してグループで話し合ってみましょう。さらに応用として、実習園の環境でも考えてみましょう。

バリアフリーかバリアか（該当するものに○をつける）	どこにバリアフリーがあるか	どのような立場の人にとってのバリアがあるか	どのようなバリアフリー／バリアがあるか
バリアフリー　・　バリア		.	
バリアフリー　・　バリア			
バリアフリー　・　バリア			
バリアフリー　・　バリア			
バリアフリー　・　バリア			
バリアフリー　・　バリア			
バリアフリー　・　バリア			
バリアフリー　・　バリア			
バリアフリー　・　バリア			
バリアフリー　・　バリア			
バリアフリー　・　バリア			
バリアフリー　・　バリア			
バリアフリー　・　バリア			
バリアフリー　・　バリア			

子どもの心の健康に関わる問題②

今日のポイント

1. ストレッサーによってストレス反応が引き起こされる。
2. ストレスには出来事に対する個人の認知的評価が大きく関与する。
3. 危機的状況によってトラウマが生じたり、ストレスが子どもの問題を増悪させたりする。

1 ストレスとストレスマネジメント

1 ストレッサーとストレス反応

　ストレスという言葉を聞いたことのない人はいないと思いますが、改めてその定義を問われると説明が難しいのではないでしょうか。『広辞苑 第7版』（新村出編、岩波書店）によれば、「種々の外部刺激が負担として働くとき、心身に生ずる機能変化」であるとされ、原因となる要素は物理・化学的なものと生物学的なものと、社会的なものなど多様であると説明されています（図表15-1）。

　これらのストレスの原因となる要素は、ストレッサーと呼ばれます。ストレッサーにさらされたときに生体が示す反応は、特定の要因に応じた反応である**特異的反応**と、要因の種類にかかわりなく生じる非特異的反応の2つに大別されます。生理学者のセリエは、ストレスの3大兆候といわれる胃潰瘍、副腎肥大、胸腺萎縮がストレッサーの種類によらず生じる反応

ストレスとひと言でいうけれど、脅威を感じる出来事であるストレッサーの存在があって、それに対して身体や心が反応を示すストレス反応が生じ、両者を含めてストレスと考えるのですね。

プラスワン

特異的反応

特異的反応は、高温のものに触れたときの皮膚のやけどなどであり、非特異的反応は、胃潰瘍などである。

図表15-1　さまざまなストレスの要因（ストレッサー）

心理・社会的要因
対人関係・身近な人の死・
不安・恐怖・緊張 など

物理・化学的要因
猛暑・寒冷・
騒音・放射線・
薬物 など

生物的要因
飢餓・過労・
睡眠不足・
細菌感染 など

図表15-2　ストレス反応の症状

身体的反応	心理的反応
・神経性頻尿* ・周期性嘔吐症* ・神経性食欲不振* ・下痢 ・便秘 ・過呼吸 ・肩こり ・腰痛 ・消化性潰瘍* ・頭痛 ・視力障害 ・聴力障害 ・めまい ・アレルギー疾患の悪化 ・心因性発熱 ・月経不順　　　　　　　　など	・不安 ・緊張 ・焦燥感 ・絶望感 ・ささいなことで過度に怒る ・ささいなことで涙が出る ・いらだち ・抑うつ状態 ・気力の低下 ・表情の乏しさ ・集中力の低下　　　　　　など

であることを発見し「ストレス学説」を唱えました。

　ストレッサーにさらされることによって起こる反応をストレス反応といいます。ストレス反応は、身体的反応のほか、心理的反応としても出現します。これらの反応は、単独で現れるほか、重複することもあります（図表15-2）。

　心理学者のラザラスは、ストレスには個人の主観的な認知が関与すると考え、認知的ストレス理論を唱えました。ストレッサー（脅威となる嫌な出来事）がストレス反応を引き起こすというプロセスに、両者を媒介するものとして、その出来事に対する認知的評価とコーピングという考え方をもち込みました。認知的評価とは、その出来事をどのようにとらえるかということであり、コーピングとは、心理的な負担を解消したり自分の心とうまく折り合いをつけたりするための問題の捉え方や行動の取り方のことです。言い換えれば、上手にストレスと向き合って対処することといえます。

　たとえば、将来につながる大事な試験を受けて不合格になってしまったAさんとBさんがいたとします。両者が経験したことは同じ出来事（不合格）ですが、認知的評価が異なれば、この2人が受けるストレスは必ずしも同一とはいえません。Aさんは「この試験に落ちてしまったら、もう私の人生は終わりだ」と考え、Bさんは「試験に落ちたことはとてもショックだが、また再挑戦すればいいし、人生の進路はたった1つではない」と考えたとすると、2人が経験した出来事は同じであっても、その出来事が自分にどのくらいの害をもたらすかの評価（認知的評価の一次評価）は大きく異なっているといえます。

　さらに、Aさんが「一度落ちてしまった試験に再挑戦しても、どうせうまくいくはずがない」と考え、Bさんが「今回の敗因を振り返れば、次回の試

重要語句

神経性頻尿（心因性頻尿）

→頻尿（日中頻回に排尿すること）のなかでも、不安などの精神的な原因によって生じるもの。

周期性嘔吐症

→周期的に嘔吐の発作を繰り返す疾患のこと。

神経性食欲不振

→摂食障害の一つであり、特定の食べ物や摂食行動に嫌悪を示すなど、食行動に異常がみられる疾患。一般に拒食症といわれることもある。

消化性潰瘍

→ピロリ菌などが原因で、胃や十二指腸の表面の粘膜が傷つく疾患。

15 コマ目

子どもの心の健康に関わる問題②

図表15-3　ストレスのプロセス

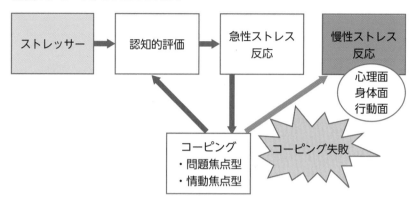

験に役立つはずだから、もう一度がんばれば次は受かるかもしれない」と考えたとすると、ストレッサーの脅威に対して自分がどのくらい対処できるか、ストレス反応をどのくらいコントロールできるかといった評価（認知的評価の二次評価）に関しても違いがあることになります。

　つまりＡさんは出来事を過大評価し、自分の対処能力を過小評価しており、Ｂさんは反対に出来事を過大評価せず、自分の対処能力を前向きにとらえています。このような場合、同じ不合格という事実に直面してもＢさんに生じるストレス反応はＡさんよりも軽減される可能性があるのです。

　コーピングには、問題焦点型コーピングと情動焦点型コーピングがあります。問題焦点型コーピングは、ストレッサーとなっている出来事を直接的に解決する目的で行うもので、情動焦点型コーピングはストレッサーによって引き起こされた情動を適応的に調整することを目的として行うものです。

　ストレッサーを認知的評価によって査定し、生じたストレス反応に対してコーピングを行うことによって適応的な解決を図ります。しかし、何らかの理由からコーピングに失敗するとストレス反応が常態化して慢性的なものに移行し心身に多大な悪影響を及ぼすことになるのです（図表15-3）。

2　日常的なストレス

　ストレスの要因は、身近なところに存在します。心理社会的ストレスについて精神科医のホームズと内科医のレイエは、身近なライフイベントがどのくらいのストレスになりうるのかを研究し、社会的再適応評価尺度（Social Readjustment Rating Scale：SRRS）を作成しました（図表15-4）。

　この尺度は結婚を50点として、それぞれのライフイベントに0〜100点の数値を割り振っていきます。得点の高低にかかわらず、これらのライフイベントに共通するものは日常に生じた変化といえます。日常的な保育活動においてもささやかな変化は存在します。一般的に、楽しみとなる遠足や運動会などの行事も、子どもや保護者によっては多大なストレスになるかもしれません。ストレスの感じ方は個人差に負うところも大きいので

図表15-4　社会的再適応評価尺度

順位	ライフイベント	LCU得点	順位	ライフイベント	LCU得点
1	配偶者の死	100	23	息子や娘が家を離れる	29
2	離婚	73	24	親戚とのトラブル	29
3	夫婦別居生活	65	25	個人的な輝かしい成功	28
4	拘留	63	26	妻の就職や離職	26
5	親族の死	63	27	就学・卒業	26
6	個人のケガや病気	53	28	生活条件の変化	25
7	結婚	50	29	個人的習慣の修正	24
8	解雇・失業	47	30	上司とのトラブル	23
9	夫婦の和解・調停	45	31	労働条件の変化	20
10	退職	45	32	住居の変更	20
11	家族の健康上の大きな変化	44	33	学校を変わる	20
12	妊娠	40	34	レクリエーションの変化	19
13	性的障害	39	35	教会活動の変化	19
14	新たな家族構成員の増加	39	36	社会活動の変化	18
15	仕事の再調整	39	37	1万ドル以下の抵当（借金）	17
16	経済状態の大きな変化	38	38	睡眠習慣の変化	16
17	親友の死	37	39	団らんする家族の数の変化	15
18	転職	36	40	食習慣の変化	15
19	配偶者との口論の大きな変化	35	41	休暇	13
20	1万ドル以上の抵当（借金）	31	42	クリスマス	12
21	担保、貸付金の損失	30	43	ささいな違反行為	11
22	仕事上の責任の変化	29			

出典：Holmes, T.H. & Rahe, R.H. "The Social Readjustment Rating Scale," *J.Psychosom.* Res. 11, 1967, pp.213-218

すが、保育者は、日常のなかにもストレスの要因が潜んでいることを念頭に置く必要があります。

3　日常におけるストレスマネジメント

生活のなかからストレスを完全に排除することはできませんが、ストレスと上手に付き合うための工夫は可能です。

① 環境への介入

ストレスの感じ方には個人差がありますが、まずはその環境に発生すると予想されるストレッサーをできるだけ取り除いたり軽減したりすることが大切です。このストレッサーには物理的な面だけでなく心理的な面も含みます。前者はバリアフリー*やユニバーサルデザイン*を取り入れた環境整備、後者は心理職との連携に基づいたサポート体制の構築が一例となるでしょう。環境からストレッサーを軽減するには、個人の努力だけでなく組織的な取り組みが必要とされます。

② 考え方への介入

1）原因帰属

先述のように、ストレスの感じ方には、個人のストレッサーに対する認

✎ 重要語句

バリアフリー

→ある者にとって障壁（バリア）となるものを取り除き、行動や活動参加を可能にするためのもの。

ユニバーサルデザイン

→障害の有無にかかわらず、可能な限り多くの人にとって利用しやすいデザイン。

図表15-5　原因帰属の分類

	安定 （変化の可能性あり）	不安定 （変化の可能性なし）
内的	**能力** （もって生まれた才能） 例：自分は無能な人間で、何をやってもだめだから不合格だったと考える	**努力** （工夫や取り組んだ方法） 例：勉強方法が間違っていたから不合格だったと考える
外的	**課題の困難性** 例：課題が難しすぎたので不合格だったと考える	**運** 例：ヤマをはった場所が出題されずに運が悪かったから不合格だったと考える

知的評価が大きく関与します。ストレッサーをどのくらいの脅威としてとらえるか、ストレッサーに対してどのくらいうまく対処できるかといった評価のほかにも、原因帰属のしかたや不合理な信念体系もストレス反応に影響を与えます。

　原因帰属とは、あることが生じたときに、それがどのような原因によって生じたと考えるかということです。再度、ストレスが生じる例として試験に不合格になった場合を考えてみましょう。もし皆さんが大切な試験で及第点をもらえなかったとすると、その結果を何に帰属するでしょうか。心理学者のワイナーは、起きてしまった出来事（失敗や成功）の原因を何に帰属するかが、その人の意欲や次の行動を左右すると考えました（図表15-5）。

　また、ワイナーは、原因帰属を変化の可能性の有無と内的か外的かという2つの観点から分類しています。もし、原因を変化の可能性のないものや外的要因に帰属すれば、それは自分でコントロールすることができませんから対処不能で、再挑戦の機会を得たとしても明るい見通しはもてません。反対に、変化の可能性があり内的な要因に帰属すれば敗因を自分なりに考え、同じ轍を踏まないように工夫することによって、次の機会には成功が期待できます。ここで大切なのは、実際に成功できるか否かではなく、自分を肯定的にとらえ明るい見通しをもてるかどうかです。自分は何をやってもだめなのだと、原因を「能力」に帰属する傾向が強い人はストレスを強く感じ、抑うつ状態に陥ることもあります。もしも身近にストレスを強く感じて無気力になっている保護者や子どもがいたときは、やみくもに励ましや助言を行う前に、まずその人の原因帰属の傾向を把握することが問題を理解する第一歩になるかもしれません。

2）不合理な信念体系

　私たちは、いろいろな信念（考え）に基づいて日々を過ごしています。ある失敗がどのくらい不幸な出来事であるかは、出来事そのものではなく、その人がその出来事をどのようにとらえるか（考えるか）によります。心理学者のエリスは、論理情動行動療法を提唱し、信念（考え）には理にかなっているものと理にかなっていないものがあると考え、不合理な信念を修正することによって、心理的負荷が軽減され問題の改善を図ることがで

きるとしました。これはABCDEモデルと呼ばれています（図表15-6）。

　不合理な信念には、たとえば「価値ある人物は優れた業績のある人物である」といったものがあげられます。人物の価値は業績では計れないと頭ではわかっているつもりでも、心の奥では学歴や業績などにこだわり、思うような結果が得られないときに自分や子どもを必要以上に責めたり、過小評価したりする場合があります。また、「誰からも愛される人物になるべきだ」「他者に迷惑をかけてはいけない」といったように、幼い頃からしつけのなかで受け取ってきたメッセージも不合理な信念につながることがあります。誰からも愛されたいと思っていても、実際はすべての人から愛

プラスワン

ABCDEモデル
出来事（Activating events：A）をどのような結果（Consequences：C）としてとらえるかは、その人の信念体系（Belief system：B）による。もっている信念が不合理な場合は、その考え方の不合理な点を考え論じ合う（Disputing：D）。不合理な点に気づき新たな視点を得ることで直面していた問題によい効果（Effect：E）が得られる。

15
コマ目

子どもの心の健康に関わる問題②

図表15-6　エリスによるABCDEモデルの考え方

①ある出来事が起きたときに、もともと不合理な考え方をかたくなにもっていると心理的な負荷がかかり、抑うつ状態になったり極端な思考に陥ったりすることがある。

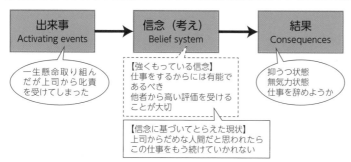

②考え方の傾向（もち続けている信念）について論理的で理にかなった考え方であるか点検する。

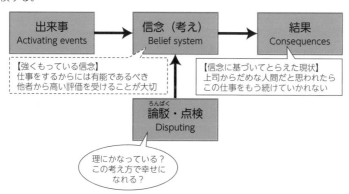

③不合理な考え方に気づき、出来事に対する新たなとらえ方を試みる。

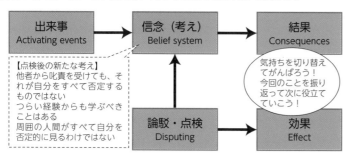

されることは不可能ですし、他者に迷惑をかけないように心を配ることは大切ですが、生涯、誰にも迷惑をかけずに生きていくことも不可能だからです。これらの考えは、適度なものであればその人の行動をよい方向に整えますが、かたくなに心に刷り込まれてしまうと不合理な信念となり、生きづらさにつながるため、その考え方が理にかなっているか、信念としてもち続けることで自分が幸せになるのか、点検をする必要があります。

③ 身体的ストレス反応への介入

　ストレスを強く感じると、気が重くなったりイライラしたりといった精神面での変化のほかに、心臓がドキドキしたり、指先が冷たくなったりといった生理的な変化を経験したことがあると思います。このようにストレスは身体にも影響を及ぼします。

　私たちが休憩や食事をとったり眠ったりするときには、自律神経系の副交感神経系が優位になり、身体がリラックスできるようサポートします。一方で、何らかの活動を行うときは、交感神経系が活発になります（図表15-7）。

　恐怖や不安などの強いストレスを受けたときも交感神経系が刺激され、ストレッサーに対して立ち向かうか身を守るかといった「闘争─逃走反応（fight or flight response）」が生じます。いわば身体内に緊急事態のシグナルが点滅しているような状態です。ストレッサーそのものをなくすことは状況によっては困難ですが、身体の状況を変えることで対処していこう

図表15-7　自律神経系の働き

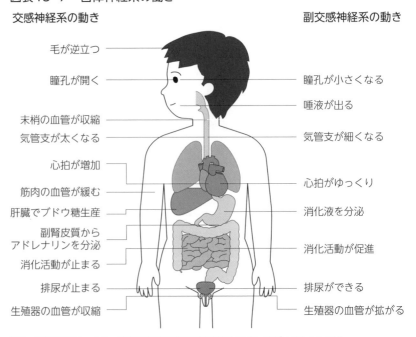

交感神経系の動き　　　　　　　　　　　　　　　　　副交感神経系の動き

毛が逆立つ

瞳孔が開く　　　　　　　　　　　　　　　　　　　　瞳孔が小さくなる

　　　　　　　　　　　　　　　　　　　　　　　　　唾液が出る

末梢の血管が収縮

気管支が太くなる　　　　　　　　　　　　　　　　　気管支が細くなる

心拍が増加

筋肉の血管が緩む　　　　　　　　　　　　　　　　　心拍がゆっくり

肝臓でブドウ糖生産　　　　　　　　　　　　　　　　消化液を分泌

副腎皮質から
アドレナリンを分泌　　　　　　　　　　　　　　　　消化活動が促進

消化活動が止まる

排尿が止まる　　　　　　　　　　　　　　　　　　　排尿ができる

生殖器の血管が収縮　　　　　　　　　　　　　　　　生殖器の血管が拡がる

出典：文部科学省ホームページ「在外教育施設安全対策資料【心のケア編】」をもとに作成
https：//www.mext.go.jp/a_menu/shotou/clarinet/002/003/010/003.htm（2021年10月28日確認）

とするのがリラクセーション法です。身体をリラックスさせることでストレッサーに対する生理的反応を緩和します。

１）呼吸法

　ピアノの試験などで自分の順番が近くなると、運動をしてもいないのに心臓がドキドキすることがあります。しかし心拍数はなかなかコントロールできるものではありません。落ち着かなければ、と思うあまりかえって緊張が増してしまうかもしれません。しかし、このようなとき、ゆっくり深呼吸すればよいとアドバイスをしてもらったことがある人も少なくないと思います。呼吸は自分のコントロール下に置きやすい生理的な活動といえます。そこで、ストレス場面でゆっくりとした腹式呼吸を行ったり、メトロノームなどに合わせて一定のペースを保って呼吸したりする方法をとることがあります。副交感神経系の機能を促進させるという生理的な効果とともに、状況（身体の反応）をある程度コントロールできているという認知的な効果も期待できます。

２）漸進的筋弛緩法 (Progressive Muscle Relaxation：PMR)

　ストレスを強く感じている状態の身体は筋肉の緊張が高まっていますが、この身体的緊張がさらに不安を高めるといった悪循環を生じさせます。そこで、身体の緊張状態と弛緩（リラックス）状態の感覚を十分に理解してみずからの力で緊張状態を弛緩状態へ導く方法が漸進的筋弛緩法です。筋肉に思い切り力を入れて一気に力を抜くという動作を身体の各部で行います（図表15-8）。

図表15-8　漸進的筋弛緩法の例

両手	両手をギューッと握って…（5秒）→ ゆっくり広げます（10秒）	顔	目と口をギューッとつぶって奥歯を嚙みしめて…（5秒）→ ポカンと口をあけます（10秒）
両腕	力こぶをつくるように腕を曲げ、わきをしめて、ギューッと力を入れ…（5秒）→ ストンと抜きます（10秒）	背中	腕をグーッと外に広げて肩甲骨を引き付けて…（5秒）→ ストンと抜きます（10秒）
両肩	両肩をグッと上げ耳まで近づけて緊張させて…（5秒）→ ストンと抜きます（10秒）	おなか	おなかをへこませて、おなかに力を入れて…（5秒）→ ストンと抜きます（10秒）
首	首を下げて、首の後ろを緊張させて…（5秒）→ ストンと抜きます（10秒）※ 首をゆっくり前後左右に動かしてもＯＫです		

出典：大阪府こころの健康総合センター「リラックス法リーフレット」2013年をもとに作成
https://www.pref.osaka.lg.jp/attach/13282/00000000/relax.pdf
(2021年10月28日確認)

4 　非日常的なストレス

　自然災害や大事故なども強いストレス反応を引き起こします。それらの
出来事は、子どもを日常生活から強制的に引き離し、衣食住といった生活
の基盤を揺るがし、ときには生命の危機にもつながります。また、危機的
状況下で頼る大人（保護者、保育者など）自身も強くストレスを受けてケ
アが必要な状態になることもあり、通常と異なる大人の姿に接して、子ど
もの不安がますます強まる場合もあります。

　災害後に子どもたちに表出する症状について永光（2011）は、身体化症
状と行動上の症状に分けて整理しています（図表15-9）。いずれの症状も
子どもの発達段階によって現れ方は異なります。また、今までできていた
ことができなくなったり、しなくなったりする「退行」という形で身を守
ろう（防衛）とすることがあります。

5 　災害時におけるストレスマネジメントと心のケア

　個人の力ではどうにもならない危機的状況を経験することで受ける強い
心理的ストレスをトラウマ（心的外傷）と呼びます。トラウマは虐待のよ
うに日常的に繰り返される事柄でも生じますが、大災害や犯罪被害、大事

図表15-9　災害時の子どもにみられる身体化症状と行動の症状

	乳幼児 （0〜5歳）	学童 （6〜12歳）	思春期児童 （13〜18歳）
身体症状	・夜泣き ・夜驚 ・おねしょ ・頻尿 ・下痢 ・便秘 ・食欲低下 ・チック ・発熱	・夜驚 ・頭痛 ・腹痛 ・便秘 ・吃音 ・食欲低下 ・ぜんそく、アトピーの悪化 ・チック ・発熱	・頭痛 ・腹痛 ・下痢 ・吐き気 ・めまい ・耳鳴り ・過換気 ・眠れない ・食欲低下 ・手足が動かない ・ぜんそく、アトピーの悪化 ・チック ・意識がボーッとなる
行動上の症状	・暗いところを怖がる ・甘えがひどくなる ・いつも一緒にいたがる ・トイレに1人で行けない ・指しゃぶり ・爪かみ ・赤ちゃん言葉 ・おっぱいを触る ・多弁 ・ひざの上に乗りたがる ・乱暴な行動	・暗いところを怖がる ・甘えがひどくなる ・いつも一緒にいたがる ・トイレに1人で行けない ・爪かみ ・多弁 ・母親と一緒に寝たがる ・ひざの上に乗りたがる ・乱暴な行動	・髪の毛を抜く ・落ち込む ・いらだつ

出典：永光信一郎「子どもにみられやすい身体化症状」藤森和美・前田正治編著『大災害と子どものストレス──子どものこころの
ケアに向けて』誠信書房、2011年、24-27頁

故などのように非日常的で重篤な危機的事案でも生じます。一般的なストレスであれば、ストレッサーを回避したり解消したりすることでストレス反応はなくなりますが、トラウマの場合、ともなって生じるトラウマ反応はトラウマ体験から時間を経ても完全に消失することはないといわれています。

　トラウマ反応の現れ方は、トラウマ体験の重篤さと比例しますが、その子どもの個人的な要因とも関連します。たとえば子どもを十分にケアすることが家庭に望めない場合や子ども自身が不安障害などの疾患を抱えている場合には、トラウマ反応は強くなります。また、以前に同様の脅威を経験している子どもは、次の機会にさらに重篤なトラウマを感じることになり、過去の体験によって心理的苦痛が軽減されることはありません。

　トラウマ体験後にすぐに現れる反応を急性ストレス反応といいます。頭痛、腹痛、めまい、夜尿などの身体症状に加え、気持ちの落ち込みや無力感などの情緒の不安定さもみられ自傷行為が生じることもあります。急性ストレス反応では、症状は 1 か月ほどで徐々に消失しますが、長期化した場合は心的外傷後ストレス障害（Post Traumatic Stress Disorder：PTSD）を疑います。PTSD では、トラウマ体験に関わる場所やもの、話題などを避けたり、感情の麻痺（回避）がみられたりします。またトラウマ体験から時間が経過しても、その出来事が生々しく脳裏に再現されるフラッシュバックが生じたり（侵入）、悪夢を繰り返し見たりします。また、常に神経がたかぶって、ささいなことで癇癪を起こしたり十分に睡眠がとれなくなったり（過覚醒）することもあります。

　非日常的な危機的状況では、子どもだけでなく子どもを支える大人へのケアも含め、多職種連携の支援チームで対応することが重要でしょう。

　2011 年に未曾有の大災害である東日本大震災が起こったときに、日本学校心理士会は、「東日本大震災　子ども・学校支援チーム」を立ち上げるとともに、アメリカ学校心理士会（National Association of School Psychologists：NASP）の資料に基づいて、「震災に関する子どもや学校のサポート——教師、保護者へのヒント」という冊子を作成しました。この冊子の「自然災害後、保護者や先生が直ちに行うこと」の項には、以下のことが述べられています。

①落ち着いて、子どもたちを安心させ続ける（大人がモデルとなることを心に留め子どもを守ることや立て直しを強調する）
②子どもたちの気持ちを認め、正常な反応であると伝える（子どもが抱えている不安を表出してよいこと、正常な反応であることを伝える）
③子どもたちに災害に関することを話すよう促す（安全で受け入れられている環境で経験を表出する機会を設ける）
④肯定的対処スキル*や問題解決スキル*の活用をすすめる（子どもが現実的で肯定的な対処方法を身につけられるようにする）

---

15 コマ目　子どもの心の健康に関わる問題②

🗨 プラスワン

ポストトラウマティックプレイ

大災害後に地震ごっこをしたり、津波に飲み込まれる人や家の絵ばかりを描いたりといった、子どものPTSDが再現された遊びをポストトラウマティックプレイという。やみくもに禁止するのではなく、見守る姿勢を基本として、保育者などの大人が必要に応じてごっこ遊びのなかで救助隊などのサポーターの役割を担うとよい。

✏ 重要語句

肯定的対処スキル、問題解決スキル

→困難な出来事への対処として、物事のネガティブな側面ではなくポジティブな側面に着目したり具体的で現実的に問題に向き合ったりするためのスキル。

⑤子どもたちの回復力（レジリエンス）を強調する（これまでのように今回も対処できるとわかるよう援助する）

⑥子どもたちの関係やピアサポート*（友だち同士の支え合い）を進める（小集団活動などをとおしてサポート関係を強化する。孤立を防ぐ）

⑦援助者自身のニーズを大切にする（保育者や保護者自身も時間をとって自分へのケアを行う。混乱が大きいときはカウンセラーや友人などに話をして不安を抱え込まないようにする）

①～⑥の子どもたちへの対応だけでなく、⑦のように、自身も被災しながらサポートする側の役割を担う必要のある大人にも、ケアが必要であることが強調されていることにも留意しましょう。

2　ストレスと関わりのある子どもの症状

前節ではストレス関連の症状について述べてきましたが、本節ではそれ以外の子どもの心に関わる症状について解説します。

1　緘黙

家庭などでは問題なく会話をしているにもかかわらず、保育所や学校などの特定の場所や社会的状況では話すことができない状態を選択性緘黙または場面緘黙と呼びます。話すことを強要されることで、不安が強まる傾向があります。選択性という表現が使われていますが、子ども自身が故意に場面を選んで話したり話さなかったりするわけではなく、子ども自身は話したくでも話せない状態にあることを理解する必要があります。発症時期は幼児期が多く、性差があり男子と比較して女子に多くみられます。発症の要因は一概には言えませんが、環境要因も関わるとされます。

症状の現れ方には個人差があり、他者とのコミュニケーションをほとんど取らない例や特定の人物とであればコミュニケーションが取れたり、身ぶりなどの非言語的な表現であれば他者と関わろうとしたりとさまざまです。対応としては、話すことを強制せず、その子どもなりの形で活動に参加できるよう工夫することが大切です。また、生活のなかから不安要素を取り除くために活動内容の見通しをもたせることも必要でしょう。

2　チック

チックとは、意図しない突発的、反復的で急速な運動または発声のことを指します。発症年齢には幅がありますが、多くは幼児期から学齢期にかけて発症し、女子よりも男子に多くみられます。チックには短期間のうちに消失する一過性のものと、1年以上継続して症状がみられる慢性のもの

新しい経験をするときは、前もって説明をしておくとよいでしょう。はじめて行う活動であれば、最初はほかの子どものようすを観察させるところから始めてみたり、はじめての場所に行くときは、その場所の写真などを見せておくと見通しをもちやすいですね。

図表15-10　チックの分類と具体例

	運動性チック	音声チック
単純性のもの	・素早いまばたきをする ・白目になる ・首をすくめる、首を回す ・口をとがらせる ・口をゆがめる ・鼻にしわを寄せる	・特定の音を繰り返し発声する ・場にそぐわないうなり声 ・のどを鳴らしたり、咳払いのような音を繰り返す
複雑性のもの	・置いてあるものに触る ・テーブルや棚をたたく ・突然、顔の表情を変える ・手に取ったもののにおいをかぐ	・同じ単語を繰り返し言う ・ほかの人が言ったことをまねる ・場にそぐわない、社会的に不適切な言葉（汚い言葉や性的な言葉など）を意図せずに発する

があります。素早いまばたきなど身体の動きとして現れるチックを運動性チック、同じ音や咳払いのような音を反復するチックを音声チックと呼びます。また、場にそぐわない運動や発声で、チックであることがわかりやすい単純性のもの（素早いまばたきをする）と、一見目的のある動作にみえる複雑性のもの（置いてあるものに触る）に分類されます（図表15-10）。

　チックは脳内の神経伝達物質のトラブルによって生じるといわれており、強迫性障害や発達障害と合併することもあります。また、必ずしもストレスが原因ではありませんが、ストレスが引き金になって発症したり症状が増悪したりします。対応としては、チック症状を無理にやめさせようとせず、周囲の大人が子どもをありのままに受け止めて心理的負荷をかけないよう配慮することが肝要です。また、大きな動きをともなう運動性チックではケガをしたり、あるいは周囲の子どもにケガをさせたりする可能性もありますので、安全に気を配る必要があります。

　緘黙もチックもストレスとの関わりがありますが、保護者の養育が主たる原因ではありません。両者ともに子どものようすが集団のなかで目立つため、保護者に焦りや不安が強く現れることが少なくありません。保育者は、医療や心理職とも連携を取りながら、保護者をサポートしていくとよいでしょう。

おさらいテスト

❶ [　　　] によってストレス反応が引き起こされる。

❷ ストレスには出来事に対する個人の [　　　] 評価が大きく関与する。

❸ 危機的状況によって [　　　] が生じたり、ストレスが子どもの問題を増悪させたりする。

保育者自身のケアについて考えよう

- -

　危機的状況下で、子どものサポートを適切に行うために保育者自身のケアも考える必要があります。そこで、下記の表をもとにして、援助者自身のケアをどのように行えばよいか、また、危機的状況下において保育者とほかの職業の人との受けるストレスの差異についてグループで話し合ってみましょう。

援助者自身のケア——燃え尽きないために

1　援助者の課題

　　自分のことは二の次にしがち。
　　援助者自身の安定や燃え尽き症候群の予防がとても重要。

2　援助者の役割とは

　　教師は学校生活での援助に力を発揮する。自分の専門外のことまで行わないこと。事態が悪化することもある。

3　燃え尽き症候群のおもなサイン

①専門家としての孤立感と精神的な落ち込み。
②不眠や心身衰弱によって効果的な対処能力を失う。
③判断を下せなくなる、慢性的疲労感、胃腸の問題、頭痛などの症状。
④過食あるいは食欲不振・イライラする。
⑤あらゆる危機介入に関与しなくてはという強い衝動。
⑥被災者や被災家族と必要以上に連絡をとり続ける。
⑦いつもの仕事に戻ったり、やり遂げたりできない。
⑧「危機対応チーム」から、独立して仕事をしようとするなど。

4　燃え尽き症候群の予防

①自身の限界を知る。自分が無理なくできることは？　無理しないとできないことは？
②自分が感じることは危機介入の専門家もみな感じることだと理解する。
③できる限り、普段どおりの日課を続ける（運動や食事、就寝の時間・友人や家族との団らんなど）。
④自分が楽しめることをする（買い物・友人との外食など）。
⑤ストレスを軽減するため家族や友人の助けを求める。
⑥栄養バランスのよい食事をとる。水分を補給する。
⑦定期的な休憩をとる。
⑧良質の睡眠をとる。眠るためにアルコールや薬物にできるだけ頼らない。
⑨援助者同士で、その日の内に活動の振り返りをする。
⑩「自分自身」にも「他者」にも優しくする。

＊NASP（アメリカ学校心理士会）の資料をもとに、日本学校心理士会で作成しました。

出典：日本学校心理士会「東日本大震災　子ども・学校支援チーム」『震災に関する子どもや学校のサポート——教師、保護者へのヒント（サポート資料　Ver.2）』
http：//www.gakkoushinrishi.jp/saigai/file/saigaizouhonaspmanual_v2.pdf（2021年10月28日確認）

演習課題

身近なストレッサーについて考えよう

　身近なストレッサーについて考察してみましょう。保育活動、家庭、地域の 3 つの場面で、子ども、保護者、保育者の三者それぞれの立場から何がストレッサーになりうるかグループで話し合ってください。

	子ども	保護者	保育者
保育活動	例：集団活動が苦手	例：行事などでわが子とほかの子どもの発達の差が気になる	例：対応が難しい子どもがいる
家庭	例：母親と祖母の仲が悪い	例：夫が育児を手伝ってくれない	例：仕事が忙しいのに家事もやらなければならない
地域	例：近くに広い遊び場がない	例：隣家から子どもの泣き声がうるさいと言われる	例：保育所の近辺は交通量が多く、園外保育のときに気を遣う

演習課題 の 解答例

6コマ目の解答例

●86頁「ジェノグラムから理解しよう」

①

1）3歳女児を本人とすると、35歳（男性）の父、30歳（女性）の母の3人家族（3歳女児は長女できょうだいはなし）、70歳（男性）の父方の祖父がおり、祖母は亡くなっている。

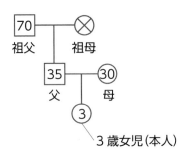

2）

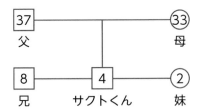

②ヒント：あなたの家族のメンバーには誰がいますか。これまでに、それぞれのメンバーに互いにどのような思いをもちながら生活をしているでしょうか。家族のなかで起こった出来事、日々の暮らしについて思い返してみましょう。

③ある出来事が起こったときや何か問題が生じたときに、特定の誰かの原因だと考えないことが重要です。問題が表面化するときにはさまざまな原因があります。起こった出来事と人間関係は影響（円環）しています。たとえば、子どもの問題行動はその母親の養育態度のみに原因があるとせず、その母親が抱えていることは何か、などさまざまな可能性を考えていきます。そうすると、子どもだけでなく、その保護者、家族そのものを支援することにつながっていきます。

参考文献

1 コマ目

ポルトマン、アドルフ／高木正孝訳　『人間はどこまで動物か──新しい人間像のために』　岩波新書　1961年

厚生労働省　「令和 3 年度　出生に関する統計の概況」　2022年

　https://www.mhlw.go.jp/toukei/saikin/hw/jinkou/tokusyu/syussyo07/dl/02.pdf（2022年 5 月30日確認）

2 コマ目

新保真紀子　『小 1 プロブレムの予防とスタートカリキュラム──就学前教育と学校教育の学びをつなぐ』　明治図書出版　2010年

東京学芸大学　「小 1 プロブレム研究推進プロジェクト」『小 1 プロブレム研究推進プロジェクト報告書　平成19年度～21年度』　2010年

ミラー、G.A. ／戸田壱子・新田倫義訳　『心理学の認識──ミラーの心理学入門』　白揚社　1967年

文部科学省　「小学校学習指導要領（平成29年告示）解説　生活編」　2017年

　https://www.mext.go.jp/component/a_menu/education/micro_detail/__icsFiles/afieldfile/2019/03/18/1387017_006.pdf（2022年 5 月30日確認）

3 コマ目

国立青少年教育振興機構　「高校生の心と体の健康に関する意識調査報告書（概要）──日本・米国・中国・韓国の比較」　2018年

　https://www.niye.go.jp/kanri/upload/editor/126/File/gaiyou.pdf（2022年 5 月30日確認）

文部科学省　「令和 2 年度　児童生徒の問題行動・不登校等生徒指導上の諸課題に関する調査結果の概要」　2021年

　https://www.mext.go.jp/content/20201015-mext_jidou02-100002753_01.pdf（2022年 5 月30日確認）

4 コマ目

国立社会保障・人口問題研究所　「第15回出生動向基本調査（結婚と出産に関する全国調査）」　2017年

　https://www.ipss.go.jp/ps-doukou/j/doukou15/gaiyou15html/NFS15G_html02.html#h3%201-1-2（2022年 5 月30日確認）

シャイン、E.H. ／二村敏子・三善勝代訳　『キャリア・ダイナミクス──キャリアとは、生涯を通しての人間の生き方・表現である。』　白桃書房　1991年

渡邊昌「がん好発年齢」『時事用語事典』

　https://imidas.jp/genre/detail/F-134-0099.html（2022年 5 月30日確認）

5 コマ目

風間孝・河口和也・守如子・赤枝香奈子　『教養のためのセクシュアリティ・スタディーズ』　法律文化社　2018年

神原文子・杉井潤子・竹田美知編著　『よくわかる現代家族（第 2 版）』　ミネルヴァ書房　2016年

ケイン樹里安・上原健太郎編著　『ふれる社会学』　北樹出版　2019年

国立社会保障・人口問題研究所　「第15回出生動向基本調査（結婚と出産に関する全国調査）」　2017年

　https://www.ipss.go.jp/ps-doukou/j/doukou15/doukou15_gaiyo.asp（2022年 6 月29日確認）

筒井淳也　『仕事と家族──日本はなぜ働きづらく、産みにくいのか』　中央公論新社　2015年

筒井淳也　『結婚と家族のこれから──共働き社会の限界』　光文社　2016年

永田夏来・松木洋人編　『入門　家族社会学』　新泉社　2017年

西野理子・米村千代編著　『よくわかる家族社会学』　ミネルヴァ書房　2019年

パーソンズ、T.／新明正道監訳 『政治と社会構造（上巻）』 誠信書房 1973年

パーソンズ、T.／新明正道監訳 『政治と社会構造（下巻）』 誠信書房 1974年

フリードマン、M. M.／野嶋佐由美監訳 『家族看護学──理論とアセスメント』 へるす出版 1993年

マードック、G. P.／内藤莞爾監訳 『社会構造──核家族の社会人類学』 新泉社 2001年

松本峰雄監修、池田りな・才郷眞弓・土屋由・堀科 『乳児保育 演習ブック』 ミネルヴァ書房 2016年

矢萩恭子編 『保護者支援・子育て支援』 中央法規出版 2018年

山田昌弘 『結婚の社会学──未婚化・晩婚化はつづくのか』 丸善 1996年

善積京子編 『結婚とパートナー関係──問い直される夫婦』 ミネルヴァ書房 2000年

6 コマ目

安藤朗子・吉澤一弥編著、石井正子・栗原佳代子・白坂香弥・福田きよみ・丸谷充子・森和代 『子ども家庭支援の心理学』 アイ・ケイ・コーポレーション 2020年

氏原寛・亀口憲治・成田善弘・東山紘久・山中康裕共編 『心理臨床大辞典（改訂版）』 培風館 2004年

柏木惠子・古澤賴雄・宮下孝広 『新版 発達心理学への招待──人間発達をひも解く30の扉』 ミネルヴァ書房 2005年

河合隼雄 『家族関係を考える』 講談社 1980年

鈴木和子・渡辺裕子 『家族看護学──理論と実践（第4版）』 日本看護協会出版会 2012年

土居健郎 『「甘え」の構造』 弘文堂 1971年

中釜洋子 『いま家族援助が求められるとき──家族への支援・家族との問題解決』 垣内出版 2001年

日本家族研究・家族療法学会編 『家族療法テキストブック』 金剛出版 2013年

Carter, E. A. & McGoldrick, M. *The family life cycle-a framework for family therapy.* Gardner, 1980

7 コマ目

榊原洋一・今井和子編著 『今求められる質の高い 乳児保育の実践と子育て支援』 ミネルヴァ書房 2006年

仕事と生活の調和連携推進・評価部会・仕事と生活の調和関係省庁連携推進会議 「仕事と生活の調和（ワーク・ライフ・バランス）レポート2019 ワーク・ライフ・バランスの希望を実現 〜多様な個人の選択が叶う社会へ」 2020年
https://wwwa.cao.go.jp/wlb/government/top/hyouka/report-19/h_pdf/zentai.pdf （2022年7月4日確認）

守隨香・池田りな・石川正子編著 『やさしい乳児保育（第9版）』 青踏社 2018年

宗田聡 『これからはじめる周産期メンタルヘルス──産後うつかな？ と思ったら』 南山堂 2017年

立花良之 『母親のメンタルヘルス サポートハンドブック──気づいて・つないで・支える 多職種地域連携』 医歯薬出版 2016年

永田雅子 『新版 周産期のこころのケア──親と子の出会いとメンタルヘルス』 遠見書房 2017年

日本小児科学会・日本小児保健協会・日本小児科医会 日本小児科連絡協議会ワーキンググループ編 『心と体の健診ガイド──乳児編』 日本小児医事出版社 2002年

乳児保育研究会編 『資料でわかる 乳児の保育新時代（改訂第5版）』 ひとなる書房 2018年

原田正文 「今なぜ、日本のママたちが"非常事態!?"なのか──育児不安・困難感を抱く母親の現状とその背景」『保健師ジャーナル』 75(4) 2019年 286-287頁

福岡地区小児科医会乳幼児保健委員会編 『乳幼児健診マニュアル（第4版）』 医学書院 2011年

水野克己　『お母さんがもっと元気になる乳児健診──健診を楽しくすすめるエビデンス＆テクニック　小児科医の一言がお母さんを楽にする！』　メディカ出版　2010年

米山千恵・渡辺幸子編著　『0歳児クラスの楽しい生活と遊び』　明治図書出版　1997年

8コマ目

「イクメンプロジェクト」

　https://ikumen-project.mhlw.go.jp/（2022年7月8日確認）

石井クンツ昌子　『「育メン」現象の社会学──育児・子育て参加への希望を叶えるために』　ミネルヴァ書房　2013年

大淵寛・高橋重郷　「はしがき」　大淵寛・高橋重郷編著　『少子化の人口学』　原書房　2004年　i-iv頁

工藤保則・西川知亨・山田容編著　『〈オトコの育児〉の社会学──家族をめぐる喜びととまどい』　ミネルヴァ書房　2016年

実方伸子　「新制度の多様な実態　保育所の待機児童問題」　全国保育団体連絡会・保育研究所編　『保育白書2021』　ひとなる書房　2021年　121-124頁

野間正人・藤間公太　「児童虐待をめぐる動向と今日的課題」　遠藤久夫・野田正人・藤間公太監修、国立社会保障・人口問題研究所編　『児童相談所の役割と課題──ケース記録から読み解く支援・連携・協働』　東京大学出版会　2020年　1-13頁

渡辺秀樹　「一次的社会化から二次的社会化へ」　渡辺秀樹・竹ノ下弘久編著　『越境する家族社会学』　学文社　2014年

9コマ目

井田瑞江　「家族の世話と仕事の両立」　日本家政学会家族関係学部会編　『現代家族を読み解く12章』　丸善出版　2018年　114頁

犬塚都子　「明治中期の『ホーム』論──明治18〜26年の『女学雑誌』を手がかりとして」『お茶の水女子大学人文科学紀要』　42　1989年　49-61頁

上野千鶴子　『近代家族の成立と終焉』　岩波書店　1994年

エルダー、G.H.／本田時雄・川浦康至・伊藤裕子・池田政子・田代俊子訳　『大恐慌の子どもたち──社会変動と人間発達（新装版）』　明石書房　1997年（Children of the Great Depression: Social Change in Life Experience, 1974）

大森真紀　『世紀転換期の女性労働　1990年代〜2000年代』　法律文化社　2014年

花王株式会社　「家事の意識・実態に関するインターネット調査」　2015年

国立社会保障・人口問題研究所　「第15回出生動向基本調査結果の概要」　2016年

榊原圭子　「専業主婦の再就業」　岩田正美・大沢真知子編著、日本女子大学現代女性キャリア研究所編　『なぜ女性は仕事を辞めるのか──5155人の軌跡から読み解く』　青弓社　2015年

嶋崎尚子　『ライフコースの社会学』　学文社　2008年

総務省　「平成29年就業構造基本調査」　2018年

内閣府「男女共同参画白書　令和3年版」

　https://www.gender.go.jp/about_danjo/whitepaper/r03/zentai/html/honpen/b1_s02_01.html（2022年7月8日確認）

西野理子・米村千代編著　『よくわかる家族社会学』　ミネルヴァ書房　2019年

服部良子　「労働レジームと家族的責任」『家族社会学研究』　27(1)　2015年　36-48頁

宮下美砂子　「絵本にみる主婦／労働者としての母親像──戦前・戦後の『キンダーブック』をてがかりに」　総合女性史学会編　『ジェンダー分析で学ぶ　女性史入門』　岩波書店　2021年

牟田和恵　『戦略としての家族——近代日本の国民国家形成と女性』　新曜社　1996年

労働政策研究・研修機構　「子どものいる世帯の生活状況および保護者の就業に関する調査2018（第5回子育て世帯全国調査）」　2019年

　　https://www.jil.go.jp/institute/research/2019/documents/192.pdf（2022年7月8日確認）

10コマ目

浅井春夫　「乳幼児の貧困問題の現実と解決への施策を考える——人生はじめに確かなスタートができるために」『まなびあい』　9　2016年　46-57頁

足立区・足立区教育委員会、国立成育医療研究センター研究所社会医学研究部、東京医科歯科大学大学院医歯学総合研究科国際健康推進医学分野　『第2回子どもの健康・生活実態調査　平成28年度報告書』　2017年

　　https://www.city.adachi.tokyo.jp/documents/30759/1honpen.pdf（2022年7月8日確認）

泉千勢編著　『なぜ世界の幼児教育・保育を学ぶのか——子どもの豊かな育ちを保障するために』　ミネルヴァ書房　2017年

落合恵美子　『近代家族とフェミニズム』　勁草書房　1989年

落合恵美子　『21世紀家族へ——家族の戦後体制の見かた・超えかた』　有斐閣　1994年

川池智子　『〈依存労働〉としての子育てと社会的ケア——乳幼児／障碍児の親が求めるもの』　学文社　2020年

ギデンズ、A.／松尾精文・小幡正敏訳　『近代とはいかなる時代か』　而立書房　1993年

ギデンズ、A.／佐和隆光訳　『暴走する世界——グローバリゼーションは何をどう変えるのか』　ダイヤモンド社　2001年

ギデンズ、A.／秋吉美都・安藤太郎・筒井淳也訳　『モダニティと自己アイデンティティ——後期近代における自己と社会』　ハーベスト社　2005年

志田未来　「子どもが語るひとり親家庭——『承認』をめぐる語りに着目して」『教育社会学研究』　96　2015年　303-323頁

社会応援ネットワーク　『図解でわかる14歳からのLGBTQ＋』　太田出版　2021年

SAJ・野沢慎司編、緒倉珠巳・野沢慎司・菊地真理　『ステップファミリーのきほんをまなぶ——離婚・再婚と子どもたち』　金剛出版　2018年

中囿桐代　『シングルマザーの貧困はなぜ解消されないのか——「働いても貧困」の現実と支援の課題』　勁草書房　2021年

原田綾子　「家族関係の再編成の観点から見た家事調停の現状と課題——未成年の子がいる夫婦の離婚事件の処理に焦点を当てて」『家族社会学研究』　29(1)　2017年　49-62頁

藤間公太　『代替養育の社会学——施設養護から〈脱家族化〉を問う』　晃洋書房　2017年

ペーパーナウ、パトリシア／中村伸一・大西真美監訳　『ステップファミリーをいかに生き、育むか——うまくいくこと、いかないこと』　金剛出版　2015年

目黒依子　『個人化する家族』　勁草書房　1987年

望月嵩　「家族概念の再検討」　石原邦雄ほか共編　『家族社会学の展開』　培風館　1993年　17-31頁

善積京子　「親密なパートナー関係の多様化と結婚」『現代世界の結婚と家族』　放送大学教育振興会　2008年　41-60頁

善積京子　「非法律婚のライフスタイル」『結婚とパートナー関係——問い直される夫婦』　ミネルヴァ書房　2010年　81-104頁

山田昌弘　「家族の個人化」『社会学評論』　54(4)　2004年　341-354頁

山野則子編著　『子どもの貧困調査——子どもの生活に関する実態調査から見えてきたもの』　明石書店　2019年

11コマ目

三菱ＵＦＪリサーチ＆コンサルティング　「保育所等における外国籍等の子どもの保育に関する取組事例集」（厚生労働省　令和元年度子ども・子育て支援推進調査研究事業）　2020年

　　https://www.murc.jp/wp-content/uploads/2020/04/koukai_200427_1_3.pdf（2022年7月8日確認）

12コマ目

Baker, A. J. L. *Adult Children of Parental Alienation Syndrome: Breaking the ties that bind.* WW Norton,2007

Kelly, J.B. & Emery, R.E. "Children's adjustment following divorce: Risks and resilience perspectives". *Family Relations*, 52, 2003, pp.352-362

Watson, J. B. *Behaviorism*, The People's Institute Publishing Co., Inc., 1924

13コマ目

友田明美　「子ども虐待の脳科学」『子どものこころと脳の発達』　2(1)　2011年　14-24頁

友田明美　「児童虐待が脳に及ぼす影響──脳科学と子どもの発達、行動」『脳と発達』　43(5)　2011年　345-351頁

Tomoda,A., Navalia,C.P., Polcari,A., Sadato,N. & Teicher,M.H. "Childhood sexual abuse is associated with reduced gray matter volume in visual cortex of young women". *Biol Psychiatry*, 66(7), 2009, pp.642-648

Tomoda,A., Sheu,Y.S., Rabi,K., Suzuki,H., Navalia,C.P. & Polcari,A. et al. "Exposure to parental verbal abuse is associated with increased gray matter volume in superior temporal gyrus". *Neuroimage*, 54, 2011, pp.280-286

14コマ目

キューブラー・ロス、E．／鈴木晶訳　『死ぬ瞬間──死とその過程について』　中央公論新社　2020年

中田洋二郎　「親の障害の認識と受容に関する考察──受容の段階説と慢性的悲哀」『早稲田心理学年報』　27　1995年　83-92頁

中田洋二郎　『子どもの障害をどう受容するか──家族支援と援助者の役割』　大月書店　2002年

American Psychiatric Association編、日本精神神経学会日本語版用語監修、髙橋三郎・大野裕監訳、染矢俊幸・神庭重信・尾崎紀夫・三村將・村井俊哉訳　『DSM-5 精神疾患の診断・統計マニュアル』　医学書院　2014年

Solnit, A.J. & Stark, M.H. "Mourning the birth of a defective child." *The Psychoanalytic Study of the child*, 16, 1961, pp.523-527

Drotar,D., Baskiewicz, A., Irivin, N.A., Kennell, J.H., & Klaus, M.H. "The adaptation of parents to the birth of an infant with a cogenital malformation; a hypothetical model". *Pediatrics*, 56, 1975, pp.710-717

15コマ目

永光信一郎　「子どもにみられやすい身体化症状」　藤森和美・前田正治編著　『大災害と子どものストレス──子どものこころのケアに向けて』　誠信書房　2011年　24-27頁

索 引

監修者、執筆者紹介

●監修者

松本峰雄（まつもと　みねお）

元千葉敬愛短期大学現代子ども学科教授
『保育者のための子ども家庭福祉』（萌文書林）
『教育・保育・施設実習の手引』（編著・建帛社）
『はじめて学ぶ社会福祉』（共著・建帛社）

●執筆者（50音順）

池田りな（いけだ　りな）

第2章5コマ目、7コマ目を執筆
大妻女子大学家政学部児童学科教授
臨床発達心理士
『東日本大震災・放射能災害下の保育── 福島の現実から
保育の原点を考える』（共著・ミネルヴァ書房）
『乳児保育 演習ブック（第2版）』（共著・ミネルヴァ書房）

小林　玄（こばやし　しずか）

第4章を執筆
東京学芸大学障がい学生支援室講師
公認心理師　学校心理士SV　特別支援教育士SV　ガイダンス
カウンセラー
『保育の心理学 演習ブック』（共著・ミネルヴァ書房）
『発達障害の子の保育 さいしょの一冊』（共著・ユーキャン学
び出版）

土屋　由（つちや　ゆう）

第3章を執筆
十文字学園女子大学教育人文学部幼児教育学科専任講師
『乳児保育 演習ブック（第2版）』（共著・ミネルヴァ書房）
『基本保育シリーズ20 保育実習』（共著・中央法規出版）

宮本桃英（みやもと　ももえ）

第2章6コマ目を執筆
大妻女子大学家政学部児童学科専任講師
『保育の心理学── 地域・社会のなかで育つ子どもたち』（共
著・同文書院）
『保育を深めるための心理学』（共著・花伝社）

渡辺千歳（わたなべ　ちとせ）

第1章を執筆
東京未来大学こども心理学部こども心理学科教授
臨床発達心理士
『子ども学への招待』（共編著・ミネルヴァ書房）
『はじめて学ぶ発達心理学』（共編著・大学図書出版）

編集協力：株式会社桂樹社グループ
表紙イラスト：植木美江
イラスト：植木美江、寺平京子
装丁・デザイン：中田聡美

よくわかる！保育士エクササイズ⑩

子ども家庭支援の心理学 演習ブック

2022年9月30日　初版第1刷発行　　〈検印省略〉

定価はカバーに
表示しています

監修者　松本峰雄
　　　　池田りな
著　者　小林　玄
　　　　土屋由英
　　　　宮本桃英
　　　　渡辺千歳
発行者　杉田啓三
印刷者　藤森英夫

発行所　株式会社　ミネルヴァ書房
607-8494　京都市山科区日ノ岡堤谷町1
電話代表（075）581-5191
振替口座　01020-0-8076

よくわかる！
保育士エクササイズ

B5判/美装カバー

ミネルヴァ書房
https://www.minervashobo.co.jp/